„Nirgendwo und überall zu Haus"

Martin Doerry

„NIRGENDWO UND ÜBERALL ZU HAUS"

Gespräche mit Überlebenden des Holocaust

Fotografien von Monika Zucht

Deutsche Verlags-Anstalt
München

Einleitung Langsam senkt sich ein Schatten über die Erinnerung. Die letzten Überlebenden des Holocaust und der Vertreibung des europäischen Judentums werden bald verstummt sein.

Viele von ihnen haben von ihrem Leidensweg durch die Konzentrationslager, von Flucht und Emigration erzählt, andere haben ihr Leben lang geschwiegen und ihre Erinnerungen für sich behalten oder verdrängt.

Dieses Schweigen wird bald schon die Regel sein. Historiker, Nachgeborene müssen dann berichten. Aber was taugt die Erinnerung aus zweiter Hand? Werden kommende Generationen noch die Dimensionen dieses Jahrtausendverbrechens erahnen können, wenn kein ehemaliger KZ-Häftling, kein Emigrant mehr aus eigener Erfahrung erzählen kann?

Elie Wiesel, der Friedensnobelpreisträger und Überlebende von Auschwitz und Buchenwald, gibt auf diese Fragen im vorliegenden Buch eine optimistische Antwort: „Jeder, der heute einem Zeugen zuhört, wird selbst ein Zeuge werden."

Doch woher nimmt Wiesel diese Zuversicht? Womit sollen sich die Zeugen der Zeugen in Zukunft legitimieren? Sie mögen noch so kundig sein, es fehlt ihnen das Entscheidende: die unerschütterbare Beweiskraft der eigenen Vita, die Aura des Authentischen.

Andererseits: Eine Alternative gibt es nicht. Die Nachgeborenen müssen sich zwangsläufig dieser großen Verantwortung stellen, sie müssen den letzten Zeugen zuhören und deren Botschaften dann anderen vermitteln, auch wenn ein solches Unterfangen von Jahr zu Jahr, von Generation zu Generation schwieriger werden wird.

Dieser Aufgabe soll auch dieses Buch dienen. In Gesprächen mit 24 Überlebenden werden typische Lebenswege nachgezeichnet – typisch, doch sicher nicht repräsentativ für die Biografien des europäischen Judentums im 20. Jahrhundert. Natürlich fänden sich noch viele weitere Muster und Modelle des Überlebens.

Es bleibt in diesen Gesprächen nicht bei der Rekonstruktion, zumal manche der Befragten ihr Leben schon in Memoiren beschrieben haben. Parallel erfolgt stets eine Interpretation des Erlebten, es werden Lehren gezogen, für die Zeitgenossen damals und heute. Außergewöhnliche Erfahrungen schärfen das Urteil, und so wirft jeder Zeuge auch einen kritischen Blick auf die Gegenwart.

Wer zählt zu den in diesem Buch versammelten „Überlebenden"?

Selbstverständlich jene, die in den Konzentrationslagern – ob nun in Auschwitz, Bergen-Belsen, Dachau oder Buchenwald – durch die schrecklichste Prüfung ihres Lebens gingen. Aber auch jene jüdischen Kinder, die von ihren Eltern in den Zug gesetzt und in die Fremde geschickt wurden, die ihre Familie meist nie wieder sahen. Oder jene, die sich über Jahre versteckten und unter falschem Namen untertauchten. Und schließlich jene, die ihr Land verließen und nach Amerika, Großbritannien oder Palästina emigrierten. Sie alle überlebten – und verloren dabei häufig das, was ihnen lieb und teuer war: Eltern, Großeltern, Geschwister, andere Verwandte, Freunde.

Und sie verloren ihre Heimat, ausnahmslos, selbst wenn sie später an den Ort ihrer Kindheit zurückkehrten, nichts war oder wurde mehr wie früher. Er sei „nirgendwo und überall zu Hause"

sagt Saul Friedländer. Der in Prag geborene Historiker war von seinen Eltern in einem französischen Kinderheim versteckt worden und pendelt heute zwischen Tel Aviv und Los Angeles, Mutter und Vater kamen im Holocaust um. Fast alle Gesprächspartner bezeugen diese Heimatlosigkeit des Überlebenden, die bleibende Entwurzelung.

Viele bestreiten allerdings vehement, zu den „Überlebenden des Holocaust" zu zählen. „Damit habe ich doch gar nichts zu tun", meint etwa Heinz Berggruen. Nur, der Kunstsammler weiß genau, dass er allein deswegen überlebt hat, weil er Deutschland rechtzeitig verlassen hat. Ihm, dem jungen Mitarbeiter der „Frankfurter Zeitung", hatten die Nazis das Schreiben verboten – also ging er nach Amerika.

„Ich bin kein Überlebender", sagt auch Georges-Arthur Goldschmidt, der aus Reinbek bei Hamburg stammende Schriftsteller und Übersetzer. „Überlebende sind nur diejenigen, die aus dem Tor eines KZs heraustreten konnten." Tatsächlich überlebte der heute in Paris wohnende Autor, weil er, wie Friedländer, in einem französischen Kinderheim versteckt worden war – unter schrecklichen Bedingungen allerdings, als Opfer fast täglicher Prügelstrafen.

Aus Sicht von Berggruen oder Goldschmidt ist diese enge Definition des Überlebens verständlich. Diejenigen, die nicht die Lager durchlitten haben, möchten sich nicht mit jenen KZ-Häftlingen auf eine Stufe stellen, die unvorstellbares Leid gesehen und erfahren haben.

Aus unserer Sicht verbietet sich eine solche Unterscheidung jedoch. Wie und vor allem warum wollen wir heute beurteilen, ob die Trennung Saul Friedländers von seinen Eltern, dieses furchtbare Heimweh des plötzlich ganz auf sich allein gestellten zehnjährigen Knaben, nun weniger schlimm war als die Tortur eines fünfzehnjährigen KZ-Häftlings wie Imre Kertész? Sicher, auch ein Nachgeborener ahnt, dass es unterschiedliche Grade des Schreckens gibt. Aber wem helfen solche Abstufungen?

Zumal jene, die aus den Lagern entkommen konnten, ebenfalls davon überzeugt sind, dass sie die wahre Todesqual gar nicht erlebt haben. „Die volle, uneingeschränkte Wahrheit kennen nur jene, die in den Gaskammern gestorben sind", erklärt Kertész. Der Schriftsteller und Literaturnobelpreisträger hatte in seinem „Roman eines Schicksallosen" die Bedingungen des Überlebens im Konzentrationslager beschrieben. „Um überleben zu können", sagt Kertész nun, „musste man durch die Hölle gehen – und in der Hölle wird man schmutzig." Kertész wird sogar noch deutlicher: „Die Unschuldigen sind die, die gestorben sind."

Ein erschreckendes Bekenntnis. Immer wieder berichten Überlebende von Gefühlen der „Scham" und der „Schuld", die sie zeitlebens verfolgten. So, als ob sie auf Kosten anderer überlebt hätten. Elie Wiesel, zum Beispiel, musste mit ansehen, wie sein Vater in Buchenwald zugrunde gerichtet wurde: „Man hatte ihn geschlagen, und ich konnte ihm nicht helfen. In seiner letzten Stunde rief er meinen Namen. Am Ende antwortete ich nicht mehr. Ich fürchtete mich."

Dass Wiesel sich bis heute „schuldig" fühlt, ist so nachvollziehbar wie tragisch und ungerecht. Was hätte er tun sollen oder können? In der Regel erlaubte das mörderische Lagersystem allenfalls das Ausnützen mehr oder weniger glücklicher Umstände: Der eine stahl nur etwas Brot, der andere fand ein paar Dollar in der Jacke eines schon getöteten Leidensgenossen und betrieb damit einen florierenden Schwarzhandel – doch diese Dinge gehörten zum Alltag im Lager. Das Überleben selbst, so erklärt Anita Lasker-Wallfisch, „war kompletter Zufall". Mit ihrer Schwester zusammen hatte die Musikerin die letzten Kriegswochen im Konzentrationslager Bergen-Belsen verbracht, krank, ausgehungert, zwischen Bergen von Leichen. „Wenn die Engländer drei Tage später gekommen wären, hätten wir nicht mehr gelebt", berichtet Anita Lasker-Wallfisch.

„Fast jeder Überlebende hat seinen Zufall gehabt, der ihn überleben ließ", meint auch die Germanistin und Auschwitz-Überlebende Ruth Klüger. Und doch war es manchmal mehr als nur Glück, einige Voraussetzungen erhöhten zumindest die Chancen: Wer nicht zu jung und nicht zu alt war, hatte bessere Aussichten bei der Selektion vor den Gaskammern; wer gesund und kräftig war, schien den Nazis mit seiner Arbeitskraft nützlich; wer sich selbst nicht aufgab, ertrug die schier unerträglichen Strapazen am Ende womöglich doch.

„Ich habe die Hoffnung nie aufgegeben im Lager", berichtet der ehemalige Auschwitz-Häftling Ernest W. Michel, „ich habe immer gedacht: Du musst das hier überleben." Der gebürtige Mannheimer wurde zum Zeugen, wie sein Freund Walter im Krankenbau des Lagers starb. „Wenn ich heute von Auschwitz berichte, dann auch, weil ich mir damals geschworen habe, dass sein Leiden nicht vergessen werden darf."

Dieses Motiv teilt der New Yorker Spendensammler mit vielen anderen Zeitzeugen. Sie alle erzählen im Grunde ungern über ihre Leidensjahre, sei es aus Bescheidenheit, sei es, um ihre Kinder nicht zu belasten, sei es, um die schrecklichen Erinnerungen nicht wieder heraufzubeschwören. Und doch berichten sie vor Schulklassen oder Kirchengemeinden, bei Gedenktagen oder Feierstunden. Und bei all dem empfinden sie die moralische Pflicht, für jene zu sprechen, die an ihrer Seite getötet wurden.

Wer sich dieser Aufgabe stellt, macht es sich und seiner Familie nicht leicht. Und wer es nicht tut, wartet vielleicht nur auf eine Aufforderung seines Partners und seiner Kinder, endlich zu berichten. Doch ein Tabu verstellt in vielen Familien solche Gespräche. „Wissen wollten wir es nie allzu genau", gesteht etwa Gila Lustiger, die Tochter des ehemaligen Auschwitz-Häftlings Arno Lustiger. Offenbar verbindet die Überlebenden mit den nachfolgenden Generationen vor allem der Wunsch nach Normalität. Allein schon der Begriff „Überlebender" sei ein „furchtbares Wort", findet Gila Lustiger. „Es klammert den Menschen aus der Gesellschaft aus, auch aus der Gegenwart in Deutschland." Mit „diesem Wort", so glaubt die junge Schriftstellerin, „kommt einer aus dem Lager nie heraus".

Doch ihr Vater, ein heute in Frankfurt lebender Textilkaufmann und Historiker, widerspricht ausdrücklich: „Das Glück, überlebt zu haben, überlagert für mich alles Negative, was in diesem Begriff stecken mag."

Lustiger hat schließlich seine Geschichte erzählt, wenn auch erst 1985, auf einer Veranstaltung in Frankfurt zum 40. Jahrestag der Befreiung des Konzentrationslagers Auschwitz. Das Tabu war für ihn damit erstmals gebrochen. Niemand allerdings sollte erwarten, dass ein solcher Schritt eine für alle Beteiligten befreiende Wir-

Ruth Klüger und Martin Doerry

kung erzielt: Jedes neue Gespräch, jede neue Äußerung über die Vergangenheit ist immer auch eine Belastung – für den Erzähler und für seine Zuhörer.

In gewisser Hinsicht bleibt das Tabu ohnehin bestehen. Kein Überlebender erzählt alles. Die Sprache kapituliert stets vor dem wirklich Entsetzlichen. Das, was er erlebt habe, sei einfach „zu groß und unglaublich", um es in Worte zu fassen, erklärt der in der Bukowina geborene und heute in Israel lebende Schriftsteller Aharon Appelfeld. Im Alter von neun Jahren musste er miterleben, wie seine Mutter erschossen wurde. Später floh er aus einem Lager in einen Wald, wo er sich wochenlang auf der Flucht vor den Nazis versteckte.

Appelfelds literarisches Werk kreist um das Trauma dieser Kindheit, vor der Beschreibung des Äußersten allerdings macht er immer Halt.

Er sei „persönlich sehr viel mehr Grausamkeiten begegnet", als er seinen Lesern zumute, sagt auch Imre Kertész. Unklar bleibt jedoch, ob der Autor dabei nur Rücksicht auf die Gefühle seines Publikums nimmt. Denkbar wäre auch, dass er sich selbst damit vor seinen Erinnerungen schützt.

Nur wenige Überlebende sind nämlich in der Lage, die selbsterlebten physischen Qualen und Quälereien explizit zu benennen. Zu den Ausnahmen zählt die Britin Agnes Sassoon, die 1944 im Alter von elf Jahren vom Schulhof in Budapest nach Dachau verschleppt worden war. Kurz vor Kriegsende musste sie mit weiteren Häftlingen in ein anderes Lager marschieren: „Eines Tages konnte ich wirklich nicht mehr. Ich bin so beim Marschieren ganz langsam aus der Reihe getorkelt. Ein Soldat kam zu mir und sagte scheinbar ganz freundlich: ‚Komm Kleine, setz dich hin und ruh dich aus.' Und kaum saß ich am Straßenrand, da hat er geschossen."

Der Schuss traf sie ins Bein, sie wurde ohnmächtig, blieb am Straßenrand liegen – und wurde auf wundersame Weise von einem Trupp französischer Kriegsgefangener gerettet. Noch heute aber plagt sie die große, schlecht verheilte Narbe am rechten Unterschenkel.

Diese und andere Grausamkeiten beschreibt Agnes Sassoon mit schockierender Offenheit. Dabei weiß sie, dass sie sich auf ihre Erinnerung nicht unbedingt verlassen kann. Immer wieder gesteht sie: „Ach, da geht vieles durcheinander" oder „Meine Erinnerungen sind hier nur noch sehr verschwommen". Wer als Kind solchen Torturen ausgesetzt ist, hat freilich ein Recht darauf, mehr als 60 Jahre danach bei der Schilderung mancher Details und Abläufe zu irren.

Die aus dem ehemals tschechoslowakischen Vylok stammende Agnes Sassoon hat ihre Ge-schichte in einem kleinen Büchlein unter dem lapidaren Titel „Überlebt" bereits einmal erzählt. Viele Autoren wagen es nicht, ihre Zweifel an der Präzision der eigenen Erinnerung zu reflektie-ren. Agnes Sassoon dagegen räumt ihre Un-sicherheit ein: War es tatsächlich die berüchtigte Aufseherin Irma Grese, die ihr in Bergen-Belsen mit dem Stiefel auf die sich am Feuer wärmende Kinderhand trat? „Ich weiß es nicht, es gab viele solcher Frauen."

Eine ganze Reihe der hier Befragten haben ihre Lebensgeschichten oder Memoiren bereits publiziert. Zu den ersten zählten in den fünf-ziger Jahren Lotte Paepcke mit ihrem Erinne-rungsbuch „Unter einem fremden Stern" und Elie Wiesel mit „Die Nacht". In den späten Sieb-zigern folgten die in Berlin aufgewachsene und im Krieg „untergetauchte" Journalistin Inge Deutschkron („Ich trug den gelben Stern") und der Historiker Saul Friedländer („Wenn die Erinnerung kommt…").

All diese Bücher wurden im Grunde zu früh veröffentlicht. Erst in den neunziger Jahren wuchs das Interesse an solchen Stoffen erkennbar. Lu-cille Eichengreens Lebenserinnerungen „Von Asche zum Leben" und Ruth Klügers Bestseller „weiter leben" erschienen 1992. Ein Jahr später veröffentlichte Ernest W. Michel „Promises To Keep" (bisher nur auf Englisch). Heinz Berg-gruens „Hauptwege und Nebenwege" folgte 1996, Anita Lasker-Wallfisch mit „Ihr sollt die Wahr-heit erben" 1997, Peter Gays „Meine deutsche Frage" erschien 1999 in deutscher Übersetzung.

An Elie Wiesels „Die Nacht" entzündete sich 2005 eine bezeichnende Debatte. Wiesel hatte in einer Neuauflage seines Buches kleine inhaltliche Korrekturen vorgenommen und sah sich nun mit der Frage konfrontiert, ob das ganze Buch womöglich ein Konstrukt, gar eine Art Lebensroman sei. Wiesel wies diese Kritik verärgert zurück, er habe einfach nur festgestellt, dass er sich in einigen Details geirrt habe.

Manche Autoren sind diesem Dilemma ausgewichen und haben ihren Lebensbericht gleich ganz als Roman angelegt. Edgar Hilsenrath etwa schrieb über „Die Abenteuer des Ruben Jablonski" und erzählte dabei doch nur seine eigene Geschichte, wenn auch mit allen literarischen Freiheiten. Nicht anders machte es Ralph Giordano mit seinen „Bertinis" oder Ivan Klíma mit den autobiografischen Passagen seines Romans „Richter in eigener Sache".

Wieder andere Autoren lassen den Leser bewusst im Unklaren, ihre ganze literarische Produktion kreist wesentlich um die eigene Biografie. Das gilt für die Prag-Bücher von Lenka Reinerová, für die immer auch autobiografischen Texte von Georges-Arthur Goldschmidt und Aharon Appelfeld sowie, weitgehend, für die Bücher von Imre Kertész.

Wer seine Lebensgeschichte schon irgendwann zu Papier gebracht hat, kann im Interview manche Einzelheit schneller rekapitulieren. Doch das erweist sich nicht nur als Vorteil. Manche Erzählungen klingen im Gespräch zunächst eher wie erinnerte Erinnerungen – und nicht wie ein authentisches Sichvergegenwärtigen vergangener Lebensumstände und Gefühle. Erst ein beharrliches Nachfragen stört dann den Erzählfluss und verunsichert den Gesprächspartner: War es wirklich so und nicht anders?

Einige Überlebende können denn auch in ihren Erinnerungen zwischen Wirklichkeit und Phantasie nicht immer eindeutig trennen. In ihren Berichten sind dann Wunsch- oder Schreckensbilder verborgen, die damals, in der Situation höchster Bedrängnis, entstanden und die sich in den vergangenen 60 Jahren zu Gewissheiten verfestigt haben. Wer etwa im Versteck oder im Lager von kleinen Akten des Widerstands träumte, glaubt heute durchaus, dass er sich wirklich so verhalten hat.

Erinnerung kann die Überlebenden quälen, sie kann sich aber auch als gnädiger Begleiter bewähren. Verluste und Demütigungen werden manchmal verdrängt und in der eigenen Lebensgeschichte marginalisiert. Nur im Umkehrschluss lässt sich unter solchen Umständen die so schmerzlich empfundene Ausgrenzung erkennen, etwa in einem ausgeprägten Bedürfnis nach äußerer Anerkennung, nach Gesten der Zuneigung und Bewunderung. Stolz tragen die Überlebenden öffentliche Auszeichnungen und Preise, selbst deutsche Orden und Ehrenzeichen als Zeichen der Rehabilitation – für ein Verbrechen, das die Deutschen an ihnen begangen haben.

Überhaupt begegnen viele Emigranten und ehemalige KZ-Häftlinge dem Volk ihrer Peiniger mit großer Nachsicht, wenn nicht sogar überraschendem Wohlwollen. Heinz Berggruen etwa bestreitet heute zwar nicht die Existenz von Antisemitismus in seiner Heimatstadt Berlin, er selbst will aber seit seiner Rückkehr vor einem Jahrzehnt „nicht einmal die Andeutung einer judenfeindlichen Einstellung bemerkt" haben, „nicht ein einziges Mal". Auch Adam Daniel Rotfeld, der polnische Politiker, der in einem Kloster überlebte, während seine Eltern ermordet wurden, bescheinigt den „deutschen Eliten" der Gegenwart „viel Verständnis und eine große Sensibilität für Polen".

Der in Paris lebende Politologe Alfred Grosser engagiert sich seit mehr als 50 Jahren für die deutsch-französische Aussöhnung. Und Oldřich Stránský, der Prager Ingenieur und Auschwitz-Überlebende, kämpft, ebenfalls seit Jahren schon, für die deutsch-tschechische Verständigung. 2003 wurde er sogar für einige Zeit als Vorsitzender der tschechischen „Vereinigung der befreiten politischen Häftlinge" abgesetzt, weil er die Vertreibung der Sudentendeutschen offen kritisiert hatte.

Vielleicht ist es die Erkenntnis, dass der Hass am Ende alles nur schlimmer gemacht hat, die vielen Überlebenden heute eine eher milde, abgeklärte Sicht auf die Deutschen gestattet. Vor allem wird stets differenziert zwischen den Alten, die womöglich noch Verantwortung im NS-Regime getragen haben, und den Jungen, denen keine Schuld zugesprochen werden darf.

Das heißt nicht, dass all diese Menschen frei von Bitterkeit und Härte sind. Das Erlebte hat sie nicht nur traumatisiert, es hat natürlich auch in ihrem Wesen Spuren hinterlassen, es hat sie fast alle zutiefst verängstigt und vor allem skeptisch gemacht. Bildung und Kultur, so sehr sie von dem meisten verteidigt werden, gelten ihnen nicht mehr als Schutz vor dem Rückfall in die Unmenschlichkeit. „Dieser Völkermord", erklärt Ruth Klüger, „ist doch in Mitteleuropa verübt worden, von einem Land, in dem es praktisch keine Analphabeten gab." Nicht einmal die vermeintlich „primitiven" Völker würden so mit ihren „eigenen Leuten" umgehen.

Diese fundamentale Ernüchterung geht häufig mit dem Verlust der Ideale einher. Sozialistische oder kommunistische Jugendträume verblassen, vor allem aber gerät der Glaube in Ge-

fahr. Einige Befragte erklären, sie hätten in ihrer Jugend durchaus noch religiöse Empfindungen gehabt. Aber spätestens die Erfahrung des Lagers habe sie zweifeln lassen. Sie könne an keinen Gott glauben, der eineinhalb Millionen Kinder im Holocaust sterben lasse, argumentiert Inge Deutschkron und spricht damit vielen Leidensgenossen aus dem Herzen. Selbst Elie Wiesel, der in seiner Jugend eine chassidische Ausbildung genoss, räumt ein, dass er sich unter dem Eindruck des Massenmords immer wieder die Frage gestellt habe: „Wo ist Gott hier?" Und eine Antwort habe er darauf bis heute nicht erhalten.

Die Schwächung religiöser Bindungen hat nicht zwangsläufig zu einer Loslösung vom Judentum, von der jüdischen Tradition und Kultur geführt. Eher im Gegenteil: Wer die Schreckensjahre überlebt hat, solidarisiert und identifiziert sich häufig wieder intensiver mit der jüdischen Gemeinschaft. „Das jüdische Sterben", so erklärte etwa die Schriftstellerin Lotte Paepcke, „hat mich ganz gewiss viel stärker in das Judentum hineingerissen, als es sonst wahrscheinlich der Fall gewesen wäre."

Ungeklärt bleibt dabei die Frage, wie dauerhaft eine solche Bindung ohne religiöses Fundament für künftige Generationen sein kann. Jüdisches Leben ohne jüdische Religion? Eine bemerkenswerte Antwort gibt Aharon Appelfeld. Religion sei mehr als nur der Glaube an einen Gott: „Religion heißt Bedeutung. Das heißt, du lebst, weil es eine Bedeutung hat, weil es sinnhaft ist. Du bist in diese Welt gekommen, um etwas zu machen, etwas Gutes zu tun."

Appelfeld ist allerdings tief in der jüdischen Tradition verankert. Er hat den Talmud, die Kabbala, die rabbinische Literatur studiert und zehrt von diesem Erbe. Wer sich dagegen explizit zum Atheismus bekennt – das gilt etwa für die Wissenschaftler Saul Friedländer, Peter Gay und Alfred Grosser –, dürfte sich am Ende doch von seinen jüdischen Wurzeln lösen oder schon gelöst haben. Grosser, zum Beispiel, sieht sich als „jüdisch geborener, mit dem Christentum geistig verbundener Atheist".

Die neutestamentliche Vorstellung von Feindesliebe und Versöhnung mit den Tätern befremdet die Überlebenden zumeist. Warum auch sollten sie ihren Peinigern verzeihen, zumal diese sich in aller Regel nicht einmal zu ihrer Schuld bekannt haben? Wer wie Lucille Eichengreen die ganze Familie im Holocaust verlor, hat gute Gründe für das Bekenntnis: „Ich kann nicht vergessen und nicht vergeben."

Im Übrigen tut Lucille Eichengreen alles, was sie kann, damit sich die Barbarei nicht wiederholt. Wann immer sie aus Kalifornien nach Hamburg, in die Stadt ihrer Kindheit zurückkehrt, erzählt sie in Schulen und Gemeinden von ihrem Schicksal.

Auch Anita Lasker-Wallfisch, Ralph Giordano, Ernest W. Michel, Elie Wiesel, Ruth Klüger und viele andere Überlebende unterziehen sich dieser Aufgabe. Selbst die Bereitschaft, für dieses Buch Rede und Antwort zu stehen, betrachten manche als Teil ihrer Mission. Niemand der Befragten hat mit der Zustimmung zu diesem Projekt gezögert, bei einigen schien es, als hätten sie auf eine solche Anfrage gewartet.

Das erste Gespräch wurde bereits vor mehr als 20 Jahren geführt. Lotte Paepcke äußerte sich 1985 im 2. Hörfunkprogramm des Süddeutschen Rundfunks in der Reihe „Es erinnert sich". Schon 1996 fand auch das hier dokumentierte SPIEGEL-Gespräch mit Imre Kertész statt. Damals war sein „Roman eines Schicksallosen" gerade in einer neuen Übersetzung erschienen – ein großer Erfolg bei den deutschen Lesern. 2002 folgten SPIEGEL-Gespräche mit den Autoren Georges-Arthur Goldschmidt und Lenka Reinerová, jeweils aus Anlass neuer Veröffentlichungen.

Die Idee zu dem vorliegenden Buch entstand dann im Laufe des Jahres 2004. Eine ganze Reihe weiterer Interviews wurde nun geplant. Die Auswahl der Gesprächspartner folgte keiner strengen Systematik. Neben prominenten Überlebenden sollten auch eher unbekannte Zeitzeugen vertreten sein, deren Lebensgeschichte noch zu entdecken ist. Wichtig schien zudem eine gewisse Streuung der vertretenen Berufe, auch wenn ein erheblicher Teil der Befragten als Schriftsteller und Publizisten tätig ist. Schließlich sollten Überlebende möglichst vieler Nationen zu Wort kommen. Einige wohnen heute wieder oder noch in Deutschland, die übrigen in Israel, in den USA, in Frankreich, Großbritannien, Tschechien, Ungarn und Polen.

Entscheidend war am Ende ein Kriterium: ob das Gespräch gelang, ob ein intensiver Dialog zustande kam. Daran gemessen wäre nur ein einziges Interview beinahe gescheitert, nämlich das mit Albert O. Hirschman in Princeton. Der greise Ökonom hatte sich zwar am Telefon sofort bereit erklärt. Doch das Gespräch selbst erwies sich als äußerst schwierig: Über sein bewegtes Leben als Fluchthelfer im von den Nazis besetzten Frankreich gab der 91-Jährige nur noch äußerst wortkarg und mit sehr schwacher Stimme Auskunft, lieber kommuniziert er mit Hilfe von Gesten und selbstgemalten Bildern. Das Inter-

Albert O. Hirschman und Monika Zucht

Klaus Wiegrefe redigierten auch einige Interviews und unterstützten damit ganz wesentlich dieses Projekt.

Wenn es ein Vorbild für dieses Buch gibt, dann sind es die „Jüdischen Portraits" der Münchner Fotografin Herlinde Koelbl, ein beeindruckender Interview- und Bildband aus dem Jahre 1989. Koelbls Kollegin, die SPIEGEL-Fotografin Monika Zucht, übernahm Ende 2004 die für das Gelingen des vorliegenden Buches zentrale Aufgabe, alle Gesprächspartner zu porträtieren. Nur für das Foto von Lotte Paepcke musste auf private Archive Rückgriff genommen werden, die Autorin war bereits im Sommer 2000 verstorben.

Monika Zucht reiste von Termin zu Termin, von Gespräch zu Gespräch und brachte zuweilen eine ganz eigene, andere Geschichte mit nach Hamburg. Ihre Bilder erzählen davon: Sie zeigen Menschen, die sich dem Betrachter verschließen oder öffnen, Menschen, denen der Schrecken noch nach 60 Jahren ins Gesicht geschrieben ist, aber auch solche, die mit entwaffnendem Charme entspannt in die Kamera schauen.

Das Konzept schien zunächst klar und einfach: Jeder Gesprächspartner sollte mit einer Großaufnahme porträtiert werden, ein oder zwei eher szenische Bilder würden das Gespräch abrunden. Aber gerade diese Fotos bereiteten manchmal große Mühe: Eine Dame mochte partout bei Eis und Schnee das Haus nicht verlassen, ein Herr lief der Fotografin im Großstadtgewühl buchstäblich davon, eine andere Dame wollte sich eigentlich gar nicht fotografieren lassen, weil es doch schon „so viele schlechte Fotos" von ihr gebe. Und Edgar Hilsenrath wollte auch in seiner

view wird hier dennoch gedruckt – als Dokument und als Ersatz für Hirschmans nie geschriebene Memoiren. Der Gelehrte hatte stets das Verfassen einer Autobiografie abgelehnt. „Ich halte dies", so erklärte er einmal, „für das endgültige Eingeständnis der Tatsache, dass einem die Ideen ausgegangen sind."

Die meisten Gespräche wurden auf Deutsch geführt, nur wenige mussten aus dem Englischen oder Tschechischen übersetzt werden. Viele der Befragten, die in Tschechien, Ungarn oder Rumänien aufgewachsen sind, sprechen Deutsch – dank der Tatsache, dass diese Sprache vor dem Zweiten Weltkrieg die Lingua franca des gebildeten osteuropäischen Judentums war.

Die auf Tonbändern mitgeschnittenen Interviews sind zunächst übertragen, bearbeitet und danach den Beteiligten noch einmal zur Überprüfung vorgelegt worden. An mehreren Gesprächen waren zudem Kollegen aus der SPIEGEL-Redaktion beteiligt: Volker Hage, Romain Leick, Jan Puhl, Hans-Ulrich Stoldt und

Wohnung unbedingt nur mit Baskenmütze ab-
gelichtet werden, das schwarze Ding sei schließlich sein Markenzeichen.

Den wohl schönsten Fototermin aber ab-
solvierte Monika Zucht im Stülerbau am Charlottenburger Schloss in Berlin. Dort, inmitten
seiner wunderbaren Kunstsammlung, ließ sich
ein strahlender Heinz Berggruen porträtieren.
Geduldig saß der alte Herr Modell, Monika
Zucht fotografierte, und um die beiden herum
flanierten neugierige Museumsbesucher, ihrerseits bewaffnet mit Fotoapparaten. Man gratu-
lierte dem Sammler zu seinen Bildern, knipste
ihn samt seiner Fotografin – und die war sich
am Ende sicher, einen „wirklich glücklichen
Menschen" getroffen zu haben.

Aharon Appelfeld

„Meine Geschichte ist eigentlich undenkbar"

Der Schriftsteller Aharon Appelfeld über die Begeisterung seiner Eltern für die deutsche Kultur, die Ermordung seiner Mutter und die Emigration nach Israel

Aharon Appelfeld kam 1932 als Erwin Appelfeld in Jadowa in der rumänischen Bukowina zur Welt. Nach der Trennung von den Eltern und der Flucht aus einem Lager überlebte er die nationalsozialistische Verfolgung in verschiedenen Verstecken. 1946 emigrierte er nach Palästina, heute zählt er zu den bekanntesten Schriftstellern Israels.

Herr Appelfeld, wann ist aus dem Jungen mit dem schönen deutschen Namen Erwin ein junger Mann namens Aharon Appelfeld geworden?
Ich bin 1946 nach Palästina gekommen. Mit 14 Jahren, ohne Eltern und ohne Ausbildung. Ich hatte zu Hause in Czernowitz gerade noch mein erstes Schuljahr abgeschlossen. Israel war in seinen ersten Jahren ein sehr ideologisches Land, ein sehr heroisches Land, und man musste sich an diese Situation anpassen. Als ich angekommen bin, hat man mir sofort einen anderen Namen gegeben. Mein Name war Erwin, und Aharon klingt irgendwie ähnlich. So bin ich also ein Aharon geworden. Und es gibt nur noch vier, fünf Leute auf der Welt, die mich Erwin nennen.

Aber Ihren Nachnamen hat man Ihnen gelassen?
Nun, auch Appelfeld war ein Problem in diesem ideologischen Land. Und es gab Zeiten, in denen ich einen anderen Namen gehabt habe. Der war Pelled, und das heißt: Stahl.

Ihr Nachname klang zu deutsch?
Nein, es lag nicht an Deutschland. Wenn ich etwa als Lehrer arbeiten wollte, war es einfach besser, einen hebräischen Namen zu haben. Es war kein Muss, es war ein leichter Druck: „Du lebst hier, bist hierher gekommen. Du hast dich zu ändern. Du hast zu vergessen. Du bist ein neuer Jude."

Sie nennen das Israel der fünfziger Jahre ein „ideologisches Land": Wie äußerte sich das?
Es war sehr stark sozialistisch, ja fast kommunistisch geprägt. Ich habe damals ein Buch mit Erzählungen unter dem Titel „Rauch" geschrie-

ben. Warum heißt es „Rauch"? Weil die Leute Zigaretten rauchen, smoking cigarettes. Das war ein Buch über Leute, die nach Israel gekommen waren und am Ufer des Meeres lebten, am Strand. Sie führten das Leben von Vagabunden: Nachtleben, Karten spielen, Wodka trinken, Geld wechseln. Was sie im Lager und im Ghetto gemacht hatten, machten sie nun auch hier, sie lebten wie ärmliche Bohemiens. Ich kam mit diesen Erzählungen zum Verleger, und er fragte mich: „Wie alt bist du?" „25 Jahre." „Mit diesem Thema willst du dich wirklich beschäftigen?", fragte er. „Hier ist ein neues Land. Wir bauen hier ein neues Leben auf, Kibbuzim, eine Armee. Das ist ein Stoff, über den man schreiben muss. Das, was du schreibst, das ist doch Dekadenz. Was soll das heißen, dass diese Menschen nach dem Holocaust nach Israel gekommen sind und hier nun Karten spielen, Wodka trinken und Affären mit Frauen haben? Was für ein Leben ist das? Das ist doch unmöglich, so ein Leben. Du willst schreiben? Schreib positiv, nicht dekadent." Das hat er mir gesagt.

Aber Sie haben sich an diesen Rat nicht gehalten.
Nein. Aber der Druck war groß. Der Verleger sagte: „Das ist doch nur Phantasie, was du da schreibst. Komm und zeige mir diesen Strand, wo diese Vagabunden leben." Ich sagte: „Ich weiß es nicht. Ich schreibe, was ich fühle, was ich denke." Aber das ließ er überhaupt nicht gelten.

Dabei ist ja das, was Sie in „Rauch" beschreiben, durchaus geprägt von Ihrer eigenen Erfahrung.
Ja, selbstverständlich, zum Beispiel in den Flüchtlingslagern in Italien. Ohne solche Erinnerungen kannst du das nicht schreiben.

Das heißt: Sie schreiben grundsätzlich aus diesem Fundus der Erinnerung, ohne exakt zu rekonstruieren, Sie entwickeln eine Mischform zwischen Wirklichkeit und Fiktion.
Das hängt jetzt davon ab, wie wir Fiktion definieren, was Fiktion ist, ja. Fiktionen sind keine Sachen, Fiktion heißt das Innere. Es gibt ein äußeres Leben, und es gibt ein inneres Leben.

Aber beides ist wahr.
Genau. Wahr ist alles, was du fürchtest, alles, was du dir vorstellst, was du träumst.

In einem Gespräch mit Ihrem Kollegen Philip Roth haben Sie 1988 gesagt: „Ich habe nie so über die Dinge geschrieben, wie sie sich wirklich zugetragen haben." Und dann, im Hinblick auf den Holocaust: Die Wirklichkeit gehe über jedes Vorstellungsvermögen hinaus. Warum haben Sie als Überlebender in all Ihren Büchern vor dem Äußersten haltgemacht – und es eben nicht beschrieben?
Es ist zu groß und unglaublich. Wie können andere Menschen dir so etwas glauben? Schon meine Geschichte ist doch eigentlich undenkbar: Ich war ein Kind und lebte viele Tage allein im Wald. Wie konnte es geschehen, dass ein kleines Kind, das aus einem sehr kulturellen, wohlhabenden Haus stammt, sich nun von Blättern ernähren muss? Mein Vater war ein erfolgreicher Unternehmer, bei uns zu Hause gab es eine große Bibliothek, es gab Musik – und dann das!

Ihre Heimatstadt Czernowitz war damals eine weitgehend jüdische Stadt. Welche Sprache sprachen Ihre Eltern untereinander, welche mit Ihnen?
Mit mir Deutsch, aber es gab bei uns auch Haus-

mädchen aus der Ukraine, mit denen wir Ukrainisch gesprochen haben, mit anderen Rumänisch. Und die Nachbarn waren Polen. Französisch sprach man in der Upper Class. Und alle diese Sprachen habe ich zu Hause gehört.

Dennoch war Deutsch Ihre Muttersprache?
Unbedingt. Nur mit meinen Großeltern, die in den Karpaten wohnten, haben wir Jiddisch gesprochen. Meine Eltern wollten allerdings nicht, dass ich Jiddisch lernte.

Das galt als sozial niedrig stehend?
Nun, meine Eltern wollten keinesfalls als Ostjuden gelten. Das Ideal war Wien, Berlin.

Also war Ihre Familie schon stark assimiliert? Fehlte Ihnen das, was man jüdische Identität nennen könnte?
Ja, sie hatten das schon verloren. Ein assimilierter Jude hat die Verbindung mit den jüdischen Werten verloren, mit der jüdischen Gesellschaft, mit der jüdischen Religion, er hat alles verloren.

Und bei Ihren Eltern war das auch schon ein bisschen der Fall?
Nicht ein bisschen, mehr: Alles, was an das Judentum erinnerte, schien Ihnen irgendwie anachronistisch zu sein. Das Gute, das Schöne waren die deutsche Sprache, die deutsche Literatur und Musik. Das war ihr Credo, das war das

Wesentliche. Deutsch bedeutete für den assimilierten Juden mehr als nur eine Frage der Kommunikation. Die deutsche Sprache war seine Kultur, ja seine neue Religion.

Unter diesen Vorzeichen muss es für Sie und Ihre Familie noch schlimmer gewesen sein, dass es ausgerechnet die Deutschen waren, die Sie so barbarisch behandelt haben.
Für meine Eltern war es so, nicht für mich. Ich war neun Jahre, was konnte ich verstehen?

Aber die Eltern hatten Ihnen dieses Idealbild doch sicher schon vermittelt.
Selbstverständlich, aber ich konnte das alles noch nicht begreifen. Die Sprache, diese Kultur, die meine Eltern so geliebt haben, wurden nun auf einmal zur Sprache der Mörder.

Wann und wo haben Sie die Deutschen erstmals gesehen?
Wir waren im Sommer bei unseren Großeltern in den Karpaten. Eines Tages sind die Rumänen und die Deutschen in dieses Dorf gekommen, sie gingen von Haus zu Haus und ermordeten die Juden. Man hat die Christen gefragt, wo Juden wohnen, und hat sie dann alle getötet.

Das heißt, Sie selbst waren zu diesem Zeitpunkt nicht zu Hause?
Doch, ich war im Bett und krank. Ich habe Mumps gehabt. Und meine Eltern waren draußen.

Wo genau?
Meine Mutter war im Hof, mein Vater war irgendwo bei einem Nachbarn. Ein Schuss ging in die Fensterscheibe. Ich bin ans Fenster, habe gesehen, was passierte, und bin dann in das große Kornfeld hinter dem Haus gelaufen.

Dort haben Sie sich versteckt?
Ja. Und den ganzen Tag über hörten die Schießerei und das Geschrei nicht auf, überall hat man rumgeschossen.

Und dann?
Mein Vater hat mich irgendwann in diesem Kornfeld gefunden, und wir sind zurück nach Czernowitz.

Haben Sie Ihre Mutter gar nicht mehr gesehen?
Wir haben gewusst, dass sie tot ist.

Konnten Sie denn in Ihre Wohnung in Czernowitz zurückkehren?
Ja, aber nicht lange. Wir mussten sie dann aufgeben, eine schöne, große Wohnung war das.

Sie mussten ins Ghetto?
In ein Zimmer gepresst mit 15 oder 20 Leuten.

Wie lange haben Sie so gelebt?
Ich glaube, zwei oder drei Monate waren wir dort. Dann sind wir weiter in ein Lager in der Ukraine geschickt worden. Als wir an einem großen Fluss angekommen waren, hat man viele Juden einfach ins Wasser getrieben. Nur die stärkeren Männer durften weitermarschieren, vielleicht hundert Kilometer. Es sind viele Leute gestorben. Aber mein Vater war ein starker Mann, er hat mich viel getragen.

In Ihrem Buch „Geschichte eines Lebens" erzählen Sie, wie Sie auf dem Marsch immer wieder im

Schlamm einsinken und Ihr Vater auch mit Ihnen schimpft. Dann kommen Sie schließlich in diesem Lager an, und dort wird Ihr Vater schon nach wenigen Tagen von Ihnen getrennt.

Ja, da hat man mir meinen Vater weggenommen, und ich bin mit älteren Leuten, mit Frauen und Kindern allein geblieben, von denen viele nach zwei, drei oder vier Tagen starben. Und ich wusste: Wenn ich dort bleibe, sterbe ich auch.

Das heißt, Sie mussten fliehen.

Es gab da einen hohen Zaun, der nicht gut bewacht war – insgesamt nur drei oder vier rumänische und zwei deutsche Soldaten – , und durch ein Loch konnte ich entkommen, erst mal in den Wald, wie gesagt, aber dann, als der Hunger unerträglich wurde, zu einem Bauern. Ich wollte arbeiten.

Aber Sie waren nur zehn Jahre alt.

Ich war neuneinhalb, 1941. Aber der Bauer hatte genug Kinder, er hatte vier. Also habe ich weiter gesucht, und so habe ich gesehen, dass außerhalb des Dorfes vereinzelt noch andere Hütten standen, ärmere Hütten. Und dort habe ich eine Prostituierte gefunden, sie war die Dorfhure, und sie hat mich akzeptiert. Während sie ihrer Arbeit nachging, musste ich den Haushalt erledigen. Waschen, kochen, einkaufen, die Kuh melken, im Garten arbeiten. Ich habe zu Hause die erste Klasse beendet, das Leben bei dieser Frau war, wenn man so will, die zweite Klasse.

Sie hat Sie akzeptiert, weil sie auch eine Außenseiterin war – so wie Sie.

Ganz genau. Die war von der Gesellschaft ausgestoßen. Ich habe viel über sie geschrieben.

Ihre Bücher tasten ja die eigene Erinnerung immer wieder von Neuem ab. Vielleicht kann man Ihren Blick in die Vergangenheit mit dem Lichtkegel einer Taschenlampe vergleichen, der eine lange, dunkle Wand anstrahlt und nach etwas sucht. Sie haben immer die eigene Geschichte als lange, große Wand vor sich, und immer wieder sehen Sie: „Ach, da ist noch etwas, dort ist noch etwas."

Das ist sehr wahr.

Wir haben eben über Assimilation gesprochen. Und Sie haben diesen Prozess ziemlich kritisch dargestellt: Die Menschen hätten schließlich ihre jüdische Herkunft ganz vergessen und verdrängt.

So ist es, manchmal steigert sich diese Haltung bis zum Selbsthass.

Glauben Sie, dass zu dieser jüdischen Kultur und Identität auch noch der Glaube zwangsläufig dazugehört? Muss man gläubig sein, um Jude zu sein?

Der assimilierte Jude im Europa des frühen 20. Jahrhunderts wollte im Grunde kein Jude sein. Er wollte zur Welt der Deutschen oder der Franzosen oder zu den Engländern gehören, aber nicht zu den Juden. Er hatte sogar eine gewisse Aversion gegen seine Herkunft. Sehr tragisch war das Schicksal der deutschen Juden in den Lagern. Die haben sich häufig gar nicht als Juden gesehen. Und hier wurden sie nun mit Ostjuden zusammengepfercht. Viele haben Selbstmord begangen. Sie konnten diesen Widerspruch nicht verstehen: Was ist schlecht an mir? Ich bin doch wie jeder Deutscher. Was ist der Unterschied? Warum bin ich hier?

Nun sprechen Sie über die assimilierten Juden in den dreißiger und vierziger Jahren. Aber es gibt auch in Israel heute viele assimilierte Juden, also Menschen, die sich zwar als Israeli empfinden, die aber völlig in der westlichen Kultur aufgehen.

Ja, das stimmt. Aber es gibt einen Unterschied: Wenn du damals als Jude in Deutschland oder Frankreich lebtest, bist du Deutscher oder Franzose geworden. Nicht nur die Sprache, sondern auch die Body Language, das Verhalten – alles ist deutsch oder eben französisch geworden. Aber woran assimilierst du dich in Israel? Du lebst doch unter Juden. Und wenn du in Jerusalem lebst, wo 30 oder 40 Prozent der Einwohner sogar orthodoxe Juden sind, kannst du dich allenfalls an die Orthodoxen assimilieren, also auch orthodox werden.

Aber dennoch: Ob in Israel oder in Europa – die Menschen entfremden sich ihrer Religion, sie sind nicht mehr gläubig. Dieser Prozess gefährdet doch auch den Zusammenhalt der Juden, die Mehrzahl der Menschen in Israel ist ja keineswegs orthodox…

…80 Prozent der jüdischen Bevölkerung sind säkular, etwa 20 Prozent sind religiös in unterschiedlicher Form.

Also stellt sich doch die Frage, ob es so etwas wie eine Identität ohne Religion geben kann.

Gut, ich kann nur von mir sprechen. Ich stamme aus einer ganz assimilierten Familie, aber ich habe in Israel Hebräisch gelernt. Das heißt, die hebräische Sprache hat mir nicht nur die Bibel zugänglich gemacht, sondern auch den Talmud, die mittelalterliche Literatur, die rabbinische Literatur, die jüdische Philosophie und auch die mystischen Texte, die Kabbala und vieles mehr. Das heißt, die Sprache hat mir ein so breites Tor zu meiner jüdischen Identität geöffnet, dass ich

zwar kein religiöser Jude in traditioneller Form geworden bin, aber in Verbindung mit all dem stehe, was mit dem Jüdischen zu tun hat. Mein Kopf ist voll mit diesen Büchern. In den letzten 100 Jahren haben sich viele bedeutende Juden über solche Fragen geäußert, Leute wie Franz Rosenzweig, Martin Buber, Gershom Scholem – wunderbare Menschen, viele von ihnen kamen übrigens aus Deutschland. Sie alle wollten auch Ihre Frage beantworten: Wie geht das? Kann ein Jude Jude sein…

…ohne den Glauben an Gott?

Ohne Gott, ja. Aber die Frage stellt sich für mich anders. Kann man ohne Bedeutung, ohne einen Sinn leben? Religion heißt Bedeutung. Du lebst, weil es eine Bedeutung hat, weil es sinnhaft ist. Du bis in diese Welt gekommen, um etwas zu machen, etwas Gutes zu tun. Das ist die Frage.

Ich verstehe, was Sie meinen. Und dennoch ist das ein sehr reduzierter Begriff von Religion.

Ja, selbstverständlich. Aber das ist das Fundament. Das heißt, du suchst nach einer Bedeutung. Ohne dieses Fundament können wir nicht weiterleben. Als ich 1946 nach Palästina reiste, war ich noch völlig verwirrt und entwurzelt. Aber mit meiner Ankunft erhielt mein Leben plötzlich einen Sinn. Hierher kamen Leute, die alles verloren hatten, jetzt wurden sie zu Bauern, jetzt arbeiteten sie auf dem Feld, jetzt mussten sie sich verteidigen, jetzt führten sie ein einfaches Leben – das einen Sinn hatte.

Wie ist es Ihnen denn gelungen, aus der Welt der Bauern und Siedler auszubrechen und in die literarische Welt aufzusteigen?

Ich wollte einfach studieren. Und eines Tages kam ich zu Martin Buber, den ich sehr verehrte, und er suchte Studenten, die Deutsch verstehen. Er konnte anfangs kaum Hebräisch. Bei ihm habe ich die Bibel gelernt. Gershom Scholem dagegen hat die Sprache sehr gut beherrscht. Er war aber auch der einzige deutsche Jude, der Hebräisch konnte. Viele deutsche Professoren taten sich sehr schwer mit der neuen Sprache.

Galt das auch für Sie?
Ja, es hat lange gebraucht, aber ich wollte es lernen. Viele jüdische Emigranten hatten dagegen immer noch eine vollkommen deutsche Identität. Sie sind nach Israel gekommen und haben sich dort in ein Ghetto zurückgezogen, ob nun in Jerusalem, in Haifa oder in Tel Aviv.

Die Jeckes blieben unter sich?
Sie haben die deutsche Sprache gesprochen, und sie haben ihre Kaffeehäuser gehabt. In diesen Kaffehäusern waren sogar die Kellner Professoren, Ingenieure, Juristen, Romanisten, Kunsthistoriker. In Jerusalem gab es einige Kaffeehäuser, in die ich immer als Student gegangen bin, wenn ich irgendwelche Fragen hatte. Die Kellner wussten alles. Es war so tragisch, diese Leute zu sehen, wie sie Kaffee servierten und Tee und Sandwiches machten. Geistvolle, wunderbare Menschen.

Aber im Lauf der Zeit sind sie alle gezwungen worden, Hebräisch zu lernen.
Es gab diesen gesellschaftlichen Druck. In den Kibbuzim war er sehr stark, in der Stadt weniger. Aber viele Jeckes konnten oder wollten sich nicht anpassen. Diese Bauern und Soldaten schienen ihnen sogar ein bisschen vulgär zu sein, roh, eben nicht so gebildet wie sie.

Wann haben sich diese Ghettos aufgelöst?
Eigentlich erst, als diese Leute gestorben sind, irgendwann in den siebziger Jahren. Die deutschen Juden machten nur einen kleinen Prozentsatz aus, aber sie haben die Universität aufgebaut, sie haben die Industrie und das Bankensystem aufgebaut, sie haben systematisch gedacht und gearbeitet in diesem großen Haus Israel. Die fehlen uns heute.

Wenn Sie das Israel von heute anschauen und an das Israel des Jahres 1950 zurückdenken: In welchem Land fühlen Sie sich wohler?
Es war schön in den Fünfzigern – und auch unangenehm. Schön, weil damals über 800 000 Juden ins Land kamen, viele davon aus Europa, die Überlebenden des Holocaust. Sie kamen einfach nur, um überhaupt zu leben, und das war wunderbar. Aber es gab auch dieses bolschewistische Element in dieser jungen Nation, das hatten nicht die deutschen Juden mitgebracht, sondern die russischen. Es hieß: Du musst hebräisch sprechen. Wir müssen ein Volk sein. Du musst arbeiten. Du musst an andere denken, denk nicht an dich. Das heißt, das Individuelle galt als unwichtig.

Eine sozialistische Staatsideologie?
Ja. Heute gibt es das praktisch nicht mehr. Dafür haben wir eine starke religiöse, aggressive Gruppe, die Siedler, nur ungefähr fünf bis sieben Prozent der Bevölkerung, aber sehr fanatisch. Und dann haben wir auch die Linke in etwa derselben Prozentzahl. Aber zwischen der Linken und der

Rechten handelt es sich hier um eine ganz normale Gesellschaft mit allen schlechten und guten Eigenschaften.

Kann es sein, dass der Jahrzehnte während Konflikt mit den Palästinensern und den arabischen Nachbarn Israel in seinem Kern beschädigt hat? Zuweilen beobachtet man, dass der Terror der Intifada und die Bekämpfung des Terrors die Menschen sehr hart gemacht haben. Und zum Teil auch intolerant und rassistisch gegenüber den Palästinensern, gegenüber den Arabern insgesamt.

Selbstverständlich gibt es eine gewisse Bitternis. Die ersten Juden kamen Ende des 19. Jahrhunderts nach Israel, sie wollten sich noch anpassen und von den Arabern lernen, wie man in dieser Wüste hier leben kann. Diese sozialistische Gesellschaft, die nach Israel kam, wollte nicht in einen Konflikt mit den Arabern geraten. Aber es kam ganz anders, Krieg nach Krieg, immer wieder, bis heute. Jede Familie klagt heute über mindestens einen Gefallenen. Wir leben auf einer kleinen Insel mit vielleicht fünfeinhalb Millionen Juden – und um uns herum leben mehr als 200 Millionen Araber. Und sie wollen uns nicht, sie sehen uns als ein fremdes Element.

Eine Lösung ist nicht in Sicht?

Jedenfalls sehe ich eine große Verzweiflung, auch gerade bei jungen Leuten. Sie werden in jedem Krieg aufs Neue mobilisiert, müssen kämpfen. Damals dachten wir, dass in zwei, drei Generationen das Fundament für ein normales Leben in einem normalen Staat aufgebaut sein könnte. Heute sehen wir, dass wir das nicht erreicht haben. Das ist eine tiefe Enttäuschung.

Dennoch kommen immer noch Juden aus aller Welt nach Israel.

Und auf der anderen Seite gibt es viele junge Leute, die emigrieren, die nach Europa oder Amerika gehen, weil sie hier nicht mehr leben können.

Herr Appelfeld, lassen Sie uns noch einmal an die Anfänge Ihrer Geschichte zurückkehren. Wenn Sie heute nach Europa kommen und durch einen Wald gehen: Sind Sie da sofort wieder der kleine Junge, der durch den Wald irrt und hungert?

Ich bin immer dort. Ich brauche keine konkreten Anregungen. Ein Schriftsteller zehrt, solange er lebt, von den Erfahrungen der Jugend.

Und woran erinnern Sie sich, wenn Sie an das Leben im Haus der Dorfhure zurückdenken?
Eigentlich habe ich immer nur gewartet, dass meine Eltern zurückkommen. Eine Illusion, natürlich. Aber sie war irgendwo ganz tief in meinem Kopf. Morgen, nächste Woche werden sie kommen. Ich habe phantasiert, dass meine Eltern zurückkommen. Ich habe mich dieser Phantasie völlig hingegeben, sonst hätte ich gar nicht leben können.

Obwohl Sie wussten, dass Ihre Mutter tot ist?
Ja. Nach dem Krieg war ich auch davon überzeugt, dass mein Vater nicht überlebt hätte. Ich hatte Leute getroffen, die mir von den furchtbaren Bedingungen in dem Lager erzählt hatten, in dem er eingesperrt war, von der Kälte, dem Hunger. Er war ein starker Mann, aber das konnte er eigentlich nicht überlebt haben. 20 Jahre später habe ich ihn dann doch gefunden.

Wo?
In Israel habe ich ihn gefunden. Er hingegen – das hat er mir dann erzählt – hatte immer gedacht, dass dieser kleine Erwin nicht überleben konnte. Nicht die Kälte, nicht den Hunger.

Wie haben Sie ihn wiedergefunden?
Jeden Monat bin ich zur Jewish Agency gegangen, um die Newcomer zu sehen.

Also die Liste jener, die nach Israel eingewandert waren.
Ich suchte nach einem Cousin, einem Verwandten. Und plötzlich habe ich seinen Namen gesehen, Michael Appelfeld, da stand er auf der Liste.

Und wo haben Sie ihn getroffen?
Man hatte mir gesagt, dass er schon einen Monat in Israel lebt, in einem Aufnahmelager. Dort sagte man mir aber, er arbeite nun auf einer Orangenplantage, also bin ich dort hingefahren und sah dann einen alten Mann auf einer Leiter, der Orangen pflückte.

Ihren Vater?
Ich sah den Mann und rief: „Herr Appelfeld?" Daraufhin kam er die Leiter herunter, sah mich und konnte für lange, lange Stunden nicht sprechen.

Haben Sie dann wieder zusammengelebt?
Ja, wir waren 15 Jahre zusammen. Und er gab mir viel von meinen Erinnerungen zurück.

Sie haben drei inzwischen erwachsene Kinder. Wann haben Sie denen von Ihrer Geschichte erzählt?
Als sie ganz klein waren, habe ich nichts erzählt. Für mich war es schwer genug, ich wollte sie nicht auch noch belasten. Irgendwann mit zehn, zwölf Jahren sind sie gekommen. Dann habe ich gespürt, dass ich ihnen etwas von meinem Leben erzählen kann.

Sie haben ihnen Ihre Bücher gegeben?
Nein, ich habe ihnen ein bisschen von meinen Abenteuern erzählt.

Also nicht streng chronologisch?
Eher märchenhaft, so wie es ja auch für ein Kind wirken musste. Schließlich war mein Leben so etwas wie ein Märchen. Und nur weil es so war, konnte ich überleben.

Agnes Sassoon

„Ich kann gar nicht hassen"

Die Britin Agnes Sassoon über die traumatische Trennung von ihren Eltern, die Haft in den Konzentrationslagern Dachau und Bergen-Belsen und die schwierige Rückkehr in die Normalität

Agnes Sassoon wurde 1933 im damals tschecho-slowakischen Vylok geboren. Ihrer Festnahme 1944 in Budapest folgte die Deportation nach Dachau. Nach ihrer Befreiung in Bergen-Belsen emigrierte sie nach Israel und arbeitete dort als Modejournalistin. 1958 zog sie mit ihrem englischen Mann nach London, wo sie heute Wohltätigkeitsveranstaltungen organisiert.

Frau Sassoon, welche Gefühle löst der Klang der deutschen Sprache bei Ihnen aus?

Ach, wissen Sie, normalerweise macht mir das nichts aus. Ich spreche die Sprache ja selbst gut genug, jedenfalls wenn ich längere Zeit in Deutschland bin. Aber ich erinnere mich an einen Vorfall in einer Schule in der Nähe von München, der mich sehr bewegt hat. Ich habe dort vor etwa 300 Schülern und Lehrern aus meinem Leben in den Lagern berichtet, und ein Junge hat dabei auf sehr hämische Weise laut gelacht. Die Lehrer waren Feiglinge, sie haben nichts dagegen unternommen. Also habe ich aufgehört zu reden und mich hingesetzt. Und dann habe ich gesagt: Es tut mir leid, aber du musst den Saal verlassen, du bist ein Faschist oder deine Eltern sind Faschisten. Für dich spreche ich nicht. Der Junge blieb aber sitzen, und die Lehrer unternahmen noch immer nichts. Erst als die anderen Schüler protestierten, verließ er endlich den Raum.

Mit anderen Worten, Sie können die Deutschen so lange ertragen, wie man Ihnen und Ihrer Biografie mit Respekt begegnet?

Das hat sich alles geändert. Am Anfang, als ich mich noch von Israel aus um die sogenannte Wiedergutmachung bemüht habe, war es sehr schwierig. Ich musste immer wieder zur Botschaft und tausend Formulare ausfüllen, weil ich ja nichts mehr besaß, keine Geburtsurkunde, keine Dokumente. Damals habe ich die Deutschen in der Botschaft wie Luft behandelt. Sie hatten uns zu Tieren gemacht, ich konnte das nicht verzeihen. Heute habe ich einige Freunde in Deutschland, ich werde immer wieder eingeladen. Ich hasse die Deutschen nicht, ich kann gar nicht hassen, ich bin nicht so erzogen worden. Ich glaube den Deutschen allerdings auch nicht, wenn sie immer sagen, sie hätten von alldem nichts gewusst. Die Bürger von Dachau haben ganz genau gesehen, was man mit uns gemacht hat, wie wir gequält wurden – und niemand hat uns geholfen.

Wann und wie sind sie nach Dachau gekommen?
Das ist eine längere Geschichte. Ich bin 1933 im tschechoslowakischen Vylok geboren worden, einem Ort, der heute zur Ukraine gehört. Bis 1939 lebten wir in Bratislava, mein Vater war dort Lehrer und musste nach Kriegsausbruch mit uns nach Budapest fliehen.

Was hat er dort gemacht?
Er hat, vermutlich im Auftrag der Regierung, sich um die ungarischen Juden und ihre Papiere gekümmert. Damals musste jeder wissen, wo er herkam, von wem er abstammte. Das war eine wichtige Arbeit.

Gab es eine religiöse Bindung in Ihrer Familie?
Bei den Großeltern ja, sie lebten noch ganz traditionell und religiös, in einem kleinen Dorf. Aber bei der nächsten Generation schon nicht mehr, man achtete die Feiertage, ging dann zur Synagoge, aber mehr auch nicht. Sie hatten alle ganz bürgerliche Berufe, Anwälte, Lehrer. Die meisten starben in Auschwitz. Mein Vater besaß noch zehn Geschwister, davon sind allein acht umgebracht worden.

Wissen Sie, warum Ihr Vater und Ihre Mutter nicht deportiert worden sind?
Nein. Ich weiß nur, dass es meinem Vater gelungen ist, mit seiner Arbeit und seinen Beziehungen zu Christen viele Juden zu retten. Aber eine besondere Protektion kann er ja nicht genossen haben. Sonst hätte er doch verhindern können, dass mein Bruder und ich verschleppt wurden. Und vor allem, dass mein Bruder erschossen wurde.

Wie kam es dazu?
Als es immer gefährlicher wurde, schickten meine Eltern meinen damals 14-jährigen Bruder zu einer christlichen Familie. Aber nach einer Nacht kam er schon zurück, weil er es dort nicht ausgehalten hat. Es war ihm dort alles so fremd gewesen. Also schickte ihn mein Vater zu einer Untergrundbewegung, die Verstecke für Leute auf der Flucht organisierte. Mein Bruder machte sich dann mit einer größeren Gruppe auf den Weg, die aber verraten wurde. Die Nazis haben alle ans Donauufer getrieben, dort erschossen und in einem Massengrab verscharrt, auch meinen Bruder.

Und wie sind Sie selbst von Ihren Eltern getrennt worden?
Damals, im Oktober 1944, ging ich in eine jüdische Schule, die in einer Synagoge untergebracht worden war. Und eines Tages, als der Unterricht vorbei war, standen mehrere große Lastwagen der Pfeilkreuzler, also der ungarischen Nazis, vor der Schule. Die Männer scheuchten uns auf die Wagen, die Kinder auf den einen, junge Frauen, Mütter und Lehrer auf den anderen. Und da war auf einmal eine große, schöne Frau, die ich gar nicht kannte, Aranka, und sie nahm mich an die Hand und flüsterte mir zu, ich solle sagen, dass ich zu ihr gehöre. So kam ich mit ihr zusammen

auf den Wagen mit den Erwachsenen. Von den Kindern auf dem anderen Wagen hat man nie wieder etwas gehört.

Wurden Ihre Eltern informiert?
Natürlich nicht. Man ließ uns wochenlang marschieren, mal wurden wir gefahren, mal in Viehwaggons gesteckt, es war schrecklich, ohne Toiletten, ein Wunder, dass wir keinen Typhus bekamen. Dann wieder mussten wir laufen und verbrachten die Nächte auf irgendwelchen Sportplätzen, im strömenden Regen. Wir froren, neben mir starben die Alten und Schwachen. Auch Aranka sah immer elender aus, und eines Tages wurden wir voneinander getrennt. Ich weiß nicht, was aus ihr geworden ist, sie war so lieb zu mir. Bis Berlin sind wir gekommen, dort erlebten wir die Luftangriffe. Ich weiß nicht mehr wie lange und wo wir unterwegs waren, aber irgendwie habe ich das alles geschafft. Ich war nicht dumm, wissen Sie, ich war ein kleines, cleveres Mädchen.

Können Sie sich an die Ankunft in Dachau erinnern?
Ja, ja, wir sahen schon vor dem Tor einen Mann, der unbeschreiblich aussah, so elend, so abgemagert, dann die bellenden Hunde. Und die Männer brüllten „Los! Los! Los!", es war schrecklich, schrecklich. Und dann passierte das Unglaubliche, ich hörte jemanden meinen Namen rufen „Agi, Agi". Es war ein Nachbar aus Budapest, der mich entdeckt hatte, unglaublich. Er arbeitete in einer Kolonne vor dem Tor. Ich erinnere mich, dass ich ihm das Stück Brot gab, was man mir vorher gerade in die Hand gedrückt hatte. Ich wusste nicht, dass das für lange Zeit das letzte war, was ich zu Essen bekam. Ich war nun einmal

so erzogen worden, dass man großzügig sein und Mitleid zeigen sollte. Ja, und dann begann diese ganze schreckliche Aufnahmeprozedur, die Desinfektion, die Haare wurden abgeschnitten, man steckte mich in eine große Holzwanne mit Wasser, das weder richtig warm noch kalt war. Die Aufseher schlugen wahllos die Häftlinge. Irgendwie geriet ich in Panik, ich fing an zu schreien, ich verstand das alles nicht, ich war ja gerade elf Jahre alt. Und dann kam dieser große Junge auf mich zu, er hieß Alex, ganz mager und bleich, mit großen Augen. Und er fragte mich: „Verstehst du Deutsch?" Und ich sagte „ja". Und er sagte: „Du darfst nicht schreien, sie bringen dich um." Also war ich still. Später habe ich mich mit ihm angefreundet. Die Aufseher schrien ständig, sie verhielten sich wie Tiere.

Welche Rolle hatte Alex im Lager?
Er war schon viele Jahre in Dachau und hatte seine Eltern längst verloren. Aber irgendwie haben die Nazis ihn benutzt, er wurde zu allen möglichen Aufgaben herangezogen und musste ihnen, zum Beispiel, auf der Geige vorspielen. Er sorgte dafür, dass ich in der Küche Arbeit fand, und er hat mir beigebracht, dass ich immer nur ganz kleine Stücke stehlen durfte, damit niemand etwas merkt. Wir verbrachten jede nur mögliche Minute miteinander. Ich habe ihn, auf meine kindliche Weise, sehr geliebt.

Und was ist aus ihm geworden?
Eines Tages, ich war sehr krank und schwach, kam er in unsere Baracke und brachte mir heimlich etwas Milch, also etwas sehr Kostbares. Irgendwie müssen das die anderen mitbekommen haben, sie waren vielleicht sogar etwas neidisch,

jeder hätte gerne diese Milch gehabt. Jedenfalls gingen plötzlich sämtliche Lichter an, ich habe nur noch zu ihm gesagt: „Geh raus, geh raus!" Aber da war es schon zu spät. Er rannte aus der Baracke, und die Soldaten schossen auf ihn, er war sofort tot. Ich bin hinterhergelaufen und habe ihn aufgerichtet, er war noch ganz warm. Ich war völlig verzweifelt. Sie können sich gar nicht vorstellen, was ich empfunden habe. Die

Soldaten haben mich in den Dreck gestoßen, in diesen kalten, nassen Dreck, aber mir war es gleichgültig. Ich wollte auch nur noch sterben. Dann sind drei oder vier Häftlinge gekommen und haben mir geholfen, meine Kleider zu reinigen. Mit Schnee und Stroh, nichts anderem.

Sind Sie noch einmal in Dachau gewesen?
Ja, und es war schrecklich. Am 50. Jahrestag der

getöteten Häftlinge in der Erde. Sie müssten nur mal tief genug graben. Ich konnte da nicht wohnen. Sie haben mich dann weiter entfernt untergebracht. Und als ich das Gelände des ehemaligen Lagers betrat, sah das alles aus wie ein Sanatorium, so gepflegt und schön. Man kann gar nicht mehr erkennen, wie schrecklich es damals war. Das Krematorium war noch da, aber in Dachau wurde aus irgendwelchen Gründen niemand vergast. Sie haben Menschen erschossen, sie haben sie erschlagen oder gehängt.

Können Sie sich an Deutsche erinnern, die Mitleid mit Ihnen empfanden, Sie waren damals ja erst elf Jahre alt.
Nein, im Gegenteil. Einmal musste ich bei Bauern in einem Schweinestall arbeiten. Das war zwar furchtbar dreckig, es stank, aber immerhin war es warm. Eines Tages habe ich gesehen, wie die Hühner gefüttert wurden, und mir dann schnell ein paar Körner in den Mund gesteckt. Die Bäuerin hat es beobachtet und gleich den Soldaten gemeldet. Und ein Soldat hat mir dann den Mund aufgerissen und die Körner herauszuholen versucht, ganz brutal.

Wir sprechen jetzt vom Winter 1944/45. Wo haben Sie das Kriegsende erlebt?
In Bergen-Belsen. Wie und wann ich dahin gekommen bin, weiß ich nicht mehr. Ich glaube, wir sind den ganzen Weg gelaufen. Aber ich kann mich daran nicht mehr genau erinnern. Es war kurz vor Kriegsende. Wir haben immer wieder Station gemacht, dann ging es weiter. Eines Tages bekamen wir unsere Brotration, und ein Mädchen, vielleicht 15 oder 16 Jahre alt, schrie wie wahnsinnig, dass ich ihr Brot gestohlen hätte.

Befreiung hatte man mich eingeladen, und ich sollte in Dachau in einem Hotel schlafen. Aber das habe ich nicht gemacht. Denn das Lager war damals viel, viel größer als heute. Ich glaube sogar, dass die Stadt inzwischen teilweise auf dem ehemaligen Lagergelände gebaut worden ist. Und überall liegen doch noch die Gebeine der

Daran kann ich mich noch erinnern. Sie war verrückt geworden. Natürlich hatte ich ihr Brot nicht genommen. Ich versuchte ihr zu helfen, aber sie schubste mich weg. Wir alle waren furchtbar geschwächt und mussten doch weiterlaufen.

Hat Ihnen niemand geholfen?
Ja, wer denn? Eines Tages konnte ich wirklich nicht mehr. Ich bin so beim Marschieren ganz langsam aus der Reihe getorkelt. Ein Soldat kam zu mir und sagte scheinbar ganz freundlich: „Komm Kleine, setz dich hin und ruh dich aus." Und kaum saß ich am Straßenrand, da hat er geschossen.

Einfach geschossen?
Ja. Vielleicht dachte er, ich sei zu schwach. Aber ich konnte auch wirklich nicht mehr. Ich wurde ohnmächtig und wachte erst wieder auf, als die nächste Marschkolonne vorbeikam, französische Kriegsgefangene, die mich entdeckten. Der Soldat hatte mir ins Bein geschossen, ich blutete. Sie wollten mich tragen, aber die Deutschen wollten es erst nicht erlauben. Dann ging es aber doch, ich wurde in einen Sanitätswagen gelegt und notdürftig versorgt. Hier, da sehen Sie die Narbe, es ist nie richtig behandelt worden *(Frau Sassoon zeigt die große Narbe an ihrem rechten Unterschenkel)*. Wenn ich später, als junge Frau, zum Baden am Meer war, habe ich immer einen Verband am Bein getragen, damit niemand die Wunde sah.

Und nach Bergen-Belsen hat man Sie dann im Krankenwagen gebracht?
Ja, meine Erinnerungen sind hier nur noch sehr verschwommen, ich hatte starke Schmerzen.

Ich kann mich noch an die Leichenhaufen erinnern, an den Gestank, an Brandgeruch. Alles war schon in Auflösung begriffen. Es gab nur noch wenige Aufseher.

Wann genau sind Sie dort angekommen?
Eine Woche vor Kriegsende vielleicht, höchstens zwei. Ich war im Grunde das einzige Kind dort, abgesehen vom Familienlager. Ich erinnere mich noch an einen weiblichen Kapo, eine Jüdin, die mir jedes Mal einen Schlag versetzte, wann immer sie mich sah. Eines Tages sah ich sie ganz allein. Und ich, ein kleines Mädchen von bald zwölf Jahren, nahm meinen ganzen Mut zusammen und sprach sie auf Ungarisch an: „Ich weiß, du bist eine schöne junge Frau. Aber man hat mir erzählt, dass dein Vater ein Rabbiner war. Also: Was willst du von mir, warum quälst du mich? Ich bin klein. Aber du, ein großes jüdisches Mädchen, wirst diese Schuld nie wieder los." Sie hat mich nie wieder angerührt. Sie ist mir aus dem Weg gegangen.

Wie haben sich die deutschen Aufseher verhalten?
Brutal. Einmal fand ich eine Kartoffel und wollte sie in einem Feuer, in der Asche backen. Eine Aufseherin sah mich und befahl mir ganz freundlich, meine Hand doch näher ans Feuer zu halten, um mich zu wärmen. Es war eine große, blauäugige Frau, sehr eindrucksvoll, ich sehe noch heute ihre schönen weißen Zähne. Und in diesem Moment trat sie mit ihrem Stiefel auf meine kleine Hand, sie zerquetschte meine Finger, die ganze Haut verbrannte, ein furchtbarer Schmerz durchfuhr mich. Später sagte man mir, dass das die berüchtigte Irma Grese gewesen sein müsse, ich weiß es nicht, es gab viele solcher

Frauen. Die Narben der Verbrennungen waren noch jahrelang sichtbar.

Können Sie sich noch an die Ankunft der englischen Befreier erinnern?
Ach, da geht vieles durcheinander. Ich kann mich aber noch daran erinnern, dass ich im Krankenhaus lag und aufwachte und weinte. Ich rief immer wieder: Ich will hier nicht sein, lasst mich raus. Ich hatte solche Angst vor deutschen Ärzten, dass man nur noch andere an mein Bett gelassen hat. Außerdem sah ich schrecklich aus, so schlimm, dass man mir verboten hat, in den Spiegel zu gucken. Ein Offizier kümmerte sich besonders um mich, Major Tommy Chutter, er und seine Frau wollten mich damals sogar adoptieren, aber dann fanden sie doch noch meine Eltern.

Das heißt, Sie wussten am Ende des Krieges gar nicht, ob Vater und Mutter noch lebten?
Ich wusste nichts. Monatelang suchten die Engländer nach einem Lebenszeichen. Und natürlich suchte auch mein Vater nach mir. Aber erst 1946 erhielt ich einen ersten Brief von meinem Vater, in dem er mir berichtete, dass er und meine Mutter noch lebten und dass mein Bruder umgebracht worden war.

Also kehrten Sie zurück nach Ungarn?
Zunächst schon, aber dann ging ich in Prag weiter zur Schule, nicht lange, und schließlich fuhr ich auf Umwegen weiter nach Israel. Dort habe ich dann in den fünfziger Jahren meinen jetzigen Mann, einen Engländer, kennen gelernt und bin mit ihm in seine Heimat gezogen.

Was haben Sie in Israel gemacht?
Nun, ich musste Hebräisch lernen, ich arbeitete als Journalistin für eine ungarische Zeitung, ich schrieb über Mode, zum Beispiel. Ich liebe alles, was mit Mode zu tun hat.

Haben Sie auch in der Modebranche gearbeitet, als Sie nach England kamen?
Ja, aber nicht für Geld. Ich habe zwei Söhne großgezogen und daneben Fashionshows organisiert mit Prominenten als Models – immer für einen guten Zweck; zu meinem Programm zählen auch Empfänge, Dinners und Cocktailpartys, einige fanden sogar im Parlament statt, um Spenden zu sammeln. Ich habe mit den Konservativen gearbeitet, aber auch mit Labour, mal zugunsten von Krankenhäusern, mal für Israel. Wissen Sie, mein Mann stammt aus einer sehr wohlhabenden und bekannten Familie, den Sassoons, ich kenne viele sehr reiche Menschen. Aber die Engländer verstehen nicht so viel von Stil. Ich sorge dann dafür, dass alles stimmt. Es gibt Champagner, billigen Champagner natürlich, aber alle fühlen sich wohl.

Ernest W. Michel

„Warum habt ihr mir das angetan?"

Der New Yorker Fundraiser Ernest W. Michel über seine Jugend in Mannheim und Auschwitz, seine Rolle als Reporter bei den Nürnberger Prozessen und die moralische Verpflichtung wohlhabender Juden, für ihre Gemeinschaft zu spenden

Ernest W. Michel kam 1923 in Mannheim als Sohn eines Zigarrenfabrikanten zur Welt. Seine Eltern wurden von den Nazis ermordet, er selbst überlebte eine Odyssee durch mehrere Arbeits- und Konzentrationslager. Nach der Befreiung arbeitete er als Journalist und emigrierte dann in die USA, wo er als Spendensammler arbeitete. Heute lebt er in New York.

Herr Michel, können Sie sich noch an den ersten Eingriff der Politik in Ihr Leben erinnern?
Ich wurde 1923 in Mannheim geboren. Sie müssen wissen, meine Familie lebte zu diesem Zeitpunkt schon etwa 300 Jahre lang in Deutschland. Dann, es dürfte so um 1934/35 gewesen sein, warf man mich plötzlich aus meiner Fußballmannschaft heraus. Ich habe es nicht begriffen: Ich war doch ein guter Spieler. Warum? 1937 folgte der Rausschmiss aus der Schule, ich war noch keine 14 Jahre alt.

Haben Ihre Eltern Ihnen das erklärt?
Das brauchten Sie gar nicht. Ich habe immer viel Zeitung gelesen und schnell mitbekommen, was im Lande passierte, auch wenn es nur deutsche Blätter waren. Außerdem habe ich die Braunhemden in den Straßen gesehen. Also überrascht hat mich persönlich da nichts. Und dennoch: Wer konnte sich damals schon vorstellen, was später noch alles passierte?

Was ist mit Ihren Eltern damals geschehen?
Wir waren eine ganz normale jüdisch-deutsche Familie, wir gehörten der jüdischen Gemeinde an, nahmen am Gemeindeleben teil. Und mein Vater besaß eine Zigarrenfabrik, wir lebten also in bürgerlich-geordneten Verhältnissen. Das änderte sich schlagartig, als die Fabrik von den Nazis arisiert wurde. Meinem Vater gelang es immerhin, mich als Lehrling in einer Kartonage-Fabrik in Bruchsal unterzubringen; das war eines der ganz wenigen jüdischen Unternehmen, das noch weiterarbeiten durfte.

Wie haben Sie die sogenannte Reichskristallnacht 1938 erlebt?

Ich war in Bruchsal und hörte in der Nacht vom 9. auf den 10. November eine Sirene, offenbar Feueralarm. Ich schaute aus dem Fenster und sah in der Richtung der Synagoge Flammen und Rauch aufsteigen. Wenig später stand ich vor der brennenden Synagoge. Um mich herum viele Menschen, auch Kinder. Einige schrien „Die Juden, die Juden, schmeißt die Juden raus!" Am nächsten Morgen bin ich sofort mit dem Zug nach Mannheim gefahren. Die Wohnung meiner Eltern war ein Schlachtfeld, alles durcheinander und zerschlagen. Meine Mutter war geprügelt worden, mein Vater verhaftet, meine Schwester hatte sich bei Freunden versteckt, meine Großmutter saß völlig geschockt im Sessel und kapierte gar nicht, was geschehen war. Ich nahm mein Fahrrad und fuhr dann auch zur Synagoge in Mannheim – dasselbe Bild: alles zerstört, Rauchschwaden. Und ich wusste in diesem Moment: Das war nicht irgendein Tag in der Geschichte antisemitischer Pogrome, das war etwas anderes, besonderes. Heute halte ich den 9. November 1938 im Grunde für den Beginn des Holocaust.

Sie waren damals 15 Jahre alt, Sie durften nicht mehr zur Schule gehen. Wollten Sie damals schon das Land verlassen?
Ja, aber alle Versuche, mich irgendwo ins sichere Ausland zu schicken, scheiterten. Ich hatte Briefe an den amerikanischen Präsidenten, an den König von England und den australischen Premierminister geschrieben und immer gesagt: Ich bin ein jüdischer Junge, ich kann arbeiten – können Sie mir helfen, aus diesem Land herauszukommen? Kein Antwort, natürlich. Dann hatte ich eine amerikanische Familie kennen gelernt, die auf Deutschland-Reise war. Und diese sehr christlichen Menschen wollten mich nach Amerika holen. Sie taten alles, was sie konnten. Aber ich kam nur auf eine Warteliste, nach der ich erst etwa 1942 hätte ausreisen dürfen. Zu dem Zeitpunkt war ich schon längst in Auschwitz.

Und der Rest Ihrer Familie?
Meinen Eltern gelang es, meine Schwester nach Frankreich zu schicken. Es war hochdramatisch. Eines Tages im Frühjahr 1939 fuhr mein Vater mit meiner Schwester nach Karlsruhe, sie war damals elf Jahre alt, und setzte sie in einen Zug, der über die Grenze fuhr. Wir wussten nicht, wo sie bleiben würde. Eine jüdische Hilfsorganisation nahm sie in Empfang und brachte sie in einer Familie unter. Diese Familie wiederum vertraute sie einem katholischen Kloster an. Am Ende wurde sie zusammen mit anderen jüdischen Kindern von einem Schweizer Juden freigekauft und über Spanien nach Palästina geschickt.

Was geschah nach Ausbruch des Krieges?
Am 2. September 1939 stand ein SS-Mann vor unserer Tür. Er sah mich und fragte: „Ernst Michel?" Ich nickte, und er fuhr fort: „Sechs Uhr morgen früh am Bahnhof." Ich wollte noch etwas fragen, aber er sagte nur: „Halt die Klappe." Es war der letzte Abend, an dem ich meine Eltern sah. Am nächsten Morgen fuhr ich in mein erstes Lager, nach Fürstenwalde, zur Kartoffelernte. Dann ging es in ein weiteres Lager nach Paderborn.

Was mussten Sie dort machen?
Alles Mögliche: Müllabfuhr, Straßenreinigung. Wir wurden dort gar nicht so schlecht behan-

delt, jedenfalls im Vergleich zu Auschwitz, mussten nur sehr viel arbeiten. Ich fand dort einige
Freunde, mit denen ich noch heute Kontakt
habe, sie leben jetzt in Israel. Nach etwa neun
Monaten ging es in Viehwaggons nach Auschwitz, die Fahrt dauerte vier Tage und fünf Nächte. Ich hatte den Namen vorher noch nie gehört,
ich wusste nicht, was es bedeutet, bis ich dort ankam. Es war so ein seltsamer Geruch in der Luft.

*Sie haben mal gesagt, dass Sie ungern über Ausch-
witz reden. Warum?*
Ach, im privaten Gespräch geht es schon, aber
nicht öffentlich. Auschwitz war einfach die Hölle.
Ich weiß bis heute nicht, wie ich das überleben
konnte.

In welchen Teil von Auschwitz brachte man Sie?
Nach Monowitz, also dort, wo Buna gebaut

wurde, die Fabrik für künstlichen Kautschuk. Eines Tages wurde ich von einem SS-Mann auf den Kopf geschlagen, die Wunde entzündete sich und eiterte, und mir blieb nichts anderes übrig, als in den Krankenbau zu gehen. Normalerweise versuchte man das unbedingt zu vermeiden, das war höchst gefährlich. Aber ich konnte nicht anders. Dort tauchte ein gutgekleideter Herr auf und fragte nach Leuten, die eine besonders schöne Handschrift hätten. Das war bei mir der Fall. Nachdem ich von der Schule geworfen worden war, hatte mein Vater mich nämlich dazu gebracht, einen Kalligrafie-Kursus zu belegen. Ich wollte das eigentlich nicht, habe es aber doch gemacht.

Und was haben Sie mit Ihrer schönen Handschrift angefangen?
Ich musste Dokumente schreiben, Todesurkunden ausfüllen. Niemand starb natürlich in der Gaskammer. Man schrieb einfach „Körperschwäche" oder „Herzversagen"…

Woran allerdings viele Häftlinge tatsächlich gestorben sind.
Natürlich. Mein bester Freund Walter ist so gestorben, im Krankenbau, vor meinen Augen. Ich kannte ihn noch aus Mannheim. Wenn ich heute von Auschwitz berichte, dann auch, weil ich mir damals geschworen habe, dass sein Leiden nicht vergessen werden darf.

Haben Sie auch Mengele im Krankenbau gesehen?
Ich habe ihn zweimal gesehen. Einmal bei der Ankunft, bei der Selektion, als es darum ging, ob man gleich umgebracht wurde oder ob man noch arbeiten durfte. Und dann tatsächlich im Kran-

kenbau. Wir mussten immer wieder Kranke zu ihm tragen, damit er seine Experimente machen konnte, an denen viele gestorben sind. Jeder bemühte sich natürlich, Mengele so selten wie möglich zu begegnen.

Was geschah, als die Russen vor Auschwitz standen?
Erst einen Tag vor der Räumung sagte man uns, dass alle drei Lager, also Auschwitz I, Birkenau und Buna evakuiert werden würden. Wir hatten keine Ahnung, was man mit uns machen würde. Ob man uns erschießen wollte oder was auch immer. Insgesamt waren zu diesem Zeitpunkt noch 60 000 Menschen in den drei Lagern. Am 18. Januar marschierten wir los, es war furchtbar kalt, wir hatten uns Papierstreifen in dicken Lagen unter unsere Jacken gestopft. Glücklicherweise konnten wir uns so etwas überhaupt beschaffen. Wer das nicht hatte, erfror. Von Gleiwitz oder Breslau, ich weiß es nicht mehr genau, wurden wir dann mit dem Zug nach Buchenwald gebracht.

Was war der Unterschied zwischen Buchenwald und Auschwitz?
Nun, in Auschwitz mussten wir arbeiten. In Buchenwald passierte nichts, gar nichts. Wir warteten nur, die Unterkünfte waren furchtbar eng. Und nach etwa vier Wochen wurden wir in ein Außenlager von Buchenwald geschickt, nach Berga. Das war mein letztes Lager. Ich traf dort übrigens auf jüdische GIs, also amerikanische Kriegsgefangene, die mit mir zu meiner großen Verblüffung Jiddisch gesprochen haben. Dann kam der April '45, wir hörten die Geschütze der Amerikaner im Westen, die Russen kamen von Osten. Am 11. April wurde auch Berga evakuiert, diesmal in Richtung Osten. Ich glaube, die

wussten gar nicht mehr, wo sie mit uns hinwollten. Sie wollten nur nicht, dass wir den Alliierten mit unseren eintätowierten Auschwitz-Nummern in die Hände fielen.

Man wollte keine Zeugen?
Keine Zeugen, so ist es. Aber am 12. April starb der amerikanische Präsident Roosevelt. Und sofort stellte sich ein SS-Mann mit einem Megaphon vor uns hin und erklärte: „Der Kriegsverbrecher Roosevelt ist tot, und Deutschland gewinnt den Krieg."

Hitler hat wirklich daran geglaubt.
Bis zum letzten Moment. Haben Sie den Film „Der Untergang" gesehen?

Ja.
Ich sehe all diese Filme. Wie auch immer. Am 18. April gelang es mir zusammen mit zwei anderen zu fliehen. Die ersten zwei oder drei Tage haben wir uns im Wald versteckt. Wir hatten Angst, wir wussten nicht, ob wir das überstehen würden. Der Krieg ging schließlich weiter. Wir sind nachts marschiert, tagsüber haben wir geschlafen oder versucht zu schlafen. Wir haben irgendwelche Gräser oder was im Wald zu finden war gegessen. Jedenfalls hatten wir furchtbaren Hunger. Schließlich kamen wir zu einem einsamen Bauernhof, haben an der Tür angeklopft und der Bäuerin gesagt, dass unser Zug von den Amerikanern bombardiert worden sei und wir unbedingt etwas zu essen brauchten. Sie schloss die Tür, und wir waren schon im Begriff zu gehen, als sich die Tür wieder öffnete und sie da stand: mit Brot, mit Wurst und mit Butter. Wir hatten das schon seit Jahren nicht mehr gesehen. Zum

Glück sagte mein Freund sofort: „Iss nicht so viel davon, dein Magen ist das gar nicht mehr gewöhnt."

Sicher ein guter Rat!
Allerdings. Das wäre uns sonst schlecht bekommen. Wir haben jedenfalls gesagt: „Wir wollen arbeiten. Wenn Sie uns etwas zu essen geben, werden wir arbeiten." Und im April, im Frühjahr, braucht der Bauer Hilfe. Am Ende arbeiteten wir drei auf drei verschiedenen Bauernhöfen in dieser Gegend.

Mussten Sie nicht damit rechnen, dass die Nazis Sie entdecken würden?
Wir waren sehr vorsichtig. Wir haben immer darauf geachtet, dass man unsere Häftlingsnummern nicht sehen konnte. Und dann kam der 8. Mai. Ich weiß es noch genau, ich reparierte einen Zaun zusammen mit dem Bauern. Die Frau kam aus dem Haus und rief: „Der Krieg ist vorbei, wir haben kapituliert." Ich hörte das, hielt kurz inne – und arbeitete weiter.

Wie lange sind Sie auf dem Bauernhof geblieben?
Bis Ende Mai, bis ich wieder zu Kräften gekommen war. Damals habe ich mir gesagt: Ich bin 21 Jahre alt, ich habe nichts gelernt. Was soll aus dir werden? Ich habe sogar daran gedacht, ob ich nicht aufhören könnte, ein Jude zu sein, also eine ganz neue Identität anzunehmen. Aber das hat nicht allzu lange angehalten.

Wussten Sie denn, was aus Ihrer Familie geworden war?
Nein, und genau das war der Grund, wieso ich den Bauernhof schließlich verlassen habe. Ich

wollte das herauskriegen. Also bin ich losmarschiert, nach Westen. Aber das Erste, was mir passierte, war, dass ich von einem schwarzen GI festgenommen wurde, er hielt mich für einen deutschen Soldaten und steckte mich zusammen mit anderen Kriegsgefangenen in ein Lager. Ich verbrachte dort eine Nacht. Am nächsten Tag fragte man mich nach meiner militärischen Einheit. Ich sagte: „Ich war nicht in der Armee, ich war in den Lagern." Zuerst wollten sie es gar nicht glauben, aber dann gaben sie mir doch schnell ein ordentliches Zimmer und gutes Essen. Am Ende haben sie mir sogar ein deutsches Motorrad und alle erforderlichen Papiere gegeben, damit ich schneller nach Mannheim kam.

Rechneten Sie denn noch damit, Ihre Familie dort anzutreffen?
Nicht wirklich, ich wusste ja, was die Nazis gemacht hatten. Aber ich fuhr trotzdem in die Richard-Wagner-Straße 26 in Mannheim, dahin, wo wir gewohnt hatten. Das Haus war ausgebombt, 90 Prozent der Stadt waren zerstört. Als ich ankam, war es schon nach neun Uhr abends, also schon nach der Sperrstunde. Eine amerikanische Militärstreife griff mich auf und brachte mich erst mal ins Gefängnis. Am nächsten Morgen wurde ich wieder befragt, von einem jüdischen Offizier, wie sich herausstellte. Und der sagte mir, ich sei der erste Jude überhaupt, der nach Mannheim zurückkehrte. „Wissen Sie, wo Sie wohnen können?", fragte er mich, und ich verneinte. Also ließ er einen Jeep holen und fuhr mit mir in die unzerstörten Vororte der Stadt. An irgendeinem Haus hielt er an, er klopfte und rief: „Raus, in zehn Minuten ist das Haus ge-

räumt. Anordnung der amerikanischen Militärregierung." Und so geschah es. Ich hatte plötzlich ein Haus, bald wurden noch einige andere „Displaced Persons" dort untergebracht.

Was haben Sie in Mannheim gemacht?
Ich arbeitete als Übersetzer für diesen jüdischen Offizier, etwa ein bis zwei Monate, bis er zurück nach Amerika versetzt wurde.

Und was geschah dann mit Ihnen?
Eines Tages kam ein amerikanischer Offizier auf mich zu und erzählte mir, dass man eine deutsche Zeitung gründen wolle; er fragte mich, ob ich bereit sei mitzumachen. Es war die „Rhein-Neckar-Zeitung" in Heidelberg…

Die es noch heute gibt.
Ich weiß. Der Herausgeber, so sagte man mir, sei ein gewisser Dr. Theodor Heuss. Ob ich ihn treffen wolle? Selbstverständlich, sagte ich. Also fuhr ich zu ihm hin. Er fragte mich ein bisschen aus und gab mir den Job als Reporter. Ich hatte großen Respekt vor ihm. Später wurde er bekanntlich der erste deutsche Bundespräsident. Dann erfuhr ich von dem bevorstehenden Prozess in Nürnberg und fragte, ob ich darüber berichten dürfe. Heuss schickte mich daraufhin zu einer neugegründeten deutschen Nachrichtenagentur, sie hieß DANA. Und für diese Agentur durfte ich aus Nürnberg berichten. Meine Artikel zeichnete ich mit „Sonderberichterstatter Ernst Michel. Auschwitz-Nummer 104995." Es blieb aber den Zeitungen überlassen, ob sie diese Angaben vollständig übernehmen wollten. Einige machten es, andere natürlich nicht.

Ein Reporter sollte möglichst objektiv berichten, frei von persönlichen Emotionen. War Ihnen das überhaupt möglich?

Es war sehr, sehr schwierig, das stimmt. Aber ich habe es gemacht. Es musste sein. Wissen Sie, die saßen alle nur ein paar Meter von mir entfernt: Göring, Heß, Keitel, Kaltenbrunner, Streicher. Manchmal wäre ich Ihnen am liebsten an die Gurgel gesprungen. Immer wieder fragte ich mich: Warum habt ihr mir das angetan? Was haben mein Vater, meine Mutter, mein Freund Walter euch getan? Aber dann kam auf einmal Görings Anwalt in einer Verhandlungspause zu mir und erzählte, Göring wolle diesen Auschwitz-Häftling Ernst Michel, der da immer in den Zeitungen berichte, persönlich kennen lernen.

War es denn erlaubt, einen der Angeklagten zu interviewen?

Nein, natürlich nicht. Der Anwalt musste mir zunächst das Versprechen abnehmen, dass ich über dieses Treffen keine Zeile schreiben würde. Wir gingen also zu Görings Zelle, die Tür wurde geöffnet. Göring lächelte, kam auf mich zu und wollte mir die Hand geben. In dem Moment erstarrte ich, ich konnte mich nicht bewegen. Ich sah nur die Hand, das Gesicht, wieder die Hand – und drehte mich weg. Ich konnte nicht, ich konnte mit diesem Mann nicht reden, kein Wort.

Haben Sie das später bereut?

Nein, es war doch normal, so zu reagieren. Dieser Mann war der ranghöchste noch lebende Nazi. Aber ich kann mich noch an Görings erstaunten Gesichtsausdruck erinnern, als ich seine Zelle verließ. Ein Militärpolizist führte mich

dann nach draußen. Das also war mein Interview mit Göring – so eine Story hat Ihnen sicher noch keiner erzählt, oder?

Nein, gewiss nicht.

Sehen Sie, wir Überlebenden haben alle dieselbe Geschichte durchgemacht. Und doch hat jeder sein ganz eigenes Schicksal. Verstehen Sie, was ich meine?

Ja.

Sehen Sie, ich habe die Hoffnung nie aufgegeben im Lager, ich habe immer gedacht: Du musst das hier überleben.

Ist das nicht normal?

Nun, manche konnten das nicht, sie gaben sich irgendwann auf. Einige begingen sogar Selbstmord, sie liefen in den elektrischen Zaun. Ich dagegen wollte überleben, allein schon, um davon zu berichten. Wissen Sie, das war doch einzigartig, das hatte es doch noch nie gegeben, dass man Menschen einfach in eine Kammer sperrt und sie vergast! Das ist doch unglaublich! Entschuldigen Sie, dass ich mich so aufrege, aber es bewegt mich zu sehr.

Ich verstehe Sie sehr gut.

Was wollen Sie noch von mir wissen?

Gib es so etwas wie eine Lehre, die Sie aus den Nürnberger Prozessen gezogen haben?

Nun, im 20. Jahrhundert sind etwa 170 Millionen Menschen durch Genozide umgekommen. Und es nimmt kein Ende. Ob in Ruanda oder im Sudan, in Darfur. Und immer schauen die Politiker nur zu. Das dürfen wir nicht zulassen. Dazu brauchen wir einen internationalen Gerichtshof. Der iranische Präsident hat schon mehrfach erklärt, Israel müsse von der Landkarte getilgt werden. Es geht immer mit Worten los. Hitler hat auch erst nur geredet. Sie sehen, die Menschen sind einfach nicht vernünftig. Sie hassen. Ich selbst hätte wohl Gründe genug, die Deutschen zu hassen. Sie töteten meine Familie, sie haben mir meine Ausbildung gestohlen. Aber es ist sinnlos.

Wie haben Sie nach dem Krieg in Amerika angefangen?
Ich bin hier 1946 eingetroffen. Ein Journalist, der mein miserables Englisch hörte, riet mir, zunächst die Sprache zu lernen, wenn ich denn Reporter werden wolle. Und er gab mir eine Empfehlung für den Herausgeber einer Zeitung in Port Huron in Michigan. Ich hatte von dieser Stadt noch nie gehört, fuhr aber hin und bekam dort einen kleinen Job. In wenigen Monaten sprach ich fließend Englisch. Schließlich fragte man mich, ob ich nicht eine tägliche Kolumne unter dem Titel „Meine neue Heimat" schreiben wolle. Die erschien tatsächlich mehrere Monate auf der ersten Seite des „The Port Huron Times Herald". Bei einem Kurzgeschichtenwettbewerb gewann ich dann den zweiten Preis, einen neuen Ford, mit einer Geschichte über meine Erfahrungen in Auschwitz. Mit dem neuen Auto bin ich nach Kalifornien gefahren, und dort hat man mir dann einen ersten Dreimonatsvertrag bei der „United Jewish Appeal"-Federation angeboten…

Also bei einer Spendensammelorganisation, die den Juden in Israel und Amerika hilft.

Genau, wir unterstützen Schulen, Altersheime, Krankenhäuser und viele andere soziale Einrichtungen. Ich hatte ja wirklich nichts gelernt. Aber hier sollte ich nun aus meinem Leben erzählen, um die Menschen zum Spenden zu ermutigen. Es stellte sich schnell heraus, dass dieser Job perfekt zu mir passte. 60 Jahre habe ich für den UJA gearbeitet.

In Deutschland ist diese Form des Fundraising ja kaum verbreitet. Ist es nicht merkwürdig, wenn man zu jemandem geht und sagt: „Ich will dein Geld"?
Nein, überhaupt nicht, es ist doch nicht für mich persönlich.

Und wenn sich jemand weigert?
Dann sage ich: „Vielen Dank für Ihre Zeit" und gehe zu meiner nächsten Verabredung. Aber das passiert nicht allzu häufig, denn ich kenne ja die meisten Menschen, die ich aufsuche, und die wiederum kennen den Zweck meines Besuchs. Ich sage direkt, was ich will – je nachdem, wie ich den Spender einschätze, also zum Beispiel: „Du schuldest uns 100 000 Dollar."

Warum „schuldet" der Mensch Ihnen etwas?
Natürlich schuldet er uns nichts. Das ist nur eine Redewendung. Andererseits glaube ich durchaus, dass ein Mitglied der jüdischen Gemeinde, gerade wenn es erfolgreich ist, die Verpflichtung hat, für das Fortbestehen jüdischen Lebens und jüdischer Erziehung einzutreten. Er soll den Armen, den Alten und den Kranken helfen, wo immer sie leben, und er soll sich für die Zukunft Israels engagieren. Ich möchte aber hinzufügen, dass wir auch Nichtjuden in Amerika unterstützen.

Und wie viel bekommen Sie dann im Normalfall.
Das ist ganz unterschiedlich. Mal 50 000, mal mehr, mal weniger. Die größte Summe, die ich je bekommen habe, waren fünf Millionen Dollar. Und es hat mich gerade mal zwei Minuten gekostet. Mir war einfach klar, dass der Mann das zahlen konnte. Es war 1973 während des Jom-Kippur-Krieges. Es ging um das Überleben des Staates Israel. Damals war es ganz einfach, Spenden zu bekommen. Da musste man keine großen Reden schwingen. Aber wissen Sie, Juden spenden gern und viel. Das ist eine besondere Tradition, die man im Christentum so nicht kennt, nur die Mormonen machen das ähnlich.

Wissen Sie, wie hoch die Summe ist, die Sie in Ihrem Leben eingeworben haben?
Um ehrlich zu sein, es müssen einige Milliarden Dollar sein. Der UJA sammelt jedes Jahr ungefähr 250 Millionen Dollar allein hier in New York ein. In New York leben so viele Juden wie in keiner anderen Stadt der Welt, etwa 1,5 Millionen. Und unter ihnen sind etwa 50 000 Holocaust-Überlebende, sie sind jetzt um die 80 Jahre alt, manche schon in den Neunzigern. Viele von ihnen haben sehr wenig Geld und sind auf unsere Unterstützung angewiesen. Und ich sagen Ihnen: Ich bin glücklich, wenn ich diesen Menschen, meinen Leidensgenossen aus den Lagern, helfen kann.

Edgar Hilsenrath

„Ich glaube, es ist leichter, wenn man glaubt"

Der in Berlin lebende Schriftsteller Edgar Hilsenrath über seine Erfahrungen im Ghetto in der Ukraine und den Umgang der Literatur mit dem Holocaust

Edgar Hilsenrath wurde 1926 in Leipzig geboren. 1938 zog seine Mutter mit den Kindern zu den Großeltern nach Siret in der Bukowina. Die Familie wurde ins Ghetto deportiert und später von der Roten Armee befreit. Diese Erfahrungen verarbeitete er in mehreren Romanen. Nach Wanderjahren in Palästina, Frankreich und Amerika lebt der Schriftsteller heute in Berlin.

Herr Hilsenrath, Sie haben in Ihren Romanen vom Leben und Überleben im Ghetto Zeugnis abgelegt. Manche Leser haben sich jedoch daran gestört, dass die Ghettoerfahrung bei Ihnen immer wieder durch Humor und Satire gebrochen wird. Können Sie das nachvollziehen?

Wenn ich dafür Verständnis hätte, würde ich nicht so schreiben. Ich habe nun mal eine groteske Sicht auf die ganze Holocaust-Geschichte.

Viele Menschen empfinden das als anstößig.

Es gibt in Deutschland so eine Art Wiedergutmachung an den Juden, indem man versucht, sie als Edelmenschen darzustellen. Das waren die Juden im Ghetto aber genauso wenig wie die Menschen sonst irgendwo auf der Welt. Wer mir vorhält, ich würde die Juden in meinem Roman „Nacht" als skurril, armselig und gemein darstellen, dem kann ich nur entgegnen: Ich habe in der „Nacht" gar nicht die Juden beschrieben, sondern einfach die Armut im Ghetto …

… und das, was Menschen aus Menschen machen. „Nacht", Ihr erster Roman, geschrieben in Palästina, Frankreich und schließlich Amerika, ist eine Höllenfahrt mit allerschrecklichsten Details. Man sieht, wie die Opfer ihrerseits wieder Opfer suchen oder noch Schwächere, die noch ärmer dran sind. War Ihnen von Anbeginn an klar, dass Sie ein literarisches und kein bloß dokumentarisches Buch schreiben wollten?

Ja, ich wollte ein literarisches Werk schaffen. Ich hatte schon mit 14 Jahren beschlossen, Schriftsteller zu werden. Und die „Nacht" wurde auch durch ein literarisches Erlebnis inspiriert. Ich hatte den Roman „Arc de Triomphe" von Erich Maria Remarque gelesen und war begeistert: die ganze Art, wie er Dialoge schreibt und Atmosphäre entstehen lässt.

Aber Sie konnten es nur mit einem Stoff machen, der Ihrer eigenen Biografie folgte?
Ja, ja, das ist mein Stoff.

Hat das Ghetto, das Sie in Ihrem Roman „Nacht" schildern, große Ähnlichkeit mit dem, das Sie selbst erlebt haben, nämlich Mogiljow-Podolski in der Sowjet-Ukraine?
Es ist eigentlich dasselbe Ghetto, nur unter anderem Namen.

Tatsächlich? In ihrem autobiografischen Roman „Die Abenteuer des Ruben Jablonski" gewinnt man eher den Eindruck, dass Sie und Ihre Familie zur privilegierten Schicht im Ghetto zählten.
Waren wir auch, ja. Ich habe nie so gelebt wie die Gestalten in meiner „Nacht".

Und woran lag das?
Ich bin dort mit einer ganzen Gruppe von Juden aus Siret, aus der Bukowina, angekommen. Und der Anführer der Gruppe war mit dem Stadtkommandanten, der für das Ghetto zuständig war, bekannt. Der Kommandant stellte uns nicht nur ein Haus, ein altes Schulgebäude, zur Verfügung, sondern auch Papiere, so dass wir nicht weiterdeportiert wurden. Die ganze Gruppe, etwa 40 Leute, war in drei Schulräumen einquartiert. Alle Menschen im Ghetto litten Hunger, es gab überhaupt nichts. Wir aber hatten Schmuck, Pelzmäntel, Kleider und andere Wertsachen ins Ghetto reingeschmuggelt, obwohl das unter Androhung der Todesstrafe verboten war.

Und damit haben Sie Schwarzhandel betrieben?
Ja. Wir sind nachts raus aus dem Ghetto und haben diese Sachen bei den Bauern in der Umgebung gegen Lebensmittel eingetauscht, um sie dann an die Menschen im Ghetto zu verkaufen. So hat die Gruppe aus Siret überlebt.

War Ihre ganze Familie im Ghetto?
Nein, mein Vater war in Frankreich untergetaucht. Ich bin in Halle aufgewachsen und dann 1938 mit meiner Mutter und meinem Bruder zu meinen Großeltern in die Bukowina gezogen, weil es in Deutschland zu gefährlich wurde.

Was konkret war passiert?
Die ganze Atmosphäre wurde unerträglich. Meine Schule in Halle war eine richtige Nazi-Schule, ich musste mich jeden Tag mit den anderen Jungen prügeln, sie gaben mir üble Spitznamen, die Lehrer schikanierten mich.

Und in Siret war es besser?
Ja, da war ich glücklich, es war ein Wunder. In der Bukowina wurde ja Deutsch gesprochen, ich habe mich da sehr wohl gefühlt, hatte viele Freunde und liebte die jüdische Musik. Außerdem gab es viele Zigeuner, Zigeunermusik. Es war eine Atmosphäre, die mir entsprach.

Waren Ihre Großeltern strenggläubige Juden?
Dieses Milieu war schon sehr jüdisch. Aber meine Großeltern waren keine Orthodoxen. Sie sprachen Jiddisch und Deutsch.

Sie persönlich haben die jüdischen Feste befolgt und sind auch in dieser Tradition aufgewachsen?
Ja, sicher.

Und wann haben Sie sich von dieser Tradition gelöst?
Schon mit 14 Jahren. Ich war Bar Mizwa geworden, also sozusagen konfirmiert. Und mein Großvater zwang mich, jeden Tag zu beten, ich hatte überhaupt keine Lust dazu. Ich fand das blöd, das runterzuleiern, was ich gar nicht verstehe, auf Hebräisch. Und so wurde ich ein Jahr später, mit 14 Jahren, Atheist. Ich habe mir gesagt, das ist alles Quatsch, das gibt es gar nicht. Ich glaubte auch nicht mehr an Gott und wurde Freidenker.

Kann man Freidenker sein und trotzdem der jüdischen Gemeinschaft angehören?
Natürlich, ja.

So natürlich ist das vielleicht doch nicht.
Offiziell ist nur der ein Jude, der von einer jüdischen Mutter geboren wurde. Das hat nichts mit dem Glauben zu tun, Sie sind Jude von Geburt her.

Gibt es kulturelle Traditionen, die Sie sich bewahren, auch wenn Sie Atheist sind?
Meine Bücher sind sehr jüdisch geprägt. Ich liebe jüdische Musik und jüdische Gebräuche, sicher, die liebe ich schon, aber ich nehme nicht teil daran.

Bedauern Sie es manchmal, dass Sie nicht glauben?
Ich glaube, es ist leichter, wenn man glaubt.

Warum?
Das Leben ist viel leichter, und auch die Angst vor dem Tod ist geringer, wenn man glaubt.

Das Siret, so wie Sie es beschreiben, war ein typisches Schtetl. Heute wird diese Kultur in opulenten Bildbänden beschworen. War sie wirklich so romantisch?
Also für mich ja. Sicher, es war ziemlich schmutzig, die Leute, die schlammigen Straßen, aber es gab dort eine große Herzlichkeit und Gemütlichkeit. Und ich habe mich da sehr wohl gefühlt.

Vielleicht auch deswegen, weil Ihre Großeltern etwas wohlhabender als die meisten anderen Menschen im Schtetl waren?
Sie waren wohlhabend, ja.

Wann mussten Sie Siret verlassen?
1941, als dort der Krieg ausbrach. Alle Juden aus unserer Stadt wurden in das Innere von Rumänien deportiert. Zunächst nach Craiova, dann zurück in eine Nachbarstadt von Siret, nach Radautz. Dort waren wir zwei Monate und lebten von der Hand in den Mund. Plötzlich tauchten in der ganzen Stadt Plakate auf, ein Befehl des rumänischen Marschalls Antonescu, dass alle Juden aus der Bukowina nach Osten deportiert würden. Um sechs Uhr früh mussten wir am Bahnhof sein, wer zu Hause angetroffen wird, so hieß es, wird erschossen. Zwei Tage lang fuhren wir in Güterwagen gepfercht über Czernowitz durch ganz Bessarabien bis zu einer kleinen Stadt namens Ataki, die liegt am Dnjestr. Am anderen Ufer war die ukrainische Großstadt Mogiljow-Podolski, allerdings alles zerstört und zerschossen, nur noch eine Ruinenstadt. Mit Flößen wurden wir am nächsten Morgen an das andere Ufer gebracht, ins Ghetto. Wir blieben dort bis März 1944, bis die Russen kamen.

*Ranek, die Hauptperson in Ihrem Roman „Nacht",
erlebt das Ghetto aus einer ganz anderen Perspek-*

*tive als Sie. Er gehört zu den Ärmsten der Armen
und überlebt am Ende nicht. Warum haben Sie ihn
zum Helden der Geschichte gemacht?*
Ich wollte die unterste Schicht im Ghetto beschreiben.

Warum?
Weiß ich nicht. Vielleicht weil ich ein schlechtes
Gewissen hatte, ja.

*Sie haben sich in Wahrheit schuldig gefühlt, weil es
Ihnen nicht so schlecht ging wie anderen?*
Schuldig gefühlt, dass ich überlebt habe.

Das haben Sie wirklich?
Ja.

*Solange Sie im Ghetto lebten, sind immer wieder
Menschen aus dem Ghetto von dort in die Vernich-
tungslager deportiert worden …*
Natürlich, ja.

*Haben Sie geahnt, was mit diesen Menschen gesche-
hen würde?*
Es hieß nur, es geht zum Bug. Der Bug war ein
Fluss weiter im Osten, am anderen Ufer stand
deutsche SS. Die Rumänen haben viele Juden

über den Fluss abgeschoben, und die SS hat sie gleich erschossen. Wir wussten das. Aber darüber hat man nicht nachgedacht.

Sie lebten nicht in Todesangst?
Also für mich, ich war damals 15 Jahre alt, für mich war es ein Abenteuer.

Wann haben Sie das wahre Ausmaß des Völkermords erfahren? Erst als Sie in Palästina lebten?
Man hörte von den Dingen, die in Polen geschahen, aber man wusste nichts Genaues. Man dachte auch überhaupt nicht darüber nach. Wir lebten von einem Tag zum anderen.

Man dachte nur ans eigene Überleben?
Ja.

Durften Sie zurück nach Siret, als die Russen das Ghetto erobert hatten?
Nein, als die Russen kamen, mussten sofort alle Männer, die mindestens 18 Jahre alt waren, zum Militär. Es war kurz vor meinem 18. Geburtstag, und ich bin sofort abgehauen, zu Fuß durch Bessarabien.

Also genau so, wie Sie es im „Ruben Jablonski"-Roman beschrieben haben?
Ja, ich kam bis Czernowitz. Dort aber haben die Russen mich nachts aus dem Bett geholt und verhaftet, nun sollten wir alle in die Kohlengruben nach Donbass geschickt werden. Beim Appell traf ich einen Cousin aus Polen. Der konnte gut Russisch und verstand sich auch auf das Fälschen von Papieren und hat dann gesagt: „Gib mir mal deinen Pass." Er machte mich zwei Jahre jünger, ging zum russischen Kommandanten und sagte:

„Der Junge ist erst 16, den könnt ihr nicht deportieren." Da haben die mich freigelassen, und ich bin am nächsten Tag in das unbesetzte Rumänien, 40 Kilometer zu Fuß von Czernowitz bis Siret. Dort versammelte sich dann nach und nach meine ganze Familie wieder. Nach etwa sechs Monaten kam eine Delegation von Zionisten aus Bukarest, die brauchten junge Leute, um nach Palästina zu fahren. Und ich sagte: „Okay".

Aus Abenteuerlust oder weil Sie selbst ein überzeugter Zionist waren?
Sicher spielte beides eine Rolle. Die Zionisten hatten einen Zug arrangiert, der von Bukarest über Bulgarien und die Türkei nach Palästina fahren sollte. Doch in Bulgarien haben uns die Russen verhaftet, weil wir angeblich Illegale waren, sie haben uns zwei Monate in ein Internierungslager gesteckt, erst dann kam Ben-Gurion persönlich nach Sofia und hat uns rausgeboxt. Das heißt, er hat die Russen überzeugt, dass wir eigentlich harmlose Leute waren. Schließlich fuhren wir über den Bosporus und nach Palästina. Die Fahrt hat zwei Monate gedauert.

Wann genau sind Sie angekommen?
Im Januar 1945, wir bekamen richtige Papiere, einen britischen Stempel und waren frei. Die Zionisten haben uns dann eingeteilt in verschiedene Kibbuzim. Ich kam in einen Kibbuz in Galiläa. Da ging es mir zwar sehr gut, aber es war langweilig. Ich hatte keine Lust, jeden Tag Feldarbeit zu machen. Am Ende bin ich zum Zuständigen für die Jugend-Alija nach Jerusalem gefahren und habe ihn gefragt: „Hör mal zu, kannst du mich nicht irgendwo hinschicken, wo Bukowiner sind?" Und da hat er gesagt: „Okay, ich

gebe dir ein Papier, ich kenne einen Kibbuz, wo Bukowiner leben."

Das heißt, Sie hatten Heimweh?
Ja. Aber in dem neuen Kibbuz haben sie mich nach zwei Monaten wieder rausgeschmissen, weil ich keine Lust hatte, an den Hebräisch-Kursen teilzunehmen, jeden Tag nach der Arbeit. Ich habe schon damals in jeder freien Minute meine Novellen geschrieben.

Weiterhin auf Deutsch?
Auf Deutsch.

Und Sie hatten kein Bedürfnis, Hebräisch zu lernen?
Nein, überhaupt nicht. Der Kibbuz gab mir ein freies Busticket nach Haifa. Da bin ich nach Haifa gefahren, habe diverse Jobs gemacht, als Tellerwäscher gearbeitet, mir noch eine schwere Malaria eingefangen…

Sie haben offenbar keine innere Beziehung zu Palästina bekommen?
Nein, gar nicht.

Und das im Gelobten Land?
Aber die Mentalität der Menschen war doch ganz anders als meine, die hatten überhaupt kein Verständnis für Leute wie mich. Die konnten nicht verstehen, warum ich im Ghetto war. Mir waren sie völlig fremd.

Sie haben also die erstbeste Gelegenheit genutzt und sind nach Frankreich ausgewandert…
Zunächst musste ich zwei Jahre warten, bis ich überhaupt einen Pass bekam.

… und sahen dann die Familie wieder?
Ja, meine Mutter und mein Bruder waren schon vorher illegal aus Rumänien nach Frankreich ausgewandert, über Ungarn, Österreich und Deutschland. Und trafen dann meinen Vater in Lyon.

Neun Jahre lang hatten Sie Ihren Vater nicht gesehen. War er mit Ihrem Berufsziel Schriftsteller auf Anhieb einverstanden?
Nein! Mein Vater war ganz gegen mein Schreiben. Ich sollte Kürschner werden. Aber wie Sie sehen, habe ich mich nicht daran gehalten.

Den Roman „Nacht" haben Sie erst auf Ihrer nächsten Station, in Amerika, fertiggeschrieben, später dann ihr wohl berühmtestes Buch, „Der Nazi & der Friseur".
Das habe ich aber schon zu drei Vierteln wieder in Deutschland geschrieben. Ich hatte meinem amerikanischen Verleger damals gesagt: „Das kann ich nur im deutschen Sprachraum machen." In München ist mir allerdings das Geld ausgegangen, und so habe ich den Schluss wieder in New York geschrieben.

„Der Nazi & der Friseur" erschien erst mit sechs Jahren Verspätung in Deutschland, 1977. Warum wollten die Verlage von dem Buch zunächst nichts wissen, es war doch schon ein Bestseller in den USA?
Sie haben gesagt, das deutsche Volk sei noch nicht reif, so ein ernstes Thema dürfe man nicht satirisch angehen. Die Sprache hat ihnen nicht gefallen, die offene Sexualität.

Veröffentlicht hat es dann der kleine Kölner Verlag Braun. Das Buch wurde ein Riesenerfolg, aber selbst

Heinrich Böll, der Ihren Roman in der „Zeit" rezensierte, schrieb, dass er beim Lesen der ersten Kapitel gewisse „Ekelschwellen" überwinden musste. Hat Sie das verletzt?
Nein, amüsiert. Empfindliche Leser haben nun einmal Probleme mit meinen Büchern. Eine Freundin von mir arbeitete damals beim Bayerischen Rundfunk in München. Als ich ihr „Das Märchen vom letzten Gedanken" schickte, hat sie mich wenig später entsetzt angerufen. Sie habe eben die Passage gelesen, in der beschrieben wird, wie ein alter Mann, er ist 97 Jahre, mit einem neunjährigen kurdischen Mädchen schläft. Sie könne das Buch nicht weiterlesen. Aber so ist das nun einmal mit meinen Büchern.

In Ihrem Roman „Das Märchen vom letzten Gedanken" behandeln Sie den Genozid an den Armeniern – einen Völkermord, der erst in den vergangenen Jahren in Europa stärker wahrgenommen wurde. Würden Sie das bereits 1989 veröffentlichte Buch heute noch genauso schreiben?
Ja, ja, ich glaube sogar, es ist mein bester Roman.

Warum?
Das „Märchen" ist reine Poesie, das ganze Buch ist Poesie mit schwarzem Humor.

Ist Ihnen das Buch deswegen so gut gelungen, weil sie diesmal nicht ihre eigene Geschichte erzählt haben? Hat Ihnen die Distanz geholfen?
Also der Genozid an den Armeniern war ja auch ein Holocaust, aber eben nicht meiner. Um ehrlich zu sein: Als ich das Buch angefangen habe, wollte ich noch ein Holocaust-Buch schreiben, aber dann bin ich auf die Armenier gestoßen, ich habe Quellenstudien gemacht, bis nach San Francisco bin ich deswegen gefahren. Inzwischen hat man mich sogar zum Mitglied im armenischen Schriftstellerverband gemacht – ehrenhalber natürlich.

Der Genozid an den Armeniern ist im allgemeinen Bewusstsein bei weitem nicht so verankert wie der Holocaust…
Überhaupt nicht mehr.

Darf man einen Vergleich zwischen diesen beiden Völkermorden wagen?
Also die Armenier waren die Juden der Osmanen, obwohl es dort außerdem noch Juden gab, aber die Armenier galten als verfluchte Rasse im Osmanischen Reich, verrufen als Geschäftemacher und geldgierig und so fort, was aber gar nicht stimmte, weil die meisten Armenier Bauern waren.

Zum Genozid gehören Opfer und Täter.
Aber die Türken haben dieses Kapitel ihrer Geschichte ganz verdrängt. Es ist ja verboten, sie dürfen es nicht erwähnen – möglicherweise aus Angst, die Armenier könnten dann materielle Forderungen stellen. Ganze Ortschaften Ostanatoliens waren armenisch, große Teile des Landes waren armenisch.

Können Sie sich unter diesen Umständen einen EU-Beitritt der Türken vorstellen?
Ich muss Ihnen gestehen, ich habe irgendwie Angst vor dem Islam, andererseits: Vielleicht ist es auch eine Chance, dass von der Türkei ein positiver Einfluss auf die übrige islamische Welt ausgeht.

Peter Gay

„Gott ist eine Erfindung"

Der Historiker Peter Gay über seine Kindheit und Jugend im Dritten Reich, seine
Flucht über Kuba in die USA und über
den Einfluss der Religion auf die amerikanische Gesellschaft

Peter Gay kam 1923 unter dem Namen Peter Fröhlich zur Welt. Im April 1939 verließ er mit den Eltern seine Heimatstadt Berlin, um sich in Amerika in Sicherheit zu bringen. Schwierigen Anfangsjahren in der Fremde folgte eine glänzende akademische Karriere an den amerikanischen Elite-Universitäten. Heute lebt und forscht der Historiker in New York.

Herr Professor Gay, Sie haben als Historiker vor allem das Bürgertum des 19. Jahrhunderts erforscht. Sie haben über Schnitzler und Freud geschrieben, über die viktorianische Moral. Gibt es dieses Bildungsbürgertum zu Beginn des 21. Jahrhunderts noch?
Ich wüsste nicht, warum es das nicht mehr geben sollte.

Nun, zumindest wird es immer wieder totgesagt.
Aber es ist schon ziemlich häufig totgesagt worden. Wie sonst, wenn nicht als Bürger, wollen Sie zum Beispiel die Angehörigen der freien Berufe bezeichnen, Rechtsanwälte, Ärzte, Architekten, Künstler? Ich gebe zu, hier in den USA will niemand zu irgendeiner Klasse gehören. Aber in Europa sind die Klassenunterschiede doch noch unbestritten. Denken Sie nur an die Unruhen in den französischen Vorstädten. Ohne ein entsprechendes Bewusstsein wären die undenkbar.

Dennoch werden Sie große Mühe haben, in Mittel- und Westeuropa jemanden zu finden, der sich selbstbewusst als Bürger oder bürgerlich bezeichnet.
Vielleicht hat das etwas mit der Revolte der 68er zu tun. Damals war „bürgerlich" ein Schimpfwort, mit dem die Jungen gegen die Alten, gegen die Etablierten kämpften. Der Begriff ist sicher seither beschädigt. Aber die soziale Klasse, diese Mittelschicht, die sich für Kunst und Kultur interessiert und die politische Entwicklung bestimmt – die gibt es doch immer noch. Heute gehören ihr übrigens eine Menge sogenannter 68er an.

Was war denn aus Sicht der 68er so schlimm am bürgerlichen Lebensstil?
Zunächst einmal lag dem ein klassischer Generationenkonflikt zugrunde. Eine neue Generation

wollte die alte verdrängen – und sie hat das ja auch sehr erfolgreich getan. Sie hat dazu eine Reihe von Argumenten benutzt, sie hat die Autoritätshörigkeit der Eltern kritisiert, sie hat den Krieg in Vietnam bekämpft, der eigentlich mit Deutschland ziemlich wenig zu tun hatte. Und vor allem hat sie den Eltern vorgeworfen, dass sie sich nicht mit ihrer Vergangenheit, mit der Verantwortung für den Holocaust auseinandersetzten. Diese Debatte begann dann tatsächlich im Laufe der siebziger Jahre. Denken Sie nur an die Ausstrahlung der Serie „Holocaust" im deutschen Fernsehen. Das große Schweigen gibt es seither nicht mehr.

Nur der Begriff des Bürgerlichen hat sich von dieser Kritik nicht mehr erholt…
Wahrscheinlich weil sich die politischen Konflikte heute nicht mehr in jedem Fall zwischen sozialen Klassen abspielen, sondern auch an anderen Fragen entzünden. Hier in Amerika zum Beispiel spielt die Religion plötzlich wieder eine große Rolle, in jedem Wahlkampf, in jeder politischen Auseinandersetzung.

Was Sie offenbar ärgert.
So ist es.

Würden Sie sich als Agnostiker bezeichnen?
Nein, als Atheist. Mein Vater war ein Atheist, meine Mutter war es. Ein Agnostiker sagt nur, er weiß nicht, ob es Gott gibt. Ich sage: Das ist alles Unsinn, es gibt ihn nicht, er ist eine Erfindung des Menschen.

Sie sind schon vor dem Zweiten Weltkrieg mit Ihren Eltern nach Amerika ausgewandert und nach dem

Krieg im akademischen Milieu aufgestiegen. Ist die Bedeutung der Religion, des Glaubens damals wirklich geringer gewesen?
Oh ja, unbedingt. Allerdings fragen mich jetzt immer wieder Freunde und Bekannte aus Deutschland, ob diese aktuelle Entwicklung in Amerika mit der Deutschlands vor 1933 vergleichbar sei. Und denen muss ich nun antworten: Da gibt es doch noch eine Menge Unterschiede. Ein Hitler ist George W. Bush nun wirklich nicht. Ich weiß, ein Historiker sollte keine Prognosen abgeben. Aber ich habe das Gefühl, dass sich diese starke Betonung der Religion, von Frömmigkeit und Moral auch wieder legen wird.

Noch scheinen die Fundamentalisten aber an Boden zu gewinnen. Einige amerikanische Schulbehörden haben zum Beispiel die Behandlung der Evolutionslehre Darwins im Schulunterricht eingeschränkt.
Und andere haben solche Versuche unterbunden. Es gibt auch Politiker, Gouverneure und andere, die offen sagen, dass sich dieses Land weltweit lächerlich macht, wenn es Darwin in Frage stellt. An den Universitäten studieren Millionen von jungen Menschen, die doch ganz vernünftig sind und sich davon nicht beeindrucken lassen. Also, das wird sich schon wieder legen…

Sie bleiben also optimistisch?
Ja, aber ich gebe zu: Selbst George W. Bush steht auf der Seite dieser Fundamentalisten, das bedeutet natürlich etwas. Es ist schon eine Schande, dass so jemand uns regiert.

Noch einmal zurück zum Bürgertum. Ihre Bücher haben auf eindrucksvolle Weise belegt, dass die angeblich so verklemmte Sexualmoral des viktoriani-

schen Zeitalters eher eine Legende ist, dass also in bürgerlichen Kreisen häufig ein ganz selbstbewusster Umgang mit der Sexualität herrschte. Sie selbst wurden 1923 geboren. Können Sie sich noch daran erinnern, wie dieses Thema in Ihrer Jugend behandelt wurde?

Meine Eltern waren sehr liberal, doch deswegen wurde mit mir darüber noch lange nicht geredet. Bei uns stand aber ein Buch mit dem Titel „Die ideale Ehe" im Regal. Das habe ich heimlich immer wieder angeschaut, es war furchtbar interessant. Vieles wusste ich allerdings doch nicht. Ich will Ihnen ein Beispiel nennen: Wir waren ja nicht direkt in die Vereinigten Staaten ausgewandert, sondern zunächst auf Kuba gelandet. Ich erinnere mich, wie ich eines Abends, 1939, da war ich 15 Jahre alt, auf dem Heimweg von einem Soldaten angesprochen wurde, der irgendetwas von mir wollte, was ich nicht verstand. Also, er war homosexuell. Ich bin dann einfach weggelaufen, ohne dass etwas passiert war. Und am nächsten Morgen erzählte ich meinem Vater davon, aber er erklärte mir im Grunde nicht, was da geschehen war. Ich machte mir also längere Zeit große Sorgen, ob vielleicht mit mir selbst etwas nicht stimmen würde. Aber andererseits muss ich nun doch sagen, dass meine Eltern in den dreißiger Jahren natürlich ganz andere Sorgen hatten.

Sie meinen den wachsenden politischen Druck in Deutschland?

Richtig. 1933, als das Dritte Reich begann, kam ich immerhin in Berlin aufs Gymnasium.

Was änderte sich damals für Sie persönlich?

Die Situation war ganz eigenartig. Die meisten Lehrer waren eigentlich keine Nazis. Ein Geschichtslehrer machte manchmal antijüdische Witze, mehr nicht. 1935 musste ich mich dann zwischen Latein und Englisch entscheiden. Es war sofort klar, dass ich Englisch nehmen würde. Da wir damals schon davon ausgingen, dass wir über kurz oder lang emigrieren würden, schien es naheliegend, dass ich mich so entscheide. Aber da rief der Direktor dieses Realgymnasiums bei uns an und bat meinen Vater zu einem Gespräch. Und er sagte ihm, dass ich ein kluger Junge sei und deswegen unbedingt Latein wählen sollte. Andererseits habe ich viele Jahre später erfahren, dass derselbe Direktor schreckliche Nazi-Reden gehalten hat. Also ein widersprüchliches Bild. Im Frühjahr 1938 musste ich das Gymnasium ohnehin verlassen. Man hat mich rausgeworfen.

Und Ihr Vater? Konnte der weiterhin in seinem Beruf arbeiten?

Nicht mehr lange. Er war Vertreter für Kristallglas und Porzellan, er arbeitete für die großen Warenhäuser. Aber im Sommer '38 hat ihn sein Partner einfach vor die Tür gesetzt. Allerdings muss ich sagen, dass unsere Freunde, also die Freunde meiner Eltern, uns im Grunde keinen Gefallen getan haben, indem sie uns solange die Treue gehalten haben.

Weil Ihre Familie sich zu lange sicher wähnte?

Ja, man dachte, irgendwann wird es mit dieser Regierung schon ein Ende haben. Es gab doch so viele Menschen, die uns halfen, die uns freundlich gesinnt waren – nicht genug, wie wir heute wissen, aber damals haben meine Eltern das in den ersten Jahren ganz anders eingeschätzt.

Wann änderte sich diese Einschätzung?

Das kann man so genau nicht sagen. Dass wir emigrieren sollten, war eigentlich schon 1936 klar. Aber der letzte Entschluss dauerte dann eben doch noch. Als wir endlich Anfang April '39 unsere Pässe hatten, wurde mein Vater ganz nervös und wollte sofort los. Wir hatten eigentlich Schiffspassagen auf der „St. Louis" gebucht, die Mitte Mai ablegen sollte. So lange wollte er nun nicht mehr warten und fand heraus, dass schon Ende April ein anderer Hapag-Dampfer, die „Iberia", von Lissabon nach Kuba fahren würde. Für die Ausstellung neuer Reisepapiere war es zu spät. Also nahm sich mein sonst so gesetzestreuer Vater ein Rasiermesser und kratzte Datum und Schiffsnamen von den Dokumenten ab und schrieb vorsichtig mit Tinte in Beamtenschrift die neuen Angaben darüber. Wenn das aufgeflogen wäre, hätten wir mit dem Schlimmsten rechnen müssen. Aber so sind wir pünktlich am 27. April an Bord der „Iberia" gegangen – zum Glück, wie wir später erfuhren, denn die Kubaner ließen die Passagiere der zwei Wochen später gefahrenen „St. Louis" ja nicht mehr an Land und schickten das Schiff nach Europa zurück. Viele dieser Menschen sind später in den Lagern umgebracht worden.

Wollten Sie ursprünglich auf Kuba bleiben?

Nein, wir wollten von Anfang an nach Amerika.

Aber wir mussten doch zwei Jahre warten, bis 1941. Schließlich gelang es einem Bruder meiner Mutter, der in den zwanziger Jahren schon emigriert war, ein Affidavit für uns alle zu erhalten. Wäre er nicht so nah mit uns verwandt gewesen, hätte das womöglich nie geklappt.

Unter welchen Bedingungen verlief der Neuanfang in den Vereinigten Staaten?
Es war sehr schwer, wir hatten wirklich nichts. Mein Vater hat erst mal irgendwelche Jobs angenommen, auch ich habe sofort gearbeitet, erst in Atlanta, dann in Denver, als Hilfskraft in einem Textilunternehmen. Meine Mutter musste sofort in ein Sanatorium für Lungenkranke, sie war schon in Berlin sehr krank gewesen. Erst 1943 habe ich in Denver ein Stipendium bekommen, um dort an der Universität zu studieren.

Haben Sie gleich Geschichte studiert?
Nein, zuerst Politik und Philosophie. Nach drei Jahren habe ich mich dann an der Columbia Universität in New York beworben. Mit der Geschichte ging es erst viel später los.

Als Sie 1946 nach New York kamen, gab es ja noch eine große deutsche Emigrantenkolonie in der Stadt. Finden sich heute noch Reste davon?
Heute nicht. Damals nannten wir das Viertel im Nordwesten Manhattans „Das vierte Reich", so viele Deutsche lebten dort. Die Emigranten hatten einen großen Einfluss auf die amerikanischen Universitäten gehabt, auch in einigen freien Berufen waren sie prägend, denken Sie nur an die Architekten Walter Gropius oder Ludwig Mies van der Rohe, beispielsweise. Heute sind die Kinder dieser Emigranten auch schon alte Menschen und haben das Interesse an dieser deutsch-jüdischen Kultur ganz verloren oder nie gehabt. Das Leo-Baeck-Institut sammelt noch Zeugnisse aus dieser Epoche, es hat auch eine Adresse in Berlin, im Libeskind-Museum …

Sie meinen das Jüdische Museum?
Ja, dieses Schreck-Gebäude.

Warum so schrecklich?
Wissen Sie, vorher gab es nur das Berlin-Museum, das ist ein schöner klassizistischer Bau. Aber nun dieser gebaute Schrecken von diesem amerikanischen Architekten. Also ich weiß nicht, warum man die ganze jüdische Geschichte in so eine symbolisch-negative Architektur gesteckt hat. Außerdem hatte das Berlin-Museum früher so eine gemütliche Kneipe.

Was für einen Eindruck hatten Sie bei Ihrem ersten Besuch in Deutschland nach dem Krieg?
Es war sehr unangenehm. 1961 fuhr ich mit meiner Frau erstmals wieder nach Berlin. Als wir von Frankreich über die Kehler Brücke nach Deutschland kamen, mussten wir Geld wechseln. Und ich war ganz sicher, dass die ersten Deutschen, denen ich nun wieder begegnen würde, sehr feindselig sein müssten. Aber die Menschen waren ganz geschäftsmäßig nüchtern, nicht unfreundlich. Und so ging es mir auf der ganzen Reise. Dennoch, wie gesagt, war es unangenehm. Ich war einfach nicht in der Lage, mich in Deutschland wohl zu fühlen. Aber im Laufe der sechziger Jahre bin ich noch mehrfach zurückgekommen. Ich bin mit Historikern wie Karl Dietrich Bracher zusammengetroffen und habe dabei neue Freunde gewonnen. Er war Kriegs-

gefangener, und seine Frau war ein Mitglied der Familie Bonhoeffer und hat durch die Nazis viele Verwandte verloren. Das hat auf mich großen Eindruck gemacht. Mein Vater hat immer gesagt: „Man soll nicht ein ganzes Volk verdammen." Zugegeben, ich habe etwas länger gebraucht, um das auch so zu sehen.

Deutschland ist Ihnen also nicht mehr fremd?
Sehen Sie, ich bin nicht neutral, einerseits bin ich vollkommen zu Hause in Deutschland und vor allem natürlich in Berlin, andererseits bin ich eben doch nicht dort zu Hause, ich bin Amerikaner. Es sind ja ohnehin nur sehr wenige Deutsche aus der Emigration zurückgekehrt, Horkheimer etwa oder der arme Adorno…

Wieso „arm"?
Weil er dann 1968 den Frankfurter Studenten schon wieder nicht links genug war und furchtbar darunter gelitten hat. Er hat natürlich eine Menge Unsinn gesagt und geschrieben, aber diese Behandlung hatte er nicht verdient. Für beide war allerdings auch Amerika nichts, beide waren überzeugte Marxisten. Herbert Marcuse war da ganz anders, ein sehr angenehmer Mensch, ein großer Witzbold, der sich hier auch wohlgefühlt hat.

Wie ich gehört habe, interessieren Sie sich immer noch sehr für Sport, nicht zuletzt für Fußball. Wem drücken Sie die Daumen, wenn Deutschland etwa gegen die USA spielt?
Keine Frage: den Amerikanern! In den dreißiger Jahren bin ich natürlich zu Hertha BSC gegangen, jeden Sonntag, ich hatte aber ein Lieblingsteam, und das war Arsenal London. Die waren damals eine der führenden Mannschaften Euro-

pas. 1938 habe ich im Berliner Olympiastadion das Spiel Deutschland gegen England gesehen. Ein arischer Freund der Familie hat mich mitgenommen. Der war Journalist und hatte zwei Plätze. Mein Vater sagte zu mir: Du gehst. Ich habe mich natürlich sehr gefreut. Die Engländer hatten einen großen Spieler, Stanley Matthews.

Und wem galten da Ihre Sympathien?
Ich weiß es nicht mehr. Ich kann mich aber noch gut an die Olympischen Spiele 1936 erinnern. Mein Vater hatte schon 1932 bei einem Budapest-Besuch Karten aus dem ungarischen Kontingent gekauft. Und so saß ich dann im Olympiastadion inmitten lauter Ungarn. Das hatte einen entscheidenden Vorteil: Wenn ein Deutscher gewonnen hatte und die Siegerehrung stattfand, brauchte ich meinen Arm nicht zum Hitler-Gruß hochzureißen…

Weil die Ungarn das nicht machen mussten und es deswegen nicht auffiel?
Genau. Ich habe auch den schwarzen Sprinter Jesse Owens gesehen, er war nicht nur schnell, sondern auch sehr elegant, hatte Stil. Ich war hingerissen, er gewann vier Goldmedaillen, ich habe das alles gesehen. Und dann mussten sie bei der Siegerehrung jedesmal die amerikanische Nationalhymne spielen, nicht das Horst-Wessel-Lied. Das allein schon fand ich phantastisch.

Eva Haas

„Ein Schild mit Namen und Nummer um den Hals"

Die Opernsängerin Eva Haas über ihre
Kindheit in Berlin, ihre Flucht mit einem
Kindertransport nach England und den
Tod ihres Vaters in Theresienstadt

Eva Haas wurde 1925 als Tochter des jüdischen Kaufmanns Max Heymann und seiner protestantischen Frau Elisabeth, einer Schneidermeisterin, in Berlin geboren. Die Eltern schickten sie 1939 mit elnem Kindertransport nach England. Nach einer Karriere als Opernsängerin lebt sie heute mit ihrem Mann, dem Dirigenten Frithjof Haas, in Karlsruhe.

Frau Haas, Sie sind mit einem der sogenannten Kindertransporte nach England gekommen. Können Sie sich noch an den Tag und die Umstände Ihrer Abreise erinnern?
Das habe ich sehr deutlich vor Augen. Es war der 21. Mai 1939. Wir sind an dem Morgen früh von einer Freundin meiner Eltern, die ein Auto hatte, zum Bahnhof gebracht worden. Ich erinnere mich sehr genau an den Moment, als wir ankamen, und ich sehe auch noch den Bahnsteig vor mir, mit vielen, vielen Kindern. Ich weiß nicht, wie viele es waren, sicher 200, vielleicht noch mehr.

Welcher Bahnhof in Berlin war das?
Es muss der Schlesische Bahnhof gewesen sein. Mein Vater gab mir zwei kleine Büchlein mit auf die Reise. Natürlich sehr viele gute Ratschläge dazu. Das eine war Heinrich Heine, das „Buch der Lieder", und das andere „Hermann und Dorothea" von Goethe. Er sagte damals zu mir: „Du verstehst das jetzt noch nicht, aber ich möchte, dass du das mitnimmst, denn ‚Hermann und Dorothea' ist ein wunderbares Epos über zwei Menschen, die verfolgt werden." Und immer wieder, als ich dann in England war, erinnerte er mich in seinen Briefen: „Lies mal ‚Hermann und Dorothea'!"

Was hatten Sie an Gepäck dabei?
Wir durften ja alle nur ein Köfferchen mitnehmen. Es durfte gerade so schwer sein, dass wir es selbst tragen konnten. Außerdem hatten wir ein Schild mit unserem Namen und einer Nummer um den Hals.

Wie alt waren Sie damals?
Es war ein Tag nach meinem 14. Geburtstag.

Da weiß man doch seinen Namen. Warum braucht man dann so ein Schild?
Für die Leute, für die Passkontrolle, was auch immer. Kann ja sein, dass plötzlich mal einer umfällt oder ohnmächtig wird. Dann sagte mein Vater noch: „Weißt du, Evchen, wenn die braunweißen Kühe vorbei sind und du nur noch schwarz-weiße siehst, dann weißt du, du bist in Holland, dann bist du in der Freiheit."

Eine riskante Sache, in der norddeutschen Tiefebene gibt es doch eine Menge schwarz-weißer Kühe.
Aber irgendwie hat es damals gestimmt. Ich weiß zwar über diese Fahrt selbst gar nichts mehr, weiß auch nicht, wer mit mir im Coupé war, aber ich weiß, dass wir lange unterwegs waren und der Zug plötzlich sehr, sehr langsam fuhr, und dann fuhr er wieder an. Ich sah die schwarz-weißen Kühe, riss das Fenster runter und schrie raus: „Der olle Hitler soll sterben!" In dem Moment ging die Tür auf, und ich erschrak zu Tode. Ein Zöllner kam rein, und ich dachte: „Jetzt werde ich mitgenommen." Aber man hatte gar keine Notiz davon genommen…

Und Sie kamen unbehelligt in Holland an.
Ja, es lief ganz normal weiter, und wir kamen an die holländische Grenzstation. Da waren viele Frauen draußen, die uns Sandwiches, Obst und Schokolade in den Zug reichten. Wir durften nicht raus, aber durch das Fenster bekamen wir all diese schönen Dinge.

Was hat man Ihnen denn gesagt, wo Sie hinfahren?
Meine Eltern wussten, dass ich eine Familie in England hatte, eine Musikerfamilie, die bereit war, mich aufzunehmen. Dieses Ehepaar hatte

unterschrieben, dass man bis zum 18. Lebensjahr für mich sorgen würde.

Wie hatten Ihre Eltern von diesem Transport, dieser Möglichkeit überhaupt erfahren?
Durch Flüsterpropaganda. Es wurde nicht öffentlich bekanntgegeben. Andererseits war es für alle seit dem 9. November 1938 ganz klar, dass furchtbare Sachen passieren würden. Und der Krieg war ja absehbar. Führende Juden in England und Palästina hatten von der englischen Regierung verlangt, dass sie jugendliche Flüchtlinge aufnehmen solle, die dann nach Israel weiterreisen würden, damals Palästina. Das britische Parlament hat das zwar abgelehnt, aber akzeptiert, Kinder bis zum 16. Lebensjahr unbegrenzt im eigenen Land aufzunehmen. Der erste Transport ging schon Anfang Dezember 1938.

Womit wurde eigentlich begründet, dass Sie Deutschland verlassen sollten?
Ich wusste, dass mein Vater Jude war. Wir haben ständig erlebt, wie Leute festgenommen und in KZ gesteckt wurden. Mein Vetter musste nach Sachsenhausen. Immer wieder hieß es, jemand sei emigriert, es wurden immer weniger Freunde, immer weniger Familien, die noch in Deutschland blieben. Unser Leben wurde immer schwieriger.

Waren sich Ihre Eltern in der Entscheidung von vornherein einig, dass Sie das Land verlassen sollten?
Es war sehr schwierig, meine Mutter zu überzeugen: ihr einziges Kind, 14-jährig, und dann einfach so in die Welt entlassen. Aber mein Vater und seine Schwester, also meine Tante, haben es

meiner Mutter doch wohl klargemacht, dass es die einzig mögliche Rettung sein würde. Ich galt ja als volljüdisch, obwohl meine Mutter Christin war. Aber ich war in der jüdischen Gemeinde registriert und galt als jüdisches Kind.

Sie werden sich doch gefragt haben, warum Ihre Eltern nicht mitkommen?
Man wusste, dass es äußerst schwierig werden würde, aus dem Land rauszukommen. Mein Vater war 20 Jahre älter als meine Mutter. Er war Kaufmann und sah für sich überhaupt keine Chance im Ausland. Außerdem war er herzkrank, er hatte Angina pectoris. Manche Leute konnten ja sagen: „Wir gehen raus, wir nehmen irgendeine Arbeit an." Das war für meinen Vater gesundheitlich nicht möglich. Und meine Mutter war absolut bodenständig. Sie sprach kein Englisch und fürchtete sich, wegzugehen. „Wie und wovon wollen wir leben?", fragte sie. Sie hat ja damals schon die Familie ernährt.

Wie war es dazu gekommen?
Mein Vater hatte seinen Posten als Kaufmann an der Berliner Getreidebörse schon 1933 oder 1934 verloren und saß eigentlich immer zu Hause. Meine Mutter dagegen führte einen Modesalon, sie war Schneidermeisterin und hat auch Gesellinnen und Lehrlinge gehabt. Viele Kunden kamen zu uns; wir hatten eine große Wohnung am Roseneck in Grunewald.

Das heißt, Sie sind in dieser Arbeitssituation groß geworden, es war keine rein bürgerliche Wohnung, sondern eher ein Betrieb?
Ein Betrieb, ja. Betrieb mit Wohnung und Familie. Aber meine Mutter war gesanglich ausgebildet, sie hatte eine wunderbare Stimme. Und so hatte mein Vater sie auch kennen gelernt. Er spielte recht gut Klavier. Abends haben sie oft zusammen musiziert. Ich musste ja früh ins Bett, wie das so üblich war. Und ich habe mich dann hinter die Tür geschlichen und mit großer Begeisterung zugehört, wie da Schubert oder Schumann gesungen wurde.

Welche Rolle spielte die Religion in Ihrem Elternhaus?
Überhaupt keine. Und ich habe eigentlich darunter gelitten. Ich sehe mich noch auf der Treppe des Hauses stehen, meine Freundinnen gingen in die Synagoge. Und ich dachte, Weihnachten gehe ich nicht in die Kirche, und in die Synagoge gehe ich auch nicht. Ich habe das nicht schön gefunden. Ich wollte irgendwohin gehören. Aber ich gehörte nirgends hin. Zwar hat mein Vater mir seine jüdischen Sachen irgendwann mal gezeigt. Das waren ein Gebetsschal und auch Gebetsriemen, aber es hatte keine Bedeutung für mich.

Führte der Verfolgungsdruck im Laufe der dreißiger Jahre dazu, dass Ihr Vater sich mehr der jüdischen Religion zugewandt hat?
Nein. Ich weiß, so etwas hat es gegeben, aber mein Vater hat immer gesagt: „Jude sein ist wie ein Fluch. Man wird immer verfolgt, verfolgt, verfolgt."

Wie hat sich das bei Ihnen im Alltag bemerkbar gemacht? Sie sind Jahrgang 1925. Das heißt, Sie sind etwa 1935 auf die höhere Schule gekommen.
Genau so. 1935 hätte ich ins Lyzeum kommen sollen, und das war dann schon nicht mehr mög-

lich. Aber es gab ja viele kleinere jüdische Privat-
schulen. Ganz in unserer Nähe zum Beispiel die
Lachmann-Schule. Da kam ich hin. Eine schöne
Schule. Ein bisschen dem Salem-Internat ange-
passt, viel Musik, sehr viel Sport.

Wo haben Sie zu spüren bekommen, dass Sie uner-
wünscht waren?
Eigentlich überall. Man hat Geschäfte oder Restaurants gesehen mit dem Schild „Juden uner-
wünscht." Eines Tages bin ich von einem Mädchen auf der Straße angeschrien worden:
„Judenmädel!" Da kriegte ich so eine Wut, dass

ich sie in den Schwitzkasten genommen habe.
Die ist dann weinend davongelaufen. Und ich
war stolz, kam nach Hause, habe meinen Eltern
das erzählt, und die waren verzweifelt. „Um
Gottes willen, wenn die das den Eltern erzählt?
Was wird denn dann passieren?"

Das heißt, Ihre Eltern haben alles unternommen,
um nicht aufzufallen?
So weit es ging, ja. Aber das Problem war, dass
mein Vater auch die Buchführung für den Betrieb
meiner Mutter machte; er saß ja immer zu Hause.
Und die Mädchen im Haus, also die Angestellten

meiner Mutter, waren natürlich alle nichtjüdisch. Ein halbjüdisches Mädchen hatten wir, doch sonst waren sie alle nichtjüdisch …

Aus Sicht der Nazis hatte ein jüdischer Mann hier nichts zu suchen, oder?
Ja. Das alles weiß ich aber erst heute, weil ich das in der Korrespondenz meiner Mutter gelesen habe. Also, eines Tages kam ein Brief von der Handwerkskammer, man verlangte von meiner Mutter, sie solle sich von ihrem Mann trennen. Die Anwesenheit eines Juden in einem deutschen Betrieb galt schon fast als „Rassenschande". Das hat sie natürlich nicht gemacht, zumindest am Anfang nicht. Zwei-, dreimal kam diese Forderung. Aber als die Sache immer kritischer wurde – ich war zu dem Zeitpunkt schon längst in England –, da haben die Eltern sich geeinigt, dass mein Vater ein Zimmer mietet, sich offiziell dort anmeldet, und abends, wenn die Mädchen weg waren, nach Hause kommen würde.

Hat sich Ihre Mutter am Ende auch von ihm scheiden lassen?
Nein, nein.

Hat sie sich später Vorwürfe gemacht, dass sie Ihren Vater gedrängt hat, die gemeinsame Wohnung zu verlassen?
Das hat sie mir nicht gesagt. Darüber haben wir nicht gesprochen. Sie kam 1950 in die USA, ein Wrack von einem Menschen. Und sie hat auch nur noch anderthalb Jahre gelebt. Aber was hätten die beiden auch tun sollen, sie musste doch das Geld verdienen. Und es wäre unmöglich gewesen, wenn er dort länger gewohnt hätte.

Wo ist Ihr Vater hingezogen?
In den Norden Berlins. Es war eine Wohnung einer Jüdin, die bereits nach Auschwitz transportiert worden war. Da waren nicht mehr viele Möbel drin. Meine Mutter hat ihm noch ein Schlafsofa und ein paar Kleinigkeiten gegeben, damit er dort einigermaßen wohnen konnte. Als mein Vater dann in Theresienstadt umkam, hat man ihr diese Möbel nicht einmal zurückgegeben.

Unter welchem Vorwand wurde er festgenommen und nach Theresienstadt geschickt?
Er war Jude, das genügte. Irgendjemand hat wohl der Gestapo gesteckt, dass er immer wieder nach Hause kam. Eigentlich war er immer sehr vorsichtig. Wenn vorn geläutet wurde, ist er aus dem Hintereingang raus. Wenn hinten geläutet wurde, ging er vorn raus. Und eines Tages haben sie vorn geläutet und hinten auf ihn gewartet.

Wohin wurde er gebracht?
Zunächst zur Sammelstelle, ein jüdisches Altersheim nicht weit vom Alexanderplatz.

Was genau wurde ihm eigentlich vorgeworfen?
Es war so: Er hätte wahrscheinlich überleben können, wenn er gesund gewesen wäre. Aber er musste Schwerstarbeit machen, er wurde angestellt, um Lastwagen zu beladen. Das hat er gemacht, solange er konnte. Aber mit einer Angina pectoris ging das nicht gut. Sie müssen bedenken, dass er über 60 war. Und dann hat man ihm auch noch die Medikamente entzogen.

Also wurde er festgenommen, weil er nicht zur Arbeit ging?

Ja, einmal konnte meine Mutter ihn aus dem Heim noch rausholen. Aber beim zweiten Mal ging es nicht mehr.

Wann ist Ihr Vater nach Theresienstadt gekommen?
Er kam wohl am 21. Februar 1944 in Theresienstadt an, und einen Tag später war er tot. Schon der Transport wird einfach zu viel für ihn gewesen sein.

Wie hat Ihre Mutter das erfahren?
Meine Mutter hatte ja einige Bekannte, die bereits in Theresienstadt saßen. Sie hörte nichts mehr von meinem Vater, überhaupt nichts mehr. Und eines Tages bekam sie von einer Frau die Nachricht: „Du fragst mich über Macky" – meine Mutter hat immer Macky zu ihm gesagt –, „Macky ist einen Tag nach seiner Ankunft gestorben." So hat sie es erfahren. Dann hat sie lange nichts gehört, und eines Tages kriegte sie eine Urne mit Asche drin. Das sollte die Asche meines Vaters sein. Die hat sie im Garten vergraben.

Kehren wir noch mal zurück zum 21. Mai 1939. Sie kommen also in England an und werden von dieser Musikerfamilie aufgenommen.
Ja, das Ehepaar Francis, beide Musiker. Er Flötist und sie Pianistin. Sehr nette Menschen. Vorher gab es allerdings noch eine kritische Situation: Der Zug kam in Liverpool-Street-Station an, und wir wurden in einen Wartesaal geführt. Alle Kinder wurden abgeholt, nur ich saß immer noch da, keiner kam, da habe ich schon einen Koller gekriegt: Oh, jetzt werde ich nicht abgeholt. Jetzt bleibe ich sitzen. Aber Mister Francis kam dann eben doch noch. Meine Gasteltern haben sogar

noch im selben Sommer meine Mutter für eine Woche nach England eingeladen, es hieß: „Deine Mutter soll doch sehen, wie du aufgehoben bist." Sie ist danach etwas beruhigt zurückgefahren. Aber als der Krieg ein paar Wochen später ausbrach, wurde die ganze Situation unsicher. Die beiden waren ja freischaffende Musiker und nun plötzlich nicht mehr in der Lage, dieses deutsche Kind zu versorgen, auch finanziell.

Wie lange waren Sie bei der Familie?
Ganz kurz. Ich kam im Mai an, und als der Krieg Anfang September begann, wurde ich mit der Schule aufs Land evakuiert. Wir sind einfach so frisch in die Landschaft reingefahren, die Lehrer wussten noch nicht mal, wo die Kinder alle untergebracht werden konnten. Das war für mich sehr hart. Die erste Entwurzelung von zu Hause, nun gleich die zweite Entwurzlung. Wir wurden ein paar Mal umquartiert und kamen dann in ein sehr, sehr schönes Haus, vier Mädchen, zu zwei Damen, es waren Schwestern. Weihnachten war allerdings sehr traurig. Die anderen Eltern holten all ihre Kinder nach Hause nach London, nur ich musste dableiben. Aber diese beiden Damen haben sich sehr um mich bemüht. Ich wachte eines Morgens auf, Eisblumen am Fenster, so kalt. Ich hatte einen schönen Pyjama, den meine Mutter mir genäht hatte, so rosa – ich sehe das alles noch vor mir. Und ich drehe mich in diesem kalten Zimmer unter der warmen Decke um, und plötzlich höre ich, dass irgendwas runterfällt. Dann gucke ich, und es sind lauter kleine Geschenke gewesen. Die Nachbarn, die Leute im Haus, alle hatten mich beschenkt. Ich hatte auch eine wunderbare Musiklehrerin. Sie hatte mich dem Kantor in der Chichester Cathedral anvertraut, und

dann durfte ich mit dem Chor vorn am Altar mitsingen.

War Ihr Gesangstalent damals schon entdeckt worden?
Ich habe immer sehr viel gesungen, schon in der Jugendmusikschule Jöde. In der Schule haben wir Kanons vorgetragen. Das war immer eine Leidenschaft von mir. Ich wollte immer Opernsängerin werden. Immer.

Nie ein anderer Wunsch?
Nein, Opernsängerin. Aber in mir steckt auch ein – wie hat man mich genannt? – Komödiantenteufelchen. Ein Komödiant, das bin ich sicher gewesen auf der Bühne. Das kam dazu. Aber dann fing die Schule im Januar wieder an. Und eines Tages hat mir die Head Mistress eröffnet, dass ich leider die Schule verlassen müsse, weil die Familie Francis nicht mehr zahlen könne.

Also standen Sie mit nicht einmal 15 Jahren auf der Straße?
Nicht ganz, man brachte mich in eines dieser sogenannten Hostels. Da waren wir etwa 30 Mädchen in einem Haus, und wir wussten, jetzt hieß es Geld verdienen.

Also wieder ein neuer Anfang…
Und eine neue Entwurzelung. Aber ich hatte immer Freundinnen, vor allem eine Wienerin, mit der teilte ich ein Zimmer, sie war meine Bezugsperson. Tilde Kress hieß sie, jetzt lebt sie in Israel.

Und womit haben Sie Geld verdient?
Ich bekam eine Stelle als Lehrling in einer Schneiderwerkstatt in der Curzon Street am Green Park. Da habe ich angefangen, war aber nicht sehr lange da, es war so langweilig, immer nur Stecknadeln aufzusammeln. Das Schlimmste war für mich das Telefonieren. Wenn jemand so ein richtiges Cockney-Englisch sprach, dann verstand ich gar nichts. Also habe ich mich davor immer gedrückt – und wurde ziemlich bald gekündigt. Später habe ich in einer Herrenschneiderei in Soho gearbeitet.

Hatten Sie eigentlich noch Kontakt zu Ihren Eltern?
Ja, es gab diese Briefe, diese 25-Wort-Messages, die vom Roten Kreuz zwischen den kriegführenden Ländern übermittelt wurden. Eines Tages kam so ein Brief von meinem Vater und darin hieß es: „Melde dich mal bei Frau Kirschner" unter der und der Adresse. Das war eine alte Familienfreundschaft. Und Frau Kirschner hat dann gesagt: „Wenn du bei uns wohnen willst, kannst du ganz billig wohnen, aber du musst ein bisschen im Haushalt helfen." Und da habe ich gesagt: „Das mache ich gern, aber ich gehe nicht ohne meine Freundin Tilde."

Also Ihre vierte Station.
Aber ein großer Fortschritt. Das war ein ausgesprochen musikalisches, künstlerisches Haus. Frau Kirschner hat bis ganz spät im Leben Klavier gespielt und ihren wunderbaren Flügel meinem Mann vererbt. Sie hat Frithjof sehr verehrt.

Hat Sie auch dafür gesorgt, dass aus Ihnen eine Sängerin wurde?
Sie hat dafür gesorgt, dass ich überhaupt etwas gelernt habe. Ich habe nach dem Krieg alles

Mögliche probiert, war an der Kunsthochschule und bin dann aber nach Amerika gegangen. Dort studierte ich Gesang am Peabody Conservatory in Baltimore. Um dies zu finanzieren, habe ich in einem großen Warenhaus in Baltimore gearbeitet, bin dort sogar Einkäuferin geworden…

Sie haben tagsüber gearbeitet und abends studiert?
Ja. Als meine Mutter nach Amerika kam, konnte sie das überhaupt nicht verstehen. Sie sagte: „Du arbeitest zu viel." Aber anders war es gar nicht möglich. Ich bin morgens früh um sechs aufgestanden und habe geübt, geübt und dann gearbeitet, bin manchmal nach New York gefahren, habe dort eingekauft, bin wieder zurück, gerade rechtzeitig für die Opernklasse. Aber immerhin habe ich ja auch sieben Jahre bis zum Examen gebraucht.

Warum sind Sie nach Deutschland zurückgekommen?
Mein Professor hatte mit gesagt: „Du musst zurückgehen. Du musst dich entwickeln. Das kannst du nur in Deutschland. Da ist in jeder Stadt eine Oper." Also bin ich 1953 zum Vorsingen hierher gefahren, habe an verschiedenen Häusern vorgesungen – und ein Engagement als Koloratursopran in Karlsruhe bekommen…

Und dann auch hier Ihren Mann kennen gelernt?
Ich habe ihn sehr schnell kennen gelernt, weil er ja der Studienleiter und Kapellmeister war. Aber wir haben uns viel später angefreundet, ich glaube 1958/59, geheiratet haben wir erst 1960.

Wenn Sie auf Ihr Leben zurückblicken, dann haben Sie Schreckliches mitgemacht, aber dank der Musik auch sehr viel Schönes. Hat Ihnen die Musik, wenn man das so sagen kann, bei der Bewältigung der dunklen Kapitel geholfen?
Wissen Sie, wenn man Kind ist, dann geht man in diese Erlebnisse ganz anders rein. Während mein Vater und meine Mutter oft völlig verzweifelt waren, hatte ich eher das Gefühl: „Oh, jetzt gibt es ein neues Kapitel, ein neues Abenteuer." Die Eltern haben das ja auch unterstützt. Gerade mein Vater: „Wunderbar. Jetzt wirst du Porridge essen müssen, was du doch nicht magst, und Bacon und Eggs musst du essen. Das willst du doch auch nicht. Aber du wirst irgendwann einen Lord heiraten." Also dem Kind diese Schwellenangst zu nehmen und dieses Gefühl des Aufbruchs und der Abenteuerlust anzuregen, diese Freude am Neuen, das haben sie schon versucht. Rückblickend, wenn ich denke, dass ich meine Kinder mit 14 in die Welt hätte schicken müssen: Das war ein solches Opfer für meine Eltern, das kann man gar nicht genug würdigen. Dankbar bin ich aber auch der damaligen englischen Regierung. Denn sie hat es möglich gemacht, dass ich überleben konnte.

Adam Daniel Rotfeld

„Am Anfang war das Wort"

Der polnische Diplomat und Politiker
Adam Daniel Rotfeld über die Zerstörung
seiner Familie durch den Nationalsozialismus und die Belastung des deutsch-
polnischen Verhältnisses durch die Ver-
triebenenverbände

Adam Daniel Rotfeld wurde 1938 in der Nähe von Lemberg in der heutigen Ukraine geboren. Sein Vater vertraute ihn 1941 einem Kloster an, wo er den Holocaust überlebte; seine Eltern wurden hingerichtet. Nach einer Karriere im diplomatischen Dienst amtierte er im Jahr 2005 zehn Monate als polnischer Außenminister.

Herr Rotfeld, vor mehr als 60 Jahren kapitulierte Hitler-Deutschland. Im Laufe des Krieges hatten deutsche Soldaten auf polnischem Boden unbeschreibliche Verbrechen begangen. 50 Jahre später, nach dem Zusammenbruch des Ostblocks, wurde Deutschland Polens wichtigster Fürsprecher, als sich Warschau um eine EU-Mitgliedschaft bewarb. Wie sehen Sie das Verhältnis der beiden Länder heute?
Die deutsch-polnischen Beziehungen sind – obwohl wir heute gemeinsam der EU angehören – noch stark von den Lasten der Vergangenheit geprägt. Oft hört man, das Verhältnis der Deutschen zu den Franzosen könne Vorbild sein für unsere Beziehungen. Ich glaube aber nicht, dass dies in den nächsten Jahren schon möglich sein wird. Denn zwischen Frankreich und Deutschland gibt es weit weniger historische Belastungen. Deutschland verlor an Polen einen erheblichen Teil seines Territoriums. Es gibt noch immer Menschen, die Stettin, Breslau, Hirschberg und Grünberg als deutsche Städte kennen.

Die Generation der Vertriebenen stirbt aber langsam aus.
Ein weiterer wichtiger Unterschied liegt in der Psychologie: Die Deutschen haben gegenüber den Franzosen einen Minderwertigkeitskomplex, den Polen gegenüber aber einen Überlegenheitskomplex. Unser Glück ist jedoch, dass Deutschland schon lange von Menschen guten Willens regiert wird. Die deutschen Eliten haben viel Verständnis und eine große Sensibilität für Polen.

Das gilt vor allem auf der politischen Ebene der Staatsmänner. Ansonsten herrscht noch immer große Nervosität.

Das stimmt. Der Prozess der Versöhnung ist dem Fahrradfahren sehr ähnlich. Man muss die ganze Zeit in die Pedale treten, sonst bleibt man stehen und kippt womöglich um. Für uns sind vor allem die Aktivitäten von Erika Steinbach ein Ärgernis.

Die Vorsitzende des Bundes der Vertriebenen will ein Gedenkzentrum gegen Vertreibung errichten. Und das ausgerechnet mitten in Berlin, also dicht beim Holocaust-Denkmal. Das ist für niemanden in Polen zu akzeptieren. Da sprechen wir mit einer Stimme – nicht nur national-katholische Rechte sind aufgebracht, sondern sogar Leute wie einer meiner Amtsvorgänger, Wladyslaw Bartoszewski, der sich sehr für den deutsch-polnischen Ausgleich engagiert.

Aber Frau Steinbach und die Aktivitäten von Vertriebenenorganisationen sind in der Bundesrepublik nur Randphänomene, die das Verhältnis zu Polen nicht belasten sollten. Die Mehrheit der Deutschen will von den Vertriebenenverbänden nichts wissen. Ich fürchte mich auch nicht vor Erika Steinbach. Das Thema der Vertreibungen ist für sie doch nur ein politisches Vehikel. Ohne das gäbe es sie gar nicht in der politischen Szene Deutschlands. Aber ihre Parolen sind dennoch gefährlich. Karl Marx und Friedrich Engels schrieben in ihrem Kommunistischen Manifest: „Ein Gespenst geht um in Europa." Damals war das der Kommunismus, heute ist es der Populismus. Der ist überall eine große Gefahr.

Auch in Polen?
Ganz gewiss. Bei uns zwingen Leute wie der Bauernführer Andrzej Lepper oder rechte Hardliner der Politik ihre Sprache und ihre Themen auf.

Ihre antideutsche Polemik fällt auf fruchtbaren Boden, denn der Einigungsprozess Europas löst bei vielen Leuten die Angst aus, sie könnten ihre Identität verlieren.

Die Deutschen beschäftigen sich seit ein paar Jahren stärker mit ihrer Rolle als Opfer des Zweiten Weltkriegs, etwa von Vertreibungen oder Bombenkrieg. Beunruhigt Sie das?
Ich glaube, die Deutschen haben ein Recht darauf, über ihr Leiden zu sprechen. Das ist historisch und psychologisch notwendig. Aber die Kausalitäten dürfen nicht verdreht werden. Es darf kein verzerrtes Geschichtsbild entstehen. Hitler wurde den Deutschen nicht aufgezwungen, er wurde gewählt. Das Schlimmste, was passieren könnte, wäre, wenn ein Zentrum der Vertriebenen in Sichtweite des Holocaust-Denkmals im Bewusstsein der Menschen die deutsche Schuld aufwiegt. Wir Polen fürchten, dass die Deutschen den Zweiten Weltkrieg demnächst als einen Krieg wahrnehmen, unter dem vor allem zwei Opfergruppen gelitten haben: die Juden und die Deutschen.

Neuerdings melden sich in der Bundesrepublik wieder Rechtsradikale lauter zu Wort, auch antisemitische Tendenzen sind zu beobachten. Die NPD ist in den sächsischen Landtag eingezogen. Erfüllt Sie das mit besonderer Bitterkeit?
Sicher ist, dass es einen neuen Antisemitismus gibt, der sich in einer extrem kritischen Haltung gegenüber Israel äußert. Antisemitismus besteht darin, zu glauben, dass die Juden die Welt regieren. Antisemiten glauben, dass Juden die Wall Street und die Massenmedien dominieren und Hollywood. Oder, dass sie hinter den Revolutio-

nen stehen, angefangen bei der in Frankreich, bis hin zum Bolschewismus. Die Menschen brauchen offenbar ein Feindbild. Der Antisemitismus ist nicht durch Aufklärung zu bekämpfen. Das ist eine Frage der Erziehung und der Religion. Antisemitismus tritt oft da auf, wo die Religion an Bedeutung verliert.

Aber es gibt doch gerade in Polen einen katholischen Antisemitismus. Die Juden haben Jesus umgebracht, lautet dessen Parole.
Natürlich gab und gibt es das. Aber die Religion wendet sich in der Regel dem Guten im Men-

schen zu, für sie sind selbst die Nazis gefallene Engel. Deshalb wirkt sie dem Bösen, dem Antisemitismus, entgegen. Sie stellt gewisse Tabus auf, darauf beruht unsere Zivilisation. Die katholische Kirche in Polen bekämpft heute den Antisemitismus.

Sie gehören sogar zwei Opfergruppen an. Die Nazis haben Ihre Familie ermordet, weil sie jüdischer Abstammung war. Sie selbst wurden aus Ihrer Heimat bei der Stadt Lemberg, dem heute ukrainischen Lwiw, vertrieben.
Ich habe diesen Krieg überlebt, ich hatte großes

Glück. Und heute sehe ich auch meine Umsiedlung nach Polen als Glücksfall. Viele meiner Landsleute aus den alten polnischen Gebieten im Osten, die heute zur Ukrainie gehören, denken ähnlich. Schließlich entgingen sie dem Leben in der Sowjetunion. So eine Sichtweise würde wohl einen deutschen Vertriebenen wundern. Aber man kann es doch auch mal so sehen: Das Los der Deutschen, die nach Westdeutschland umgesiedelt wurden, wäre viel härter gewesen, wenn sie in der Volksrepublik Polen geblieben wären.

Erinnern Sie sich daran, welche Sprache Ihre Eltern zu Hause sprachen?
Sie schrieben zumindest ihre Briefe untereinander auf Deutsch. Meine Schwester, die elf Jahre älter war als ich, hat das später herausgefunden. Nach dem Krieg ging sie einmal zu unserem Haus. Dort wohnten mittlerweile Ukrainer. Sie bat um irgendein Andenken und bekam ein Fotoalbum. Darin fanden sich auch Briefe meiner Eltern an Freunde und Verwandte, und diese Briefe waren auf Deutsch.

Welches Verhältnis hatten Ihre Eltern zur deutschen Kultur?
Jahre nach dem Krieg bin ich während eines Urlaubs am Strand zufällig mit jemandem ins Gespräch gekommen. Und es stellte sich heraus: Der kannte meinen Vater. Denn sein Vater war der Leiter des Postamts in Przemyślany, wo wir wohnten. Als die Wehrmacht 1941 vorrückte, flohen die Menschen aus unserer Gegend nach Osten. Der Postbeamte schlug meinem Vater vor, mitzukommen. Der jedoch lehnte ab: „Wissen Sie, ich kenne die Deutschen, das ist eine Nation auf sehr hohem Zivilisationsniveau, die Bolsche-

wisten aber sind Barbaren", soll mein Vater erwidert haben. Und blieb. Wenn meine Eltern geflohen wären, hätten sie vielleicht überlebt. Mein Vater – so wurde mir berichtet – lehnte immer die Bolschewisten und die Nazis ab, nie jedoch die Deutschen oder die Russen insgesamt. Damit hatte er recht.

Sie haben den Zweiten Weltkrieg versteckt in einem Kloster überlebt. Woran erinnern Sie sich?
Es war Spätherbst, wahrscheinlich Anfang Dezember 1941. Die Leitung des griechisch-katholischen Studitenordens, dessen Anwalt mein Vater vor dem Krieg gewesen war, schlug vor, die schulpflichtigen Jungen unserer Familie in das Kloster nach Uniow zu bringen, um ihr Leben zu retten. Uniow ist ein Dorf im Karpatenvorland, wunderschön gelegen und sieben Kilometer von meinem Geburtsort Przemyślany, dem heute ukrainischen Peremyschljany, entfernt. Ein Mönch besuchte uns damals. Er wandte sich vor dem Abschied, schon im Türrahmen, an meinen Vater und fragte: „Herr Doktor, vielleicht geben Sie auch Ihren kleinen Sohn in unsere Obhut?" Damals war ich dreieinhalb Jahre alt. Plötzlich begann die ganze Familie hastig mich anzuziehen, zu umarmen und zu küssen. Sie brachte mich in den Hof, wo ein angespannter Wagen wartete. Das war das letzte Mal, dass ich meine Eltern gesehen habe.

Im Kloster blieben Sie unbehelligt, bis die Rote Armee die Nazis wieder vertrieb?
Der Metropolit Andrzej Szeptycki hatte entschieden, dass alle ihm unterstehenden Klöster jüdische Kinder verstecken sollten. Dank dieser Aktion wurden fast 150 Jungen und Mädchen gerettet. 1942 schrieb dieser Szeptycki einen Brief

an den Reichsführer SS Heinrich Himmler mit der Bitte, doch mit dem Morden aufzuhören. Das war natürlich naiv. Zum Glück haben die Nazis das Kloster daraufhin nicht liquidiert.

Aus Ihrer Familie überlebten nur Sie und Ihre Schwester?
In unserer Stadt hatten die Nazis ein Ghetto errichtet, in das immer mehr Juden aus der ganzen Region gebracht wurden. Von dort aus transportierte man sie weiter in das Vernichtungslager Belzec bei Lublin. Mein Vater ahnte, was bevorstand, und flüchtete mit der ganzen Familie in den Wald. Die Rotfelds waren damals sehr bekannt in der Gegend. Viele Verwandte arbeiteten an der Universität in Lemberg, ein Onkel von mir war Abgeordneter im polnischen Sejm. Ein Schuldirektor schlug meinen Eltern vor, in seiner Scheune unterzuschlüpfen. Jemand beobachtete ihn dabei, wie er Essen dorthin brachte und denunzierte ihn bei der ukrainischen Polizei, die mit den deutschen Besatzern kollaborierte. Meine Eltern wurden verhaftet und ermordet. Nur meine Schwester blieb im Wald und überlebte, bis die Rote Armee kam, also drei Jahre lang.

Ganz allein?
Sie war 14 und nur mit einem Nachthemd bekleidet, als sie ging. Es waren noch ein paar andere Leute bei ihr. Meine Schwester blieb nach dem Krieg in unserem Städtchen und arbeitete in einer Alkoholfabrik. Später besuchte sie ein chemisches Technikum.

Was wussten Sie damals über sich? Wussten Sie Ihren wirklichen Namen?
Nein. Im Kloster hieß ich Czerwínski. Bei meiner

Schwester meldete sich 1944 – die Nazis waren gerade verjagt – ein Gefängniswärter. Der hatte meine Eltern vor ihrer Hinrichtung gesehen. Er kannte sie aus Friedenszeiten. Dieser Wächter hatte also zu meinem Vater gesagt: Schreiben Sie einen Brief, ich werde ihn überbringen. Und das tat er auch. Darin verriet mein Vater in verschlüsselter Form, wo ich war.

Hat Ihre Schwester Sie dann abgeholt?
Meine Schwester hatte andere Sorgen. Sie kam irgendwann einmal und sagte mir meinen richtigen Namen. Aber ich blieb in dem Kloster, bis es 1946 von den Sowjets aufgelöst wurde.

Was passierte dann mit Ihnen, Sie waren gerade acht Jahre alt?
Wir Kinder wurden nach Zloczow in ein Heim gebracht. Mir gefiel es da nicht. Also überredete ich zwei Freunde zu fliehen. Wir packten jeder zwei Paar Filzpantoffeln ein und machen uns auf den Weg zurück zum Kloster. 60 Kilometer legten wir im tiefsten Winter zurück. Die Mönche waren noch dort, gingen allerdings in Zivil und nicht in ihrer Ordenstracht ihrem Alltag nach. Sie empfingen uns sehr herzlich.

Wie lange blieben Sie im Kloster?
Im Jahre 1951 kam ich im Rahmen einer Rückführungsaktion für polnische Kinder nach Krakau in ein Heim. Meine Schwester lud ich im Jahre 1955 ein, auch nach Polen zu kommen. Sie hatte eine Tochter, aber ihre Ehe war kaputtgegangen. 1959 durfte sie endlich aus der Ukraine ausreisen. Bald darauf starb sie. Die Jahre im Wald hatten Spuren hinterlassen. Ich war damals 21, studierte an der Jagiellonen-Universität und trug plötzlich

die Verantwortung für die kleine Tochter. Die wollte später Holzbildhauerei erlernen. Ich habe sie nach Zakopane zu einem berühmten Künstler gebracht. Meine Nichte wanderte zehn Jahre später nach Schweden aus.

Sie stammen aus einer Familie der polnischen Oberschicht. Der Krieg hat Sie zu einer Waise gemacht, Sie konnten sich an Ihre Herkunft nicht mehr erinnern. Aber Sie haben der Aufstieg in die gleiche Schicht wieder geschafft. Wie erklären Sie sich das?

Ich glaube, mir hat meine positive Art geholfen. Die meisten Menschen erinnern sich immer nur daran, was ihnen Schlechtes widerfahren ist. Meine Erfahrung ist jedoch, dass man positive Reaktionen bekommt, wenn man selbst positiv auf etwas zugeht. Ich habe auch von Deutschen sehr viel Gutes erfahren. Beispielsweise hat mich der deutsche Wissenschaftler Walther Stützle 1989 an das renommierte Friedensforschungsinstitut Sipri in Stockholm geholt. Später wurde ich zu seinem Nachfolger gewählt.

Wissen Sie, wie es anderen Kindern aus jenem Heim in Krakau ergangen ist, mit denen Sie zunächst zusammengelebt hatten?

Dort kamen viele aus ähnlichen Verhältnissen wie ich. Und etliche haben es ebenfalls geschafft, eine Ausbildung zu absolvieren, gingen an die Universitäten. Viele emigrierten und besetzten hohe Posten in der Welt. Ich habe mich gefragt: Wie ist das möglich? Die Naturwissenschaftler streiten seit Jahrzehnten darüber, was wichtiger für das Fortkommen der Menschen ist – die genetischen Eigenschaften, oder das soziale Umfeld. Mir scheint, die Gene sind wichtiger.

Sie sind von Mönchen christlich erzogen worden. Ist von Ihrer jüdischen Vergangenheit etwas geblieben?
Ehrlich gesagt, nein. Ich hatte als dreijähriges Kind kein jüdisches Bewusstsein. Ich wusste, wir sind verfolgt, aber ich habe das als ganz natürlich hingenommen. Ich wollte mich damals mit dem Kloster und seiner Religion identifizieren. Im vergangenen Jahr war ich sogar dorthin eingeladen, zur Einweihungsfeier einer Kirche. Ich habe eine Rede auf Ukrainisch gehalten.

Sie haben sich während Ihres Berufslebens intensiv mit dem deutsch-polnischen Verhältnis beschäftigt. Welches Ereignis hatte Ihrer Ansicht nach dafür in der Nachkriegszeit größere Bedeutung – der Kniefall von Bundeskanzler Willy Brandt 1972 in Warschau oder die spektakuläre Versöhnungsbotschaft der polnischen Bischöfe aus dem Jahr 1965 an die Deutschen mit dem Titel „Wir vergeben und bitten um Vergebung"?
Am Anfang war das Wort. Das war eine sehr wichtige Sache. Die Bischöfe hatten viel Mut, ihre Aktion war im eigenen Volk überhaupt nicht populär.

Beim Brandt-Kniefall waren Sie sogar dabei. In Deutschland hatte die Geste des damaligen Kanzlers enormes Aufsehen erregt und wurde als wichtiger Schritt in Richtung Versöhnung gewertet.
Ich habe das auch als eine sehr ernste Sache empfunden. Die polnische Propaganda spielte die Bedeutung der Geste allerdings herunter. Und in der Bevölkerung wurde sie auch nicht recht verstanden. Brandt hat sich schließlich vor dem Denkmal für den jüdischen Ghetto-Aufstand 1943 verneigt und nicht vor dem Denkmal des Warschauer Aufstandes von 1944, bei dem mehr

Menschen ums Leben gekommen waren als in Hiroschima. Die Polen sind da sehr sensibel. Leider haben viele westliche Staatsgäste – auch deutsche – die beiden Aufstände in Reden oder Interviews verwechselt.

Als junger Mann hatten Sie schon bald angefangen, die Sprache Ihrer früheren Feinde zu lernen. Heute sprechen Sie fließend Deutsch. Angesichts Ihrer Biografie ist das doch sehr ungewöhnlich.
Ich wollte herausfinden, was mit dem deutschen Volk in der Nazi-Zeit geschehen war. Wie konnte es so weit kommen?

Und haben Sie eine Erklärung gefunden?
Nein. Ich habe jahrzehntelang gesucht und bin nicht viel schlauer geworden. Inzwischen ist mir auch klar geworden warum: Es ist sehr wichtig, sich bewusst zu machen, dass jede Nation in der Lage ist, schlimmste Verbrechen zu begehen, aber auch größte Wohltaten zu vollbringen. Verbrechen hängen nicht von der Nationalität der Täter ab, sondern von dem politischen System, in dem sie begangen werden. Die Polen haben beispielsweise fatale Erfahrungen auch mit den Ukrainern. Während die Deutschen mit industriellen Mitteln mordeten, töteten die ukrainischen Nationalisten mit den Händen. Ich aber verdanke mein Überleben Ukrainern. Gleichzeitig war es ukrainische Polizei, die meine Eltern gefangen nahm und an die Nazis auslieferte. Es stimmt nicht, dass eine Nation das Monopol für Untaten hält und die andere das Monopol für das Gute.

Heinz Berggruen

„Ein wunderbarer Cocktail"

Der Kunsthändler und Sammler Heinz
Berggruen über seine Odyssee von Berlin
über San Francisco und Paris zurück nach
Deutschland

Heinz Berggruen wurde 1914 als Sohn eines Berliner Schreibwarenhändlers geboren und verließ Deutschland bereits 1936. Nach dem Krieg gründete er eine Kunsthandlung in Paris; seit 1996 wird seine Sammlung bedeutender Werke der klassischen Moderne im westlichen Stülerbau am Charlottenburger Schloss in Berlin der Öffentlichkeit präsentiert.

Herr Berggruen, als wir uns vor einigen Wochen für dieses Gespräch verabredeten und ich Ihnen erklärte, dass es im Kontext einer Reihe von Interviews mit Überlebenden des Holocaust veröffentlicht werden würde, da haben Sie entgegnet: „Wieso? Damit habe ich doch gar nichts zu tun."
Ja, das habe ich gesagt.

Aber im Grunde stimmt es doch. Denn wenn Sie Deutschland nicht rechtzeitig verlassen hätten …
… dann würden wir jetzt hier nicht sitzen. Das ist sehr wahrscheinlich, ja, sehr wahrscheinlich.

Hätten Sie Deutschland auch verlassen, wenn die Nationalsozialisten 1933 nicht an die Macht gekommen wären?
Es ist vorstellbar. Ich bin schon vorher, also vor der Machtergreifung, zum Studium nach Frankreich gegangen und habe mich da sehr wohl gefühlt. Aber andererseits kann ich mir auch gut vorstellen, dass ich hier geblieben wäre.

Haben Sie sich schon damals eher als Europäer denn als Deutscher gefühlt?
Absolut, ja. Das ist meine Idealvorstellung. Ich warte auf den Tag – aber ich habe nicht mehr sehr viel Zeit zu warten, man sollte sich beeilen –, an dem es einen europäischen Pass und damit ein vereinigtes Europa gibt.

Sie sind ein deutscher Kunstsammler, der Jahrzehnte in Paris gelebt hat, der eine besondere Vorliebe für den Spanier Picasso hat, aber auch für den in der Schweiz geborenen Paul Klee. Gibt es so etwas wie eine europäische Kulturidentität?
Ich denke, schon. Nehmen Sie all das, was in diesen so verschiedenen Kulturen steckt, ob in der

spanischen, der französischen, der polnischen oder der englischen – und Sie bekommen einfach einen wunderbaren Cocktail. Es hat ja in Amerika geklappt vor 200 Jahren. Warum sollte es nicht auch mit den Vereinigten Staaten von Europa klappen. Ich fände das gut.

Sie haben in den späten dreißiger und dann in den vierziger Jahren in Amerika gelebt und auch die amerikanische Staatsbürgerschaft besessen. Warum haben Sie die wieder aufgegeben?
Aus demselben Grunde. Weil ich einfach das Gefühl hatte, ich gehöre hierher, ich gehöre nach Europa. Amerika ist ein phantastisches, ein sehr aufregendes Land, aber es ist nicht mein Land. Mein Land ist Europa. Das habe ich immer so gespürt.

Und welche Rolle spielt heute Berlin für Sie?
Berlin ist die Stadt, in der ich 1914 geboren wurde, in der ich aufgewachsen bin, in der ich vor allem meine Kultur, meine ersten, wichtigsten Anregungen empfangen habe. Und Berlin ist die Stadt, in der ich heute eine Wohnung habe, die in einem Museum liegt, das nur meinen Bildern gewidmet ist: wunderbar! Aber ich muss ihnen gestehen, dass ich mich auch in Paris – wo ich nach so vielen Jahrzehnten sogar noch etwas mehr zu Hause bin – wohl fühle, mich integriert habe. Auch Frankreich ist meine Heimat.

Haben Sie noch Ihre Wohnung in Paris?
Ja, meine Frau und ich haben eine Wohnung am linken Ufer der Stadt, am Jardin du Luxembourg, eine Wohnung, die wir sehr lieben. Das ist unsere Welt geworden und auch geblieben.

Haben Sie jemals darüber nachgedacht, nach Israel zu gehen?
Man ist ja ständig mit Israel befasst, natürlich. Aber das ist kein Land für mich. Ich bewundere, was die Menschen dort tun. Ich war auch in Israel, aber es ist nicht meine Welt. Es ist einfach nicht meine Welt.

In Israel herrscht bei vielen Menschen die Auffassung vor, dass man als Jude in Deutschland gar nicht leben könne.
Ja, das hat sogar ein israelischer Staatspräsident mal gesagt. Aber da bin ich überhaupt nicht seiner Meinung. Ich bin jetzt seit mehr als neun Jahren hier in Berlin, und ich sehe überhaupt keinen Grund, warum man als Jude hier nicht leben kann. Es wird immer wieder von Antisemitismus gesprochen, den es sicher auch gibt. Aber wenn es ihn gibt, so scheint er hier im Stülerbau, in dem meine Sammlung ausgestellt ist, ausgegrenzt zu sein. Ich habe in all diesen Jahren nicht einmal die Andeutung einer judenfeindlichen Einstellung bemerkt, nicht ein einziges Mal.

In welchem Milieu sind Sie hier in Berlin aufgewachsen?
Dafür gab es ein Wort, das heute vielleicht nicht mehr viel gebraucht wird, nämlich das Reformjudentum. Meine Eltern fühlten sich moralisch verpflichtet, an den höchsten jüdischen Feiertagen – das heißt zweimal im Jahr, zum Neujahrstag und zu Jom Kippur – in die Synagoge zu gehen, mehr aber auch nicht. Mein Vater hat dann tatsächlich einen Zylinder, was damals üblich war, aufgesetzt und meine Mutter ein feines Kleid angezogen. Ich musste mit, ich war ein Einzelkind, also habe ich mich ungeheuer gelangweilt, immer wieder

auf die Uhr geguckt und gedacht: „Wann hört denn das hier auf?" Ich hatte keine Beziehung zur jüdischen Tradition. Schon bei meinen Eltern hätte sie nicht lockerer sein können.

Aber ein Gefühl der Zusammengehörigkeit gab es schon?
Ja, zum Beispiel in meiner Schule, einem sogenannten Reform-Realgymnasium, der Goethe-Schule. Die Klassen waren überfüllt, mit 50 Kin-

dern in der Klasse, und von diesen 50 waren 25 jüdisch. Wahrscheinlich hatte ich zu den jüdischen Kindern eine engere Beziehung als zu den anderen.

Haben Sie bei den anderen Schülern so etwas wie Antisemitismus gespürt?
Nein, absolut nicht. Das war allerdings auch vor 1933, da kam niemand und sagte „du Judenjunge" oder so etwas. Nichts, überhaupt nicht.

Warum sind Sie eigentlich nach Ihrem Studium noch einmal aus Frankreich nach Berlin zurückgekehrt? Schließlich regierten doch hier inzwischen die Nazis.
Meine Eltern sagten: „Wo wir bleiben, kannst du auch bleiben. Das alles ist ein Spuk, das wird vorbeigehen. Der Mann ist verrückt. Der wird abgesetzt werden. Bleib also, hier gehörst du hin so wie wir."

Und wie lange haben Sie das geglaubt?
Ich schrieb ja damals schon für die „Frankfurter Zeitung". Aber eines Tages, 1936, merkte ich: Da läuft irgendwas nicht rund, und es ist besser, wenn du gehst. Nicht dass ich damals eine große politische Weitsicht gehabt hätte, ich hatte einfach einen Instinkt, so ein Gefühl, als junger Mensch.

Haben Sie gemerkt, dass Sie beruflich nicht vorankamen?
Ja. Die Redakteure der „Frankfurter" schrieben mir, sie würden gern weiter meine Feuilletons drucken, aber „mit Rücksichtnahme auf die gegenwärtige Lage" sollte ich auf meinen Namen verzichten und nur mit den Initialen H. B. zeichnen. Ob ich damit einverstanden sei? Mir war es wichtig genug, dass sie mich druckten, also sagte ich ja. Aber es hat mir nicht gefallen. Für mich war es ein Zeichen: „So, jetzt solltest du deinen Koffer packen und weggehen."

Und warum sind Sie diesmal nach Amerika gegangen?
Amerika war eben das Land, bei dem man sich einen Neuanfang vorstellen konnte. Es ist ja ein von Emigranten aufgebautes Land, in unerhört kurzer Zeit. Und die Menschen haben sich dort sehr schnell assimiliert.

Wie sah dieser Neuanfang bei Ihnen aus?
Ich bin nach Kalifornien gegangen, weil ich ein Stipendium für Berkeley hatte, genau 600 Dollar im Jahr, ich weiß es noch genau. Das sind 50 Dollar im Monat, was damals schon nicht genug war. Aber das habe ich dann durch Deutschstunden ergänzt.

Was haben Sie in Berkeley studiert?
Ich hatte meinen Master schon in Toulouse gemacht, in Berkeley studierte ich nun als Post Graduate weiter Kunstgeschichte und Literaturgeschichte – aber nur etwa ein Jahr, weil ich wieder zu schreiben anfing, Englisch natürlich, schlechtes Englisch, aber das wurde korrigiert. Schließlich bekam ich das Angebot, in die Redaktion der besten Zeitung dort einzutreten, den „San Francisco Chronicle". Das habe ich getan.

Und worüber haben Sie geschrieben?
Erinnerungen an Berlin und andere Dinge – was mir so durch den Kopf ging.

Auch über Kunst?
Nein, das kam später, nachdem ich als Kurator zum San Francisco Museum of Art gewechselt war – übrigens auch eine fast unglaubliche Geschichte: Wenn man in Deutschland oder in Frankreich jemanden in einem Museum anstellen will, dann muss der alle möglichen Qualifikationen haben. Und in San Francisco sagte man damals nur: „Na ja, du interessierst dich für Kunst. Komm mal her und fang an." So war das da.

Sie waren damals gerade mal 25 Jahre alt.
Genau. Und ich war sehr stolz, denn man hat mir gleich am Anfang erlaubt, eine Diego-Rivera-

Ausstellung zu machen, samt Katalog. *(Berggruen geht zum Regal und holt den Katalog.)* Sieht doch gut aus, oder?

Ein modernes Layout, das könnten Sie noch heute so veröffentlichen.
Vielleicht. Am Ende steht mein Aufsatz über Rivera und Kalifornien, auf den ich sehr stolz war. Meinen Namen habe ich da schon mit „ue" geschrieben, früher war es ja ein „u" mit Pünktchen, also ein „ü".

Mochten Sie die Bilder des mexikanischen Malers Diego Rivera?
Ja, doch. Heute habe ich schon eine distanziertere Haltung.

Das habe ich mir gedacht. Riveras Malerei ist doch sehr zeitgebunden, politisch.
Aber deswegen war er ja damals sehr im Gespräch, er hat diese Riesenfresken gemalt, revolutionäre Szenen. Und es gab politische Probleme, weil er links sehr engagiert war.

Und wie standen Sie zu seinen politischen Auffassungen?
Die haben mich gar nicht interessiert. Was mich interessiert hat, war seine Frau. Das war das Politikum in unserer Beziehung.

Sie meinen Frida Kahlo.
Er hat uns beide zusammengebracht. Er hat mich eines Tages zu ihr ins Krankenhaus geführt und sie mir vorgestellt. Er war der Vermittler.

Das heißt, Sie hatten eine Affäre mit ihr.
Es war sehr intensiv, sehr intensiv. Wir haben vier Wochen in New York verbracht. Für mich war schon das natürlich sehr aufregend, überhaupt New York zu erleben und dann noch mit einer wunderbaren Person, das war schon was. Aber dann ist Frida zu Diego zurückgekehrt.

Wie beurteilen Sie heute die Kunst von Frida Kahlo?
Sehr reizvoll, sehr persönlich. Ich schätzte die Kunst von ihr sehr viel mehr als etwa die Riveras. Damals war es umgekehrt. Heute würde ich sehr gern ein gutes Bild von ihr erwerben. Ich habe keines.

Hatten Sie jemals ein Bild von ihr in Ihrer Sammlung?
Nein, als ich mit ihr zusammen war, wusste ich nur andeutungsweise, dass sie auch malte. Aber was und wie, davon hatte ich keine Ahnung. Ich sah nie etwas.

Was haben Sie damals vom Krieg in Europa mitbekommen?
Zunächst wenig. Aber das änderte sich nach Pearl Harbor im Dezember 1941. Ich war einer der Allerersten, die damals eingezogen wurden, schon Anfang '42. Es wurden zunächst nur ledige junge Männer eingezogen und solche, die mit einer Frau verheiratet waren, die finanziell unabhängig war. Und das war mein Fall. Man hat mich gleich geholt.

Sie wirken so unglaublich zivil. Als Soldat kann man sich Sie gar nicht vorstellen.
Ja, das konnte ich auch nicht. Aber ich hatte keine Wahl. Am Anfang war der Dienst allerdings ungeheuer langweilig. Die wussten noch gar nicht,

was sie mit all diesen jungen Menschen anfangen sollten. Die Dinge wurden überhaupt erst aufregend, als ich nach Europa auf einem Truppenschiff zurückkam, 1944, gegen Ende des Krieges.

Können Sie sich daran erinnern, wann Sie das erste Mal wieder deutschen Boden betreten haben?
Ich denke, es war vor dem 8. Mai 1945. Aber erstaunlicherweise war mir gar nicht bewusst, wann genau der Krieg aufgehört hatte. Es war ein solches Durcheinander.

Wie hat das zerstörte Deutschland auf Sie gewirkt?
Es war sehr deprimierend natürlich, vor allem Berlin. Zuerst habe ich mein Geburtshaus gesucht und das Haus gegenüber mit dem Schreibwarengeschäft meines Vaters in der Konstanzer Straße. Das Elternhaus war völlig kaputt. Völlig zerbombt.

Was war aus Ihren Eltern geworden?
Sie hatten Deutschland gerade noch rechtzeitig verlassen.

Aber Sie sind dann nach dem Krieg auch nicht in Berlin geblieben?
Nein, ich wurde nach München abkommandiert. München hatte für mich eine sehr viel angenehmere Atmosphäre, dort war ja viel weniger zerstört. Ich wurde beauftragt, eine Zeitschrift namens „Heute" mitherauszugeben, die für die „Entnazifizierung" der Deutschen sorgen sollte, ein schreckliches Wort. Man war plötzlich der Eroberer, der den Deutschen beibringen sollte, wie man sich demokratisch verhält.

Wie haben die besiegten Deutschen auf Sie gewirkt?
Ich hatte das Glück, dass die, denen ich begegnete, sehr sympathisch, sehr angenehm waren. Zum Beispiel Erich Kästner. Er arbeitete bei uns Amerikanern, ein wunderbarer Mann. Sehr diskret, sehr bescheiden, sehr zivilisiert.

Wie wird denn aus einem in München arbeitenden amerikanischen Journalisten deutscher Herkunft am Ende ein Kunsthändler in Paris?
Es war schon etwas ungewöhnlich, das gebe ich zu. In meiner Münchner Zeit hatte ich Kontakt zu vielen interessanten Leuten, auch solchen, die dringend Geld brauchten, aber nur Bilder besaßen, und die dann zu mir kamen und mich fragten: „Können Sie uns helfen?"

Und Sie konnten?
Als amerikanischer Offizier konnte ich vor allem über die Grenze, wohin auch immer. Man durfte zu der Zeit als Deutscher nicht einmal ins Ausland schreiben. Dann kamen natürlich meine Erfahrungen aus San Francisco hinzu. Schon in München konnte ich einige sehr schöne Klees erwerben. Damals habe ich einfach gespürt, dass ich mich in dieser Kunstwelt ganz gut zurechtfand, dass ich ein Gefühl für die Beurteilung und Schätzung von Werten hatte. Schließlich wurde nach anderthalb Jahren unsere Zeitschrift eingestellt. Damals habe ich dann tatsächlich beschlossen, mir als Kunstkritiker oder als Händler eine neue Karriere aufzubauen.

Können Sie sich noch an Ihre Premiere als Händler erinnern?
Ja, ich arbeitete zunächst in der Kulturabteilung der Unesco in Paris – eine gutbezahlte, aber sehr langweilige Angelegenheit. Eines Tages betrat ich einen Kunstbuchladen, der von drei russischen

Schwestern geleitet wurde, wie bei Tschechow, alle drei ganz reizend. Und die verkauften mir eine seltene, wunderbare Mappe mit Original-Lithos von Toulouse-Lautrec. Weil ich damals noch sehr bescheiden wohnte, bat ich die Damen, die Mappe vorläufig aufzubewahren. Ich war aber jede Woche dort zum russischen Tee. Und nach etwa einem Jahr haben die Damen mir berichtet, ein Kunde, ein großer Lautrec-Sammler, sei bereit, mir für diese Mappe genau den doppelten Preis zu zahlen. Das hat mich sehr in Versuchung geführt, und ich habe gesagt: „Ja, her damit."

Eine indiskrete Frage: Hat man ein schlechtes Gewissen, wenn man ein Bild für den doppelten Ankaufspreis verkauft?
Gekauft habe ich die Mappe damals, daran erinnere ich mich noch, für 1000 Dollar, und verkauft habe ich sie für 2000 Dollar. Das ist ja ganz schön so als Verdienst. Und da die Kunstwelt eine kleine Welt ist, habe ich sehr schnell in dieser Weltstadt Paris auch den Käufer kennen gelernt, einen der Charell-Brüder. Die Brüder Charell hatten vor dem Krieg ein erfolgreiches Revuetheater in Berlin. Wir haben uns dann sogar angefreundet.

Aber Sie haben meine Frage nicht beantwortet: Hat man dabei ein schlechtes Gewissen?
Ich hatte überhaupt kein schlechtes Gewissen, nein, wirklich nicht. Ich habe auch kein schlechtes Gewissen gehabt, als Rudolf Augstein Jahre später zu mir in die Galerie kam und zwei oder drei Lithographien von Chagall gekauft hat. Augstein war sehr zufrieden damit. Das allein zählt doch.

Wenn Sie auf Ihren Start als Kunsthändler zurückblicken: Mit welchem Geschäft haben Sie Ihren Durchbruch erzielt?
Eine Galerie setzt sich nicht über Nacht durch, das dauert Jahre. Aber sehr wichtig waren sicher die neun Abgüsse des berühmten Kopfs von Fernande aus dem Jahr 1909 von Picasso. Ich habe 1960 einen kleinen Vertrag mit ihm gemacht, handgeschrieben, heute bräuchte man eine ganze Batterie von Anwälten, um das hinzukriegen. Neun Güsse wurden gemacht, und das Honorar für Picasso, seine Beteiligung, waren drei Güsse. Ich bekam sechs Güsse.

Verzeihen Sie die naive Frage: Warum hat Picasso das nicht selbst gemacht?
Um diese Güsse zu machen, braucht man den Gips, das Original. Und das war im Besitz der Erben des großen Kunsthändlers Vollard.

Und an den kam auch Picasso nicht mehr ran?
Die Vollard-Erben waren zu mir gekommen und fragten: „Kann man da eine zweite Auflage machen?" Vollard selbst hatte ja die erste Auflage herstellen lassen. Picasso hatte keinen Zugang zu dem Gips – ich konnte ihm nun helfen.

Was war Picasso für ein Mensch?
Wunderbar.

War er nicht sehr egoman?
Alle großen Künstler sind das, glaube ich, alle, auf allen Gebieten. Aber er war gleichzeitig unerhört menschlich. Er war großartig, sehr gescheit, sehr spontan. Man hat so viele dumme Sachen über ihn gesagt und geschrieben: Dass er die Frauen grässlich behandelt hat, dass er ein Weiberheld

war. Das ist dummes Zeug. Verheiratet war er mit nur einem: seiner Kunst. Alles andere war Beiwerk, auch die Frauen, mit denen er zeitweise lebte.

Der Kopf von Fernande steht auch hier im Stülerbau, zusammen mit vielen weiteren Werken von Picasso, Klee und anderen Künstlern. Sie haben Ihre schöne Sammlung der Stiftung Preußischer Kulturbesitz für einen sehr günstigen Preis anvertraut. Nach all dem, was Ihnen und Ihrer Familie widerfahren ist, hätte man doch eigentlich Ihnen eine Sammlung überlassen müssen.

Das haben Sie gesagt, nicht ich. Aber Sie mögen recht haben.

Ruth Klüger

„Wien schreit nach Antisemitismus"

Die Germanistin Ruth Klüger über ihre
Autobiografie „weiter leben" und ihren
Lebensweg von Wien über Theresienstadt
und Auschwitz nach Kalifornien

Ruth Klüger wurde 1931 in Wien geboren und überlebte zusammen mit ihrer Mutter die Inhaftierung in mehreren nationalsozialistischen Konzentrationslagern; der Vater wurde im Baltikum ermordet. Nach ihrer Emigration im Jahre 1947 studierte sie in den USA und lehrte bis zu ihrer Emeritierung als Professorin für Germanistik an der University of California in Irvine.

Frau Klüger, Sie forschen an der University of California in Irvine, und Sie waren Gastdozentin an der Universität Göttingen. Fahren Sie zuweilen auch in Ihre Heimatstadt Wien?
Ja.

Aber mit anderen Gefühlen als nach Göttingen?
Ja, das ist das Merkwürdige – wie soll ich das sagen? Man ist so persönlich programmiert, dass man seine eigenen Erfahrungen instinktiv einsetzt, anstatt ein bisschen nachzudenken. Göttingen ist für mich keine Nazi-Stadt, obwohl ich weiß, dass Braunschweig ganz in der Nähe liegt…

Wo Hitler 1932 eingebürgert worden ist.
Genau. Aber Wien schreit nach Antisemitismus. Also jeder Pflasterstein ist antisemitisch für mich in Wien. Ich wäre ja, wenn ich nicht mit meiner Mutter und ihrer Freundin rechtzeitig geflohen wäre, kurz vor Kriegsende fast noch in Bergen-Belsen gelandet. Und das ist, zumindest wenn man aus Irvine nach Deutschland schaut, nicht weit von Göttingen entfernt. Ich bin da aber nie hingegangen, ich gehe nicht in diese KZ-Stätten.

Für Sie sind solche Gedenkstätten auch sicher nicht gedacht.
Trotzdem, das ist nicht mein Lager.

Sie fahren aber, um darauf zurückzukommen, zuweilen nach Wien?
Ich habe dort auch eine Gastprofessur gehabt. Das war unangenehm. Die Kollegen waren unmöglich.

Und Sie glauben, der Antisemitismus steckt dieser Stadt immer noch in den Poren, den wird sie nicht los?

Den wird sie nicht los. Den will sie auch gar nicht loswerden, habe ich das Gefühl. Als man mich eingeladen hatte, bin ich mit dem Gefühl dahingegangen: „Das ist die Universität, an der dein Vater studiert hat." Und in den ersten paar Wochen hat mich immer die Idee verfolgt, mein Vater stehe hinter mir. Was würde der jetzt sagen? Und nach ein paar Monaten habe ich gewusst, was er sagen würde. Er würde sagen: „Schön blöd bist du, hierher zu kommen."

Den deutschen Lesern sind Sie nicht nur als Germanistin, sondern vor allem als Autorin des Erinnerungsbuches „weiter leben" bekannt. Hatte diese Auseinandersetzung mit der eigenen Lebensgeschichte so etwas wie einen Katharsiseffekt?
Nur insofern, als die Last oder besser noch das Gefühl einer Pflicht, diese Erfahrungen aufzuschreiben, das ich jahrelang mit mir herumgetragen habe, nun von mir gewichen ist. Es hat mich dann sogar noch zehn weitere Jahre lang begleitet, weil ich es selbst noch ins Englische übersetzen wollte.

Damit Ihr Sohn es auch lesen kann? Sie haben mal in einem Interview gesagt, er habe sich darüber beklagt, dass er die Lebensgeschichte seiner Mutter nicht kenne, weil die nur auf Deutsch erschienen sei.
Ja.

Und jetzt hat er das Buch gelesen?
…und war ganz angetan. Er hat sich eine ganze Kiste davon gekauft und hat die Bücher wie Gummibärchen verschenkt.

Er war sicher stolz auf Sie.
Aber das Merkwürdige mit der englischen Fassung war ja, dass ich warten musste, bis meine Mutter gestorben war. Ich konnte es nicht früher machen. Meine Mutter ist erst im Alter von 97 gestorben, im Jahre 2000, hier in Kalifornien. Und erst als sie tot war, konnte ich das fertig übersetzen und noch ein paar Seiten hinzufügen. Da war ein Bruch.

Die Leser von „weiter leben" dürften den Eindruck gewonnen haben, dass Sie ein ebenso symbiotisches wie gespanntes Verhältnis zu Ihrer Mutter hatten. War das eine Folge der frühen Isolation in Wien?
Vielleicht. Sie dürfen nicht vergessen: Ich war noch keine sieben Jahre alt, als Hitler in Österreich einmarschiert ist. Ich war in der ersten Klasse. Mit dem Einmarsch der Deutschen fange ich überhaupt erst an, mich intensiv zu erinnern, weil diese Eindrücke ja auch rasant waren, jeden Tag irgendwas Neues. Wir jüdischen Kinder wurden aus der Schule ausgeschlossen, kamen erst in die eine jüdische Schule, dann in eine andere. Ich glaube, ich war in vier Jahren in sieben Schulen. Und ich habe natürlich nichts gelernt.

Umso intensiver war bestimmt die Bindung an Ihre Eltern.
Nein, die Erwachsenen waren für uns Kinder generell nicht sonderlich zugänglich. Es ist ja klar, die waren alle miteinander nervös; sie wussten nicht, was noch kommen würde. Also hat man sich tunlichst von denen ferngehalten, mir blieb nur das Lesen.

War Ihre Familie religiös?
Nein, gar nicht. Auf der mütterlichen Seite war

ein Frommer und Kluger. Der hat das Pessach-Fest gemacht. Da ist man dann hingegangen.

Der wusste, wie es geht?
Der wusste, wie es geht, ja. Und es war nicht immer angenehm. Mein Vater hat sich mit seiner Schwägerin gestritten und ist einmal rausgelaufen, hat die Tür zugeschlagen. Die Schwägerin fand, 13 dürften nicht am Tisch sitzen. An hohen Feiertagen ist man in die Synagoge gegangen. Und das dürfte schon eine orthodoxe gewesen sein, dort wurde auf Hebräisch gebetet, und die Frauen saßen auf dem Balkon. Das Gefühl, Jüdin zu sein, war sehr stark da, aber es hat wenig zu bedeuten gehabt. Chanukka war schön.

In Ihrem Buch schreiben Sie: „Ich muss gestehen, dass ich tatsächlich eine sehr schlechte Jüdin bin." Haben Sie das auch damals schon so empfunden?
Nein, da war ich schon noch gottgläubig und bin dann sehr gern Zionistin geworden, als ich acht war und herausgefunden habe, dass es das gibt. Das ist die einzige Ideologie, der ich mich je verschrieben habe. Und das geht nicht weg. Das steckt sehr tief in mir drin.

Die Politik ist 1938 durch den sogenannten Anschluss Österreichs an Hitler-Deutschland in Ihr Leben eingetreten?
Die Familie war sozialdemokratisch.

Da kam ja alles zusammen, was den Nazis verhasst war.
Das war eigentlich schon egal. Denn natürlich hat man meinem Vater sofort die Lizenz entzogen, und er konnte dann nur noch jüdische Frauen behandeln…

Ihr Vater war Frauenarzt.
Ja, und dann ist er eingesperrt worden, weil er wohl illegal eine Abtreibung durchgeführt hat, so habe ich es in der Familie gehört.

Dazu findet sich eine Passage in Ihrem Buch, die mich ein bisschen umgetrieben hat: Ihr Vater ist 1938 allein nach Frankreich geflohen…
…und hat meine Familie nicht mitgenommen.

Genau, und warum?
Ich habe später mit einem Cousin in England darüber gesprochen, weil mich das auch umgetrieben hat. „Warum konnte er uns nicht mitnehmen?", habe ich ihn gefragt. Und der hat gesagt: „Bist du völlig unwissend, dass du so was daherredest? Wer hat damals gedacht, dass Kinder und Frauen in Gefahr sind." Und mein Vater war in Gefahr, er musste gehen.

Hat er denn angenommen, dass er zurückkommen könnte?
Ich habe keine Ahnung, ich wollte, ich wüsste es. Ich meine, ich war acht, als ich diesen Mann zum letzten Mal gesehen habe.

Was wurde aus Ihrem Vater?
Ich habe lange angenommen, dass er nach Auschwitz gekommen ist. Aber das war nicht der Fall. Als mein Buch auf Französisch herauskam, hat sich jemand bei mir gemeldet und mir von einem Transport ins Baltikum berichtet. Das waren 900 Männer. Es gibt eine Liste, und der Name meines Vaters war dabei. Na ja, andererseits, wissen Sie, ich habe inzwischen, als ich wieder in Wien war, herausgefunden, dass nur sehr wenige jüdische Kinder in Wien geblieben sind. Die Nazis hätten

mich schon rausgelassen, wenn meine Mutter es zugelassen hätte. Ich hätte also nach England gehen können.

Mit einem Kindertransport?
Ja. Es gab auch illegale Transporte nach Palästina. Aber man kann es wohl keiner Mutter übel nehmen, dass sie ihr Kind behalten will.

Wie lange sind Sie mit Ihrer Mutter in Wien geblieben?
Bis 1942. Dann schickten Sie uns nach Theresienstadt, und dort war es sogar in einer Hinsicht besser: Da hatte ich es wieder mit Menschen zu tun. In Wien musste ich die ganze Zeit im finsteren Zimmer sitzen und lesen, in meiner Not habe ich Unmengen von Gedichten auswendig gelernt. Ich kann die Schiller-Balladen noch immer auswendig. Bitte, fangen Sie nicht mit einer an, sonst höre ich nicht auf.

Keine Sorge. Stimmt es, dass Sie sich diese Gedichte in Auschwitz bei den Appellen aufgesagt haben, um diese Quälerei besser zu überstehen?
Ich erinnere mich daran, ja.

Was zählt zu den wichtigen Erinnerungen aus Theresienstadt?
Man war völlig ausgehungert, aber es ist schwer, solche Erlebnisse mitzuteilen. Hunger kann man eigentlich nicht beschreiben, man kann so zwei, drei Sätze darüber sagen. Dabei war wirklich alles bis Kriegsende vom Hunger durchzogen oder untermauert. Insofern will ich keinesfalls behaupten, dass Theresienstadt ein angenehmer Ort war. Es soll nur darauf hinweisen, dass die Gesellschaft von anderen Jugendlichen

ein Gegengewicht war zu den physischen Strapazen.

Wann haben Sie erfahren, dass die Bedingungen in Auschwitz unvergleichlich schlimmer werden würden?
Noch in Theresienstadt. Deswegen wollten wir dort auch nicht weg. Das mit dem Vernichtungslager wurde zwar noch als Gerücht gehandelt. Aber eines Tages kam eine Gruppe von Kindern aus Bialystok, die fern von anderen Häftlingen gehalten wurde. Man hörte dann, dass die nicht duschen wollten, dass sie sich wahnsinnig davor gefürchtet haben. Die wussten also, das war die Methode.

In „weiter leben" erzählen Sie, dass Ihre Mutter nach der Ankunft in Auschwitz gesagt habe: „Das überleben wir nicht, wir bringen uns um." Sie haben das damals überhaupt nicht begriffen. Haben Sie heute Verständnis dafür?
Ja, aber wirklich erst im Nachhinein. Denn damals schien mir meine Mutter völlig verrückt geworden. Stellen Sie sich vor, wenn Sie zwölf Jahre alt sind und Ihnen Ihre Mutter sagt: „Jetzt gehen wir sterben."

Das war für Sie unverständlich.
Natürlich, ja, mit zwölf Jahren wollen Sie leben. Meine Mutter hat dort teilweise den Verstand verloren, aus guten Gründen. Sie hat sehr schnell wahrgenommen, dass wir in einer unseligen Umgebung gelandet waren. Dass da etwas geschieht, was es noch nie gegeben hat. Andere, normalere Menschen – wenn Sie so wollen – haben hingegen gesagt: „Ja, aber wir sind doch in Mitteleuropa." Das hat eine Frau, die mit uns ankam, wirklich gesagt.

Was Sie schon damals für ein seltsames Argument gehalten haben?

Ja, und meine Mutter hat das eben aus dieser merkwürdigen Paranoia, die sie wahrscheinlich schon vorher hatte – ich weiß es nicht –, abgelehnt und war überzeugt, dass es einem hier an den Kragen geht. Sie war bis an das Ende ihres Lebens noch paranoid. Wir sind mal an einer Unfallstätte vorbeigefahren, und sie hat gesagt: „Siehst du die Polizei, die wollen mich deportieren."

Gut, das kann eine Folge dieser schrecklichen Erfahrungen sein …

Es kann sein. Aber interessanter ist doch die Überlegung, ob Menschen, die paranoid sind, wenn sie wirklich verfolgt werden, besser reagieren als solche, die es nicht sind. Das wiederum widerspräche dann der Theorie von Bruno Bettelheim und anderen, dass ein völlig rationaler Mensch, ein richtig erzogener Mensch wissen würde, wie man in Notfällen und in Krisen richtig reagiert. Dass man sich dann zum Beispiel zu den Partisanen schlägt und sich wehrt. Aber das funktioniert offenbar nicht so. Es sind die Verrückten, die auf verrückte Situationen richtig reagieren.

Eine schöne Theorie, wie Sie sie vielleicht am Beispiel Ihrer Mutter auch beweisen könnten …

Ja, Sie glauben das nicht?

Ich weiß es nicht. Noch einmal zurück zu dieser Frau, die bei der Ankunft in Auschwitz sagt: „Aber wir sind doch in Mitteleuropa." Womit sie wohl sagen wollte, solche Gerüchte wie die von einer Vergasung der Häftlinge seien unglaubhaft. Wie war

das, haben Sie sich damals über die Reaktion dieser Frau gewundert?

Ein bisschen schon. Damals kam ich langsam darauf, dass die Erwachsenen eigentlich weniger wissen als ich. Dass ich den Erwachsenen voraus bin, weil ich in diese Zeit hineingeboren bin und mich nicht anpassen muss.

Das haben Sie schon als Kind gewusst?

Sicher, die Erwachsenen haben fortwährend von Dingen gesprochen, die ich nicht kannte. Alles, was mit einem freien Leben in der Mittelklasse zusammenhängt, und das habe ich ja alles nicht gekannt. Dafür habe ich Vorsicht gelernt, von Anfang an.

Ich finde diesen Unglauben eigentlich sehr vernünftig. Die Frau hat doch nur darauf vertraut, dass eine so fortgeschrittene Kultur wie die deutsche auch zu einer Sensibilisierung der Menschen geführt haben müsste.

Ja und? Dieser Völkermord ist doch in Mitteleuropa verübt worden, von einem Land, in dem es praktisch keine Analphabeten gab.

Das wissen wir jetzt. Und im Übrigen: Glauben Sie nicht doch, dass diese mitteleuropäische Kultur so etwas wie einen Schutzschild vor der Barbarei bietet, wenn auch keinen vollkommenen?

Ich bin da viel zu nüchtern. Ich glaube nicht, dass uns das irgendwie vor irgendwas bewahrt hat. Im Gegenteil. Bei den Völkern, die wir früher als primitiv bezeichnet haben, sind immerhin die Regeln sehr fest. Da weiß man zum Beispiel, dass die vielleicht ihre Feinde skalpieren, aber nicht ihre eigenen Leute. Darauf konnte man sich im kultivierten Europa nicht verlassen. Denn wir

waren ja die „eigenen Leute". Wir waren deutsche, österreichische Staatsbürger. Und dass wir nicht in die Kirche gegangen sind, das hat doch in Wahrheit wenige Leute gestört, zumal sie selbst immer weniger in die Kirche gingen.

Sie waren in Auschwitz furchtbaren physischen und natürlich auch psychischen Belastungen ausgesetzt. Erleben Sie heute Situationen, die Sie noch daran erinnern?
Ach, wissen Sie, jahrelang hatte ich mir etwas darauf eingebildet, dass ich jemand sei, der im Konzentrationslager überleben kann. Aber je älter ich geworden bin, desto mehr ist mir klar geworden, dass ich das nicht kann. Und jetzt, da ich alt bin, weiß ich: Ich könnte das keine zwei Wochen überleben.

Natürlich waren Sie damals physisch stärker.
Ja, gut. Aber Sie fragen, was da so hochkommt. Das ist mir einmal passiert, da war ich wirklich total durchgefroren. Ich hatte mich ausgesperrt und stand die ganze Nacht vor der Haustür. Es war bitter kalt. Um fünf Uhr kam erst jemand mit der Zeitung und hat mich reingelassen. Ich war so durchfroren, dass ich Stunden gebraucht

habe – eine warme Dusche und so weiter –, bevor die Kälte weg war. Aber irgendwie hat es mich an das alles erinnert und vielleicht sogar ein Gefühl von Zusammengehörigkeit mit diesen Menschen aus meiner Kindheit hervorgerufen, ja eine gewisse Bestätigung oder sogar Befriedigung.

Erinnern Sie sich auch an konkrete Situationen in Auschwitz?
Selten. Diese ganze KZ-Erfahrung erscheint mir einerseits so weit entfernt, dass es fast unmöglich ist, sich das noch richtig vorzustellen. Und ich verstehe nicht, dass ich da wirklich einmal drin war. Andererseits ist es aber auch das Umgekehrte…

Dass es ganz nah ist?
Nein, dass man sich fragt: Wie ist man da je herausgekommen? Wie war es möglich, dass man entkommen ist. Das kommt mir auch manchmal in den Sinn, immer wieder.

Und wie sind Sie schließlich herausgekommen?
Es gab diese Selektion, im Juni 1944. Es schien damals so einfach: Erst war ich abgelehnt worden, dann bin ich wieder reingegangen, und es hat geklappt. Heute dagegen scheint es mir eine irre Sache gewesen zu sein. Ich bin wirklich eine der Jüngsten, die Sie finden werden, die um diese Zeit in Birkenau war und rausgekommen ist. Ich war wirklich erst zwölf.

Sie sind erst im Oktober 1944 13 Jahre alt geworden.
Ja. Wir sind ja nicht schon bei der Ankunft an der Rampe selektiert worden, sondern erst mal in dieses sogenannte Familienlager gekommen, meine Mutter und ich. Das Familienlager war natürlich keine freundliche, gemütliche Wohnzimmersache, sondern es bedeutete einfach, dass da Männer und Frauen im selben Lager waren, alle aus Theresienstadt. Und bei dieser Selektion sollten sich Frauen zwischen 15 und 45 zur Arbeit melden. Meine Mutter sagte: „Das muss man machen, das ist unsere einzige Chance." Und ich habe gesagt: „Aber ich bin zwölf und schaue auch nicht älter aus." Und daraufhin hat sie gesagt: „Dann sag, dass du 15 bist." Und ich habe gedacht, da habe ich nichts als Schwierigkeiten und weiß Gott, was mir da passieren wird, wenn ich so offensichtlich lüge. Also habe ich mich angestellt, und als ich dran war, habe ich gesagt, ich sei 13. Da bin ich abgelehnt worden.

Sind Sie sofort von Ihrer Mutter getrennt worden?
Nein, wir standen dann erst mal rum. Und meine Mutter sagte: „Jetzt geh noch einmal, und mach es noch einmal." Und das habe ich dann auch getan, weil sie mich so provoziert hat. Ich war total dagegen, habe es immer noch nicht geglaubt. Ich war schon damals sehr skeptisch meiner Mutter gegenüber. Diesmal stellte ich mich in einer anderen Reihe an. Und ich glaube, diese Reihe, in der ich stand, wurde von Dr. Mengele kontrolliert…

… als Arzt, der über Tod oder Leben entscheidet.
Ich denke schon, ich will nicht so angeben mit Namen, die berühmt sind. Auf den Bildern, die ich später gesehen habe, meine ich ihn zu erkennen. Und dann kam eine Schreiberin auf mich zu, und fragte mich kurz bevor ich an der Reihe war: „Wie alt bist du?" Und ich sagte: „13." Und sie sagte: „Sag, dass du 15 bist." Es dauerte noch so ein, zwei Minuten, bis ich dran kam, und da

habe ich dann dem Arzt einfach gesagt: „Ich bin 15", und der hat gesagt: „Aber sie sieht nicht danach aus, sie sieht schwach aus." Und die Schreiberin sagte: „Nein, nein, die sieht doch stark aus. Schauen Sie, die hat starke Beine, die kann arbeiten." Das hat sie sehr freundlich gesagt.

Die Schreiberin war sicherlich ein Häftling.
Ja, sie war ein Häftling, unvergesslich. Die kann das nur aus einem Grund getan haben – sie wollte etwas Gutes tun, sie wollte mir helfen. Aus überhaupt keinem Grund, einfach so. Für mich ist das sozusagen der Inbegriff des unmotivierten Guten schlechthin, diese Szene. An die habe ich natürlich seither oft gedacht.

Sie schreiben in Ihrem Buch: „Fast jeder Überlebende hat seinen Zufall gehabt, der ihn überleben ließ." Das hier war aber doch nicht wirklich ein Zufall. Da war ein guter Mensch.
Aber der Zufall war, dass ich auf den guten Menschen gestoßen bin.

Haben sich diese Lageraufseherinnen eigentlich anders verhalten als die SS-Männer?
In Auschwitz selbst habe ich es sehr schnell mitbekommen, dass man möglichst nicht auffallen sollte. Darum hatte ich auch wenig zu tun mit den SS-Leuten. Die haben nur furchtbar viel herumgeschrien. Das taten allerdings auch die Blockältesten, die Häftlinge waren. Man wurde also ununterbrochen angefaucht und angeschrien. Und ich habe mich klein gemacht. Was nicht schwer war, ich war klein.

Und später im Arbeitslager?
Mit Aufseherinnen hatte ich eigentlich erst in Christianstadt zu tun, wo wir von Auschwitz hingebracht worden waren, das war ein Außenlager von Groß-Rosen in Schlesien. Manche dieser Frauen waren bösartig, andere waren es nicht. Im großen Ganzen sind Frauen eben weniger gewalttätig als Männer.

Was mussten Sie dort machen?
Die älteren Leute haben in Munitionsfabriken gearbeitet. Ich habe immer draußen im Freien gearbeitet, im Wald oder im Steinbruch.

Als 12- oder bald 13-jähriges Mädchen?
Na ja, doch. Soweit es ging, habe ich es halt getan. Ich konnte auch ganz gut Holz hacken, um den kleinen Ofen in unserem Zimmer ein bisschen zu heizen. Und dann waren wir im Steinbruch. Na ja, irgendwas hat man dann schon tragen können.

Und auch da waren Sie an der Seite Ihrer Mutter?
Nein, die hat ganz woanders gearbeitet, aber im selben Lager, ja. Ich war immer mit ihr zusammen.

Trotz aller Spannungen muss dieses Zusammenbleiben mit Ihrer Mutter doch ein Segen für Sie gewesen sein.
Sicher, ich will das gar nicht abstreiten. Aber das Großartige war, dass meine Mutter diese wunderbare Freundin Susi gefunden hatte, die ich so sehr mochte. Die ist erst vor drei Jahren hier in Los Angeles gestorben.

Was geschah, als die Nazis dieses Lager auflösten?
Wir mussten zusammen mit vielen anderen marschieren, marschieren, immer weiter. Ich war

völlig geschwächt und ausgehungert. Am zweiten Abend schon sind wir dann weggelaufen, sechs Personen. Drei davon waren Tschechinnen, und die waren natürlich nahe an der Grenze und haben gedacht, sie werden sich da durchschlagen. Und wir drei, Susi, meine Mutter und ich, wir wollten zu den Russen rüber. Das ist uns aber nicht gelungen. Man konnte nicht über die Front. Schließlich haben wir uns als deutsche Flüchtlinge ausgegeben und sind, mit einem Transport, mit dem Zug nach Bayern gekommen.

War das nicht ein großes Risiko? Sahen die Menschen alle so elend aus wie Sie?
Ich glaube, in diesen Zeiten, als alle auf der Straße waren, hat man die Leute nicht so genau angeschaut. Aber man hat natürlich auch Glück gehabt. Einmal sind wir erkannt worden, wurden dann auch verhaftet, aber der Polizist wusste nicht genau, was er mit uns anfangen sollte. Sein Vorgesetzter war nicht da, und die Russen haben hinten geballert, und so hat er uns laufen lassen. Ich sage Ihnen: Zufälle.

Können Sie sich noch an den Tag erinnern, als der Krieg zu Ende war?
Ja, für mich war der Krieg im April zu Ende. Wir sind nach Straubing gekommen, und die Amerikaner waren schon da. Plötzlich sehen wir einen Militärpolizisten an der Ecke, der den Verkehr regelte. Und meine Mutter ging auf ihn zu und sagte, dass wir aus einem KZ entkommen wären. Und der hat sich nur umgedreht und die Hände an die Ohren getan und so was gesagt wie: „Schon wieder welche. Ich habe doch schon genug von denen."

Ivan Klíma

„Die Menschen verstummten"

Der Prager Schriftsteller Ivan Klíma über
seine Leidensjahre im Konzentrationslager Theresienstadt und die enttäuschte
Hoffnung auf einen menschlichen Kommunismus

Ivan Klíma kam 1931 in Prag zur Welt und war während des Krieges drei Jahre im KZ Theresienstadt inhaftiert. Der Autor engagierte sich im Prager Frühling und bei der Wende 1989/90. Seine Romane, darunter „Warten auf Dunkelheit, Warten auf Licht" und „Richter in eigener Sache", spiegeln die Geschichte des tschechischen Volkes im 20. Jahrhundert.

Herr Klíma, in Ihrem Roman „Richter in eigener Sache" schildern Sie in kaum verschlüsselter Form Ihre Jugendjahre im Konzentrationslager Theresienstadt. Wo endet in dem Buch die Realität, wo beginnt die Fiktion?
Ich war niemals Richter, aber ich habe in dem Roman viele meiner persönlichen Erfahrungen verwendet. Manche Details sind natürlich erfunden.

Es heißt immer nur, Ihr Vater sei Jude gewesen. Ihre Mutter nicht?
Meine Mutter war es mehr oder weniger auch. Einige ihrer Vorfahren waren Protestanten. Nach den Nürnberger Gesetzen galt sie als Jüdin.

Ihr Vater wurde 1941 als Erster aus der Familie nach Theresienstadt gebracht?
Ja, aber nur drei Wochen vor uns, in einer Arbeitskolonne. Meine Mutter, mein kleiner Bruder und ich gingen mit dem ersten offiziellen Transport aus Prag nach Theresienstadt, im Dezember 1941.

Warum wurde Ihr Vater vor Ihnen abgeholt?
Mein Vater war promovierter Ingenieur für Starkstromenergie und in seinem Bereich eine weltbekannte Kapazität. Die Nazis brauchten ihn wohl.

War er deswegen privilegiert?
Wenn Sie damit meinen, dass er nicht sofort umgebracht wurde, dann schon. Im Sommer 1944 wurde er zusammen mit zwei anderen Experten in das KZ Groß-Rosen geschickt. Dort sollte er an irgendeiner besonderen Aufgabe arbeiten. Aber als sich die Front näherte, wurde er bald

evakuiert und so zu einem ganz normalen Häftling. Er überlebte den Todesmarsch aus dem KZ Sachsenhausen nach Norden, fast bis zur Küste. Das waren qualvolle Wochen.

Sagte Ihnen jemand, warum Sie nach Theresienstadt gebracht wurden?
In der Tat lebten wir in Prag nicht als Juden, man hatte mich 1939 getauft, und ich wusste nicht, dass ich Jude bin. Erst als ich den Stern tragen musste, hat man es mir erklärt. Dann habe ich es schon verstanden – soweit man es begreifen konnte.

Zum Zeitpunkt der Deportation waren Sie zehn Jahre alt. Was haben Sie damals empfunden?
Für mich schien es zunächst einmal ein Abenteuer, ich war so eine optimistische Natur. Wichtig war, dass man die ganze Zeit in Theresienstadt glaubte, innerhalb von drei Monaten gehe der Krieg zu Ende. An dem Tag, an dem man uns abholte, erklärten die Nazis den USA den Krieg. Und so dachten wir, dass Hitler nicht mehr gewinnen konnte.

Die meisten jüdischen Häftlinge in Theresienstadt wurden irgendwann nach Auschwitz gebracht und dort ermordet. Warum durften Sie bleiben?
Zumindest in den zweieinhalb Jahren, in denen mein Vater auch in Theresienstadt war, waren wir offenbar geschützt. Angeblich hatte die SS-Leitung es so versprochen. Selbstverständlich konnte man denen nicht vertrauen, aber man wollte ihnen vertrauen. Warum wir blieben, als Vater fort musste, weiß ich nicht. Vielleicht weil er Mitglied der illegalen kommunistischen Partei war und seine Genossen uns irgendwie im Lager

schützten. Als wahrscheinlicher erscheint mir allerdings, dass wir auf jene Liste gerieten, die von der SS-Lagerleitung geführt wurde – eine Liste mit den Namen der Menschen, die nicht in den Osten geschickt werden sollten.

Wie sah der Alltag eines Kindes in Theresienstadt aus?
Schule war illegal, fand also heimlich statt und immer nur für kurze Zeit. Dann gingen die Lehrer in den Transport, und ein halbes Jahr lang passierte wieder nichts. Da es eine Arbeitspflicht erst ab 14 Jahren gab, hatte ich nichts zu tun. Ich spielte mit meinen Altersgenossen Volleyball und Fußball, wir lernten zu stehlen, vor allem Kohle und Kartoffeln, das war aber sehr riskant. Schrecklich waren die Transporte nach Polen, da hatten wir alle Angst. Meine Freunde wurden nach und nach fortgebracht. An den Hunger konnten wir uns eher gewöhnen, zumal er sicher nicht so schrecklich war wie etwa in Auschwitz. Brot und Kartoffeln hat es gegeben, so daß man den Magen voll bekam. Aber wir hatten kein Obst, kein Gemüse, mit der Ausnahme von Sauerkraut und Rüben-Viehfutter. Irgendwann bekamen wir einmal etwa zwei Monate lang täglich 1/16 Liter Magermilch.

Wann haben Sie begriffen, was mit jenen Menschen geschah, die abtransportiert wurden?
Von den Gaskammern wussten wir nichts. Wir registrierten nur, dass die Menschen, die fortgingen, verstummten, dass wir von ihnen also nie wieder etwas hörten. Damit war uns zumindest klar, dass es sehr geringe Überlebenschancen gab.

Im Juli 1944 besuchte eine Delegation des Internationalen Roten Kreuzes Theresienstadt.

Ja, daran erinnere ich mich gut. Die Nazis ließen auf dem Stadtplatz einen Musikpavillon errichten, wo ein Jazzorchester spielte, dann bauten sie einen prächtigen Kindergarten für Kinder unter sechs Jahren. Da waren zwar nie Kinder drin, aber von außen sah es herrlich aus. Geschäfte wurden aufgemacht. Man druckte ein besonderes Geld, ich habe noch heute ein paar Scheine davon. Und in den Geschäften verkaufte man ein paar Dinge, die zum großen Teil aus den Koffern jener Menschen stammten, die schon gestorben waren. An Essbarem konnte man dort nur Senf oder Paprika kaufen. Etwas Richtiges gab es gar nicht. Es wurde sogar ein Café eröffnet, wahrscheinlich mit Ersatzkaffee. Außerdem wurden Wohnungen vorbereitet. Aus einem Raum, in dem eben noch 16 Menschen leben mussten, in Stockbetten, entstand plötzlich eine Wohnung für ein junges Ehepaar. Mit Möbeln, Vorhängen, Blumen. Und dann führten sie die Kommission dorthin, damit die sah, wie gut es den Menschen in Theresienstadt ging. Schließlich wurde, daran kann ich mich gut erinnern, ein spezieller Speisesaal für Kinder eröffnet. Normalerweise hatten wir Essschalen und mussten immer in langen Schlangen auf ein paar Kartoffeln mit irgendeiner Sauce warten. Nun saßen wir plötzlich an Tischen, Kellnerinnen brachten uns das Essen auf Tellern. Ich kann mich erinnern, dass wir Kartoffeln, Kalbfleisch und Gurkensalat bekamen, dazu ein Schokoladendessert. Schokolade hatten wir bis dahin nie gesehen. Aber das alles gab es nur an diesem einen Tag. Sogar einen Spielplatz haben sie für uns eingerichtet – aber auch nur für den Tag, an dem die Kommission da war. Sonst spielten wir einfach auf dem Hof zwischen den Kasernen.

Theresienstadt war kein Todeslager, dennoch starben dort Zehntausende.
Ja, etwa hundert Menschen täglich. Gerade alte Menschen waren den Strapazen dort einfach nicht gewachsen. Schon nach kurzer Zeit war das Lager so überfüllt, dass die Neueingetroffenen auf die Dachböden ziehen mussten, wo es im Sommer sehr heiß und im Winter sehr kalt war, und es gab dort auch keine Toiletten. Sie mussten jedesmal die Treppe runter, und dann vielleicht eine halbe Stunde Schlange stehen. Für einen alten Menschen ist das zu viel.

Sie waren Zeuge des Todes?
Sicher, ständig wurden da Särge vor unseren Augen abtransportiert. Ich musste sie nicht schleppen, aber ich hab's immer gesehen.

In Ihrem Roman „Richter in eigener Sache" beschreiben Sie, wie der junge Adam hilflos das Sterben einer alten Frau beobachten muss – eine persönliche Erfahrung?
Ich bin mir nicht sicher, ob dieses Detail nicht erfunden ist. Ich habe damals so viele tote Menschen gesehen, dass man sich einfach daran gewöhnte.

Das Lager wurde nicht nur von der SS, sondern auch von der tschechoslowakischen Polizei bewacht. Konnten Sie das damals begreifen?
Diese Dinge habe ich ja noch nicht durchschaut. Ich weiß aber heute, dass einige Tschechen den Juden eher geholfen haben. Auch mein Vater konnte seine Kontakte mit kommunistischen Genossen außerhalb des Lagers nur dank der tschechoslowakischen Polizei aufrechterhalten. Das waren nicht alles klassische Kollaborateure.

Können Sie sich noch an die SS-Männer erinnern?
An einen vor allem, der hieß Heindel, ein Scharführer, glaube ich. Der fuhr immer mit dem Fahrrad herum und suchte nach Gründen, um Menschen zu ohrfeigen. Wenn er auftauchte, versuchte man sich immer schnell zu verstecken. Er war für mich die Verkörperung der Brutalität. Aber zugleich habe ich in dieser Zeit schon von Eichmann gehört und all den anderen bekannten Nazis, und ich wusste auch, dass die uns ausrotten wollten.

Erinnern Sie sich an den Tag der Befreiung?
Das war eines der stärksten Erlebnisse in meinem Leben überhaupt. In der Nacht vom 7. auf den 8. Mai rief jemand plötzlich: „Die Russen sind da." Wir hörten Schüsse, und die SS-Männer waren plötzlich weg.

Sie sahen die Sowjetsoldaten?
Am nächsten Morgen und den ganzen Tag über stand ich hinter dem niedergerissenen Zaun und

schaute, wie sie kamen. Und ich war glücklich. Sie warfen uns Zigaretten zu, und einer der Häftlinge wurde sogar vom Panzer überfahren, weil er eine Zigarette aufzuheben versuchte, die auf den Weg gefallen war.

Wussten Sie, dass die Befreier den Kommunismus in Ihr Land bringen würden?
Ich hatte keine Ahnung, was Kommunismus ist. Die Nazi-Propaganda hatte den Bolschewismus immer attackiert. Also dachten wir erst mal, dass Bolschewismus etwas Gutes sein müsse.

Wann haben Sie Theresienstadt verlassen?
Schon nach kurzer Zeit. Das war allerdings illegal, weil das Lager unter Quarantäne stand. Mein Cousin kam aber einfach mit einem kleinen Lkw und holte uns nach Prag. Nach ein paar Tagen kehrten wir zurück in unsere alte Wohnung, in der sich ein SS-Mann eingerichtet hatte. Der war natürlich geflohen, hatte aber seine Möbel dort gelassen. Die stehen da übrigens noch heute. Meine Nichte wohnt inzwischen dort.

Wann kam Ihr Vater zurück?
Ich glaube, Anfang Juni. Wir dachten schon, dass er nicht mehr lebte. Nach drei Wochen kam endlich eine Nachricht von ihm

Erinnern Sie sich an den Moment der Rückkehr?
Ja. Er kam auf einem Lastwagen, zusammen mit anderen Häftlingen. Und er war so abgemagert, dass wir ihn beinahe nicht wiedererkannten.

Haben Sie später mit Ihren Eltern über die Zeit in Theresienstadt gesprochen?
Meine Mutter wollte nach dem Krieg davon

überhaupt nichts mehr wissen, man durfte bei uns darüber nicht sprechen. Sie hat alles vernichtet, was an die Zeit erinnerte, auch die Bilder, die ich in Theresienstadt gemalt hatte. Sogar die ihr zustehende Entschädigung lehnte sie ab. Sie wollte damit nichts zu tun haben.

Und der Vater?
Mein Vater hatte dazu eine ziemlich normale Beziehung, aber er war ein Workaholic. Ihn interessierte nur die Zukunft und nicht die Vergangenheit.

Ihre Familie wurde wegen ihrer jüdischen Herkunft ins Konzentrationslager gesteckt. Haben Sie darüber auch nicht gesprochen?
Ich glaube nicht. Meine Mutter wollte mit dem Judentum überhaupt nichts gemeinsam haben. Ich selbst habe mich schon bald in der evangelischen Gemeinde engagiert.

Nach dreieinhalb Jahren Pause durften Sie nun wieder zur Schule gehen. Sie müssen doch große Wissenslücken gehabt haben?
Als ich wieder in die Klasse kam, war es zuerst so, als ob die eine fremde Sprache gesprochen hätten. Ich kannte nichts, aber die Lehrer wussten ja, dass ich dafür nichts konnte, also durften sie mir im Zeugnis keine Fünf geben. Nach den Sommerferien wurde ich dann zwei Klassen tiefer eingeschult. Und so viel hatte ich dann doch nicht verpasst. Die Protektoratschule hatte auch ein sehr niedriges Niveau gehabt, und im letzten Jahr, 1944, war fast gar nicht unterrichtet worden.

Ihr Vater beteiligte sich nun am Wiederaufbau der Tschechoslowakei?

Ja, er war ein überzeugter Kommunist. Jedenfalls bis zu dem Moment, als sie ihn eingesperrt haben, 1953.

Warum wurde er festgenommen? Weil er Jude war, oder ein Intellektueller?
Alles zusammen, weil er Jude war und einige Zeit Direktor einer Fabrik. Er wurde solchen Schwachsinns beschuldigt, dass das gar nicht zu fassen ist. Ich habe erst neulich noch mal das Urteil gelesen. Dort heißt es zum Beispiel, er habe Arbeitsanweisungen mündlich statt schriftlich gegeben oder sich nicht genügend um junge Kader gekümmert. Er war neun Monate in Einzelhaft. Beim ersten Verhör, so erzählte er mir später, wurde ihm allerdings gesagt: „Sie haben Glück, wir schlagen nicht mehr." Offenbar hatten sich seit Stalins Tod die Haftbedingungen verbessert. Der Gerichtsprozess fand dann 1954 statt. Es war schon die Chruschtschow-Ära. Der Richter verurteilte ihn nur noch zu 15 Monaten Haft, also genau der Zeit, die er schon abgesessen hatte, damit man ihm keine Entschädigung zahlen musste.

Haben Sie damals erstmals erkannt, dass der Kommunismus nicht der richtige Weg ist?
Mehr oder weniger ja. Ich fing an, den ungeheuren Widerspruch zwischen dem, was gesagt und geschrieben wurde, und der Wirklichkeit sehen.

Wann waren Sie selbst der Partei beigetreten?
1953 wurde ich aufgenommen, kurz nach der Verhaftung meines Vaters. Aber ich hatte mich schon vorher darum beworben. Ich kann mich noch daran erinnern, dass jemand von mir in der philosophischen Fakultät verlangte, ich sollte mich von meinem Vater distanzieren. Aber dann

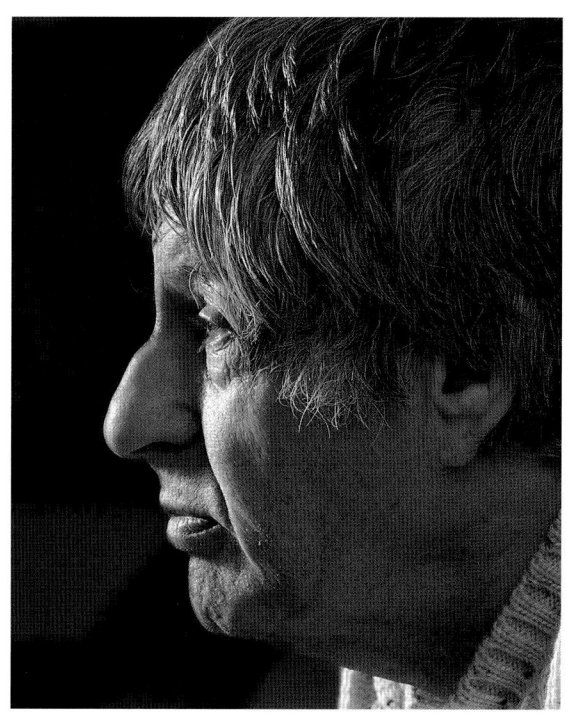

hat man doch eingesehen, dass man so etwas von mir nicht verlangen konnte. Aus der Partei ausgeschlossen wurde ich erst 1967.

Damals begann eine Periode erneuter Hoffnungen in Ihrem Lande, Sie wurden zum politischen Schriftsteller...
Ich schrieb hauptsächlich in Zeitungen. Vor allem war ich stellvertretender Chefredakteur der Literaturzeitung „Literární noviny". Und das war die Haupttribüne der Opposition im Prager Frühling.

Auch die „Samtene Revolution" des Jahres 1989 haben Sie als Autor und Bürgerrechtler unterstützt. In Ihrem Roman „Warten auf Dunkelheit, Warten auf Licht" vermitteln Sie allerdings den Eindruck einer gewissen Ernüchterung über das Ergebnis der Wende.

Ich habe im Grunde nur das Gefühl der Enttäuschung, das die Menschen empfanden, beschrieben, auch wenn es für mich nicht überraschend war. Viele Menschen haben erwartet, dass sie mit der Freiheit auch von ihren inneren Problemen, von Beziehungsnöten und Ähnlichem mehr befreit werden würden – was selbstverständlich nicht geschehen konnte.

Sind Ihre Landsleute jetzt unglücklicher als zuvor?

In einem bestimmten Sinne ja. Unter dem kommunistischen Regime hatten politische Probleme die persönlichen weitgehend überdeckt. Nun sind alle Menschen ganz auf sich selbst zurückgeworfen.

Und heute, wenn Sie die Gegenwart mit der Zeit der Wende vergleichen?

Unsere Zivilisation bewegt sich doch allgemein in eine falsche Richtung. Sportler und Entertainer gelten heute als die größten Helden. Das hat auf die Gesellschaft langfristig negativen Einfluss. Bestimmte Moralgesetze, die vor hundert Jahren geachtet wurden, spielen heute keine Rolle mehr.

Ein Beispiel?

Die schreckliche Korruption. Wir haben hier diverse Affären, und es lässt sich offenbar absolut nichts dagegen machen. In einigen Bereichen gibt es sicher auch eine lebendige Bürgerdemokratie, die Medien werden mutiger, auch die Wirtschaft entwickelt sich gut. Aber das bedeutet zugleich eine immer stärkere Zerstörung der Natur und damit aller Werte. Was zählt, sind nur noch Erfolg und Geld. In der kommunistischen Zeit waren für die Gegner des Systems ganz andere Werte wichtig.

Sogar die Kommunisten wollten die Gesellschaft verbessern.

Am Anfang, ja. Später benahmen sie sich wie alle, die Macht besitzen. Es ging ihnen um ihr eigenes Wohlergehen, die Werte hatten sie schnell aufgegeben.

Sie sind ein Opfer der beiden großen totalitären Systeme des 20. Jahrhunderts…

Was die Grundprinzipien angeht, so sind die Unterschiede übrigens nicht allzu groß. Kommunismus und Nazismus waren auf Demagogie gegründet, auf falschen Illusionen. Der Unterschied lag darin, dass die kommunistische Ideologie eher international war, Hitlers war rein national. Was die Brutalität betrifft, so haben vielleicht eher die Deutschen von den Sowjets gelernt als umgekehrt. Die russische Revolution war schon unglaublich brutal, und sie war gegen die eigenen Menschen gerichtet. Die nazistische bekämpfte zunächst allein die Juden. Beide beruhten auf der Macht der Geheimpolizei, auf absoluter Beschränkung persönlicher Freiheit, auf Propaganda und Mord. Die Anzahl der Opfer der sowjetischen Ideologie war weit größer als die des Nazismus. Was sich mit der langen Dauer der kommunistischen Herrschaft erklärt und mit ihrem viel größeren Territorium. Aber im Grunde, bei der Unterdrückung der Freiheit gab es keinen Unterschied.

In Deutschland sind solche Vergleiche sehr umstritten.

Ich weiß. Natürlich entschuldigt das, was die Russen getan haben, die Nazis nicht.

Aber es gab doch einen wesentlichen Unterschied. Im Holocaust wurden die Menschen auf industrielle Art und Weise getötet. Das gab es bis dahin noch nie, auch nicht in Russland.

Ja, ich bin einverstanden, das war einzigartig. Was in Auschwitz geschah, kann mit nichts anderem verglichen werden. Insgesamt haben die Sowjets allerdings mehr Menschen getötet.

Es gab doch auch ideologische Unterschiede: Die Utopie des Kommunismus war positiv, die der Nazis dagegen von einer düsteren Todessehnsucht beherrscht. Wenn Sie allein die Bilder kommunistischer und nazistischer Künstler vergleichen …

Nun, beide Regime propagierten einen reinen Realismus und kämpften gegen die moderne Kunst. Das Totalitäre hatten sie also gemeinsam. Es stimmt, dass der Kommunismus seiner Ideologie nach optimistischer war. Aber was hat es den Menschen genützt?

Alfred Grosser

„Der Begriff Rache ist mir völlig fremd"

Der Pariser Politologe Alfred Grosser
über die Emigration seiner Familie nach
Frankreich und die Schwierigkeiten der
Deutschen mit der Erinnerung an die
NS-Verbrechen

Alfred Grosser kam 1925 in Frankfurt am Main als Sohn eines Chefarztes zur Welt. Seine Familie entschloss sich bereits 1933 zur Emigration nach Frankreich. Er floh vor den Deutschen in den Süden des Landes und wurde nach dem Krieg zu einem der bekanntesten Politologen Frankreichs. Heute engagiert er sich für die deutsch-französische Freundschaft.

Herr Grosser, im Jahre 1933 – Sie waren damals acht Jahre alt – mussten Sie mit Ihrer Familie Frankfurt verlassen und nach Paris ziehen. Können Sie sich an ein Gefühl von verlorener Heimat erinnern?

Nein. Ich habe sogar schon mal einen Frankfurter Oberbürgermeister gekränkt, als ich sagte: Frankfurt ist mein Geburtsort und nicht meine Heimatstadt. Mit acht Jahren hat man keine Heimat.

Haben Sie das damals auch so empfunden?

Ich kann mich nicht mehr an viel erinnern. Ich könnte Ihnen noch ein paar Hitler-Lieder singen, so etwas prägt sich ein. Ich bin auch mal von meinen Mitschülern geprügelt worden, weil ich Jude war, aber das hat keine Spuren hinterlassen.

Kann es sein, dass andere Erfahrungen die Erinnerung an diesen Vorfall überlagert haben?

Vielleicht. Ich wurde wegen starker Bauchschmerzen ins Krankenhaus eingeliefert, man hat mir den Blinddarm herausgenommen. Ob es an der Prügelei lag, weiß ich nicht; auch meine Mutter konnte es mir später nicht erklären. Aber noch mal: Das ist alles verschwunden und hat nie in meinem Leben eine Rolle gespielt.

Keine Bitterkeit?

Ich bin intellektuell im Allgemeinen durchaus sehr pessimistisch, genetisch dagegen sehr optimistisch. Ich bin immer glücklich gewesen.

Waren die Umstände Ihrer Emigration für Sie so etwas wie ein Abenteuer?

Also meine Schwester war drei Jahre älter als ich und ist schon 1941 gestorben, an einer Blutvergiftung und körperlich geschwächt durch unsere

Flucht per Fahrrad in das noch unbesetzte Südfrankreich, nach Saint-Raphaël. Insofern war das natürlich alles sehr tragisch. Ich selbst habe die Emigration und später die Kriegsjahre tatsächlich mehr als ein großes Abenteuer erlebt. Schon als wir nach Frankreich zogen, war ich vor allem neugierig auf die französische Schule.

Haben die Eltern die Emigration geordnet vollzogen, also ohne Panik, ohne Hektik?
Nein. Es war für meinen Vater sehr anstrengend. Er hatte sowieso kleine Herzbeschwerden und ist dann schon in der Nacht vom 6. zum 7. Februar 1934 an einem Herzschlag gestorben. Nach dem Krieg beanspruchte meine Mutter eine Pension, die aber sehr klein ausfiel, weil sie nicht beweisen konnte, dass sein Herzleiden irgendetwas mit der Emigration zu tun hatte.

Sie haben sich mit Ihrer Mutter sicher später darüber unterhalten, warum Sie 1933 emigriert sind.
Verschiedenes fiel zusammen, und etwas war entscheidend: Die Kinderklinik, die mein Vater in Frankfurt leitete, wurde 1933 „arisiert", er verlor also seine Arbeit. Fast noch wichtiger aber war, dass er aus dem Verband der Träger des Eisernen Kreuzes 1. Klasse ausgeschlossen wurde. Man hat ihn, so sah er das, plötzlich nicht mehr als Deutschen betrachtet, also ist er einfach weg. Wir gingen nach Saint Germain bei Paris. Mein Vater sprach etwas Französisch – er hatte vier Jahre im Ersten Weltkrieg an der Westfront in Frankreich als Militärarzt gewirkt. Für mich verlief die Integration völlig problemlos.

War Ihr Vater jemand, den man als Patriot bezeichnen könnte?

Nein, nein. Er war Freimaurer, übrigens in derselben Loge, wie ich erst später entdeckte, wie früher Ludwig Börne.

Als Freimaurer dürften seine Verbindungen zur jüdischen Tradition eher schwach gewesen sein.
Wir feierten jedes Jahr Chanukka, aber mehr auch nicht. Nach unserer Ankunft in Frankreich bestand meine Mutter allerdings darauf, dass ich später die Bar-Mizwa machte.

Sie wollten das gar nicht?
Nein, der Unterricht war völlig unerfreulich. Ich verstand nur wenige Worte Hebräisch. Und so musste ich eine Stelle aus der Thora phonetisch auswendig lernen. Auch waren meine ersten Lektüren des Alten Testaments oft abschreckend. So viele Massenmorde aus Rache! Jericho, das Buch Esther: Solange ich mich erinnern kann, habe ich den Begriff Rache nicht verwendet und auch nie dieses Gefühl empfunden. Das ist mir völlig fremd.

Hat sich diese Antipathie gegen die religiöse Erziehung auch auf das Christentum bezogen?
Nein, keine Antipathie. Ich war damals bei den christlichen Pfadfindern und bin häufig sonntags in den Gottesdienst gegangen. Dabei ist zwar kein Glaube entstanden, aber das Gefühl einer engen Verbundenheit mit der Botschaft des Friedens. Mein Atheismus ist dadurch allerdings nicht angefochten worden, er bestand wohl von Geburt an.

Bekennenden Atheisten wird nachgesagt, dass sie sich ganz besonders für religiöse Fragen interessieren. Gilt das auch für Sie?

Ich wurde einmal zu Recht definiert als ein „jüdisch geborener, mit dem Christentum geistig verbundener Atheist". Ich fühle mich in zwei Gemeinschaften wohl, denen ich nicht angehöre, wo ich aber mitfühlend mitwirken darf: als Franzose in Deutschland, als Atheist im französischen Katholizismus, wo mein Atheismus anerkannt wird. Ich bin seit einem halben Jahrhundert ständiger Kolumnist der großen katholischen Tageszeitung „La Croix". Wie ein befreundeter französischer Erzbischof schrieb: „Es geht heute nicht um einen Kampf der Gläubigen gegen die Ungläubigen, sondern um den gemeinsamen Blick auf den leidenden Menschen."

Hatten Sie bei Ihrer Ankunft in Frankreich das Gefühl, Sie würden als Deutscher ausgegrenzt oder geschnitten?
Nein, überhaupt nicht. Meine Mutter hatte mich bei den evangelischen Pfadfindern eingeschrieben, die katholischen nahmen damals nur Katholiken! Und die Pfadfinder machten jedes Jahr so einen Wettbewerb, wer am 11. November, dem Jahrestag des Waffenstillstands 1918, das Fähnlein der Gruppe tragen durfte. Ich gewann und konnte gar nicht glauben, dass ich nun der Glückliche sein sollte. „Ich bin doch noch kein Franzose", sagte ich. Die Antwort war: „Wir feiern doch den Frieden, nicht den Sieg, also ist es sinnvoll, dass gerade du das Fähnlein trägst."

Wovon lebte die Familie nach dem frühen Tod Ihres Vaters?
Meine Mutter leitete ein Kinderheim, anfangs ging es noch, meine Schwester und ich halfen ihr dabei. Aber nach Kriegsbeginn 1939 musste sie das Heim schließen.

Haben Sie damals materielle Not erfahren und auch gespürt?
Erst nach 1939. Während des Krieges war es hart, aber am härtesten war es nach der Befreiung 1944/45. Da fehlte es an allem.

Gab es politischen Druck? Als jüdische Familie unter dem Vichy-Regime?
Anders als viele französische Historiker verteidige ich in diesem Punkt das Vichy-Regime. Einmal stellte sich die Frage, ob wir unsere französische Nationalität behalten dürfen, aber dann hat man nichts mehr davon gehört. Und bis November 1942 fühlte man sich ziemlich sicher.

Weil das Vichy-Frankreich nur jene Juden an die Deutschen auslieferte, die keine französische Staatsbürgerschaft hatten?
Ja, die fremden, vor allem die aus Osteuropa oder die staatenlos waren.

Nach dem Ende von Vichy wurde Saint-Raphaël zuerst von den Italienern und dann, 1943, von den Deutschen besetzt. Spätestens jetzt wurde es doch für Sie lebensgefährlich.
Ich arbeitete damals bereits als junger Sekundarschullehrer. Aber als die Deutschen eingerückt waren, erhielt ich glücklicherweise rechtzeitig einen Tipp und verließ die Stadt zusammen mit meiner Mutter. Zwei Tage später kamen tatsächlich drei Männer – davon war nur einer Deutscher – und fragten nach uns, offensichtlich aufgrund einer Denunziation. Meine Mutter ging in ein Kinderheim nach Cannes, wo man sie furchtbar ausbeutete. Sie war erpressbar, weil man ihre wahre Identität kannte. Ich selber bin in

einem Kloster in der Nähe von Valence gelandet. Der Abt stellte mich vor die Wahl: Entweder würde ich mich taufen lassen – oder er hätte mir nicht geholfen.

So kann man auch zum Christen werden.
Das war natürlich Erpressung. War mir aber ziemlich egal. Heute würde kein Priester diese Taufe anerkennen.

Und wer hatte Ihnen neue Personaldokumente ausgestellt?
Die gab es überall, sogar falsche Geburtsurkunden. Da schrieb man zum Beispiel nach Vendôme an der Loire und bekam die stereotype Antwort: „Das Rathaus ist abgebrannt." Man brauchte dann nur zwei Zeugen und bekam die gewünschten Papiere. Mein Geburtsjahr hat sich allerdings immer weiter verschoben, weil ich sonst zur Arbeitspflicht nach Deutschland geschickt worden wäre.

Sie erzählen das so entspannt.
Na, ich weiß nicht.

Sie lebten doch ständig in dem Risiko, entdeckt zu werden.
Es war mir vielleicht damals nicht so bewusst. Es wird immer vergessen, dass nur 20 Prozent der französischen Juden deportiert worden sind. Es sind enorm viele versteckt worden.

Wie haben Sie das Kriegsende erlebt?
Ich arbeitete als Lehrer und war zugleich auch Mitglied einer kleinen Widerstandsgruppe, und die wiederum war an der Befreiung von Marseille im August '44 beteiligt.

Was genau haben Sie gemacht?
Nicht viel. Vor allem habe ich gelernt, wie man Kriegsgeschichte macht. Wir hatten eine Kanone entdeckt, wussten aber nicht, wie man damit umgeht. Auf einmal löste sich aus Versehen ein Schuss und steckte eine Apotheke in Brand. Später war vom „heldenhaften Kampf" auf dem Place Castellane die Rede, in Wirklichkeit waren die Deutschen gar nicht beteiligt gewesen.

Wie haben Sie die Befreiung durch die französische Erste Armee erlebt?
Natürlich war ich begeistert. Andererseits traten plötzlich Leute als Widerständler auf, die nie im Widerstand gewesen waren, und es war furchtbar, mitanzusehen, dass Frauen geschoren wurden, die angeblich mit den Deutschen fraternisiert hatten, dass Leute auf offener Straße geschlagen wurden. Für mich persönlich war die Befreiung eine immense Erleichterung.

Wann haben Sie vom Holocaust erfahren?
Im August 1944 hörte ich in Marseille die BBC. Die alten Insassen von Theresienstadt seien nach Auschwitz transportiert worden, um dort ermordet zu werden. Darunter waren – wie sich später bestätigte – die Schwester meines Vaters und ihr Mann. Am nächsten Morgen, nach schmerzlicher Überlegung, war ich sicher, endgültig sicher, dass es keine Kollektivschuld gab, so furchtbar die Verbrechen und so zahlreich die Verbrecher auch sein mochten.

Haben Sie an einen demokratischen Neuanfang in Deutschland geglaubt?
Ja, von Anfang an. Ich kann jemanden wie Walter Jens nicht verstehen, der im Rückblick sagt, das

alles hätten nur die Besatzungsmächte gemacht. Das stimmt doch gar nicht. Das haben Hunderte von deutschen Parteileuten, von Gewerkschaftern, von Männern und Frauen aus der katholischen und der evangelischen Jugendbewegung geschaffen. Es ist enorme Arbeit geleistet worden. Und vor allem gab es die Gleichgesinnten. Das Wort „Versöhnung" habe ich nur selten verwendet. Ich hatte mich doch nicht mit Eugen Kogon oder mit dem Frankfurter Oberbürgermeister Walter Kolb zu versöhnen, die in Konzentrationslagern überlebt hatten, oder mit Willy Brandt!

Anfang der fünfziger Jahre gab es immer wieder Versuche, neonazistische Parteien in Deutschland zu etablieren. Verhindert wurden diese Versuche von den Alliierten.

Ja, es hat vielleicht Versuche gegeben. Aber es ist die große Leistung der CDU gewesen, die kleinen Leute zu integrieren. Und aus Nazis sind am Ende Demokraten geworden. Die SPD hat das später, nach der Wende, völlig verkehrt gemacht. Die SPD wollte keine ehemaligen SED-Mitglieder aufnehmen – ein schwerer Fehler, nur deswegen gibt es noch die PDS.

Sie meinen wirklich, dass die Integration alter Nazis nach dem Krieg in Westdeutschland vorbildlich war?
Was heißt „alte Nazis"? Was heißt NSDAP? Jeder Lehrer, zum Beispiel, musste doch Parteimitglied sein.

Einige haben sich diesem Druck nicht gebeugt.
Aber den Grundfehler haben die Alliierten begangen. Deutschland wurde kollektiv angeklagt. Anstatt zu sagen: „Ihr seid auch Opfer", was der Fall war, „und wir klagen jetzt mit Euch zusammen die Hauptverantwortlichen an", waren plötzlich alle angeklagt. Im Entnazifizierungsverfahren wurde man bestenfalls als „entlastet" eingestuft, Unschuldige gab es nicht. Nicht angeklagt wurden nur jene, die nach 1918 geboren waren. Sonst alle. Unter den vielen Unschuldigen, die so auf die Anklagebank gerieten, waren natürlich auch die wirklich Schuldigen. Und die konnten häufig durchkommen, weil eben alle angeklagt waren und die Verfahren viel zu schematisch abliefen.

Hatten Sie Berührungsängste, als Sie nach Kriegsende das erste Mal nach Deutschland kamen?
Nein. 1947 – ich war gerade Studienrat geworden – bin ich sehr unbefangen sechs Wochen lang durch Deutschland gefahren und habe dabei viel erlebt. Und eigentlich alles, was ich seither über Deutschland geschrieben habe, ist durch diese sechs Wochen entstanden. Ich weiß nicht, wo die Unbefangenheit damals herkam. Vielleicht, weil ich mich schon vollkommen französisch fühlte.

Im Mai 2005 wurde in Deutschland mit vielen Veranstaltungen an das Kriegsende vor 60 Jahren erinnert. Wie beurteilen Sie die deutsche Erinnerungskultur?
Also, ich hätte es lieber gehabt, wenn man in Berlin ein großes Denkmal in der Rosenstraße gebaut hätte, zur Erinnerung an die mutigen deutschen Frauen, die dort mitten im Krieg gegen die Inhaftierung ihrer jüdischen Männer protestiert haben.

Und nicht das Mahnmal am Brandenburger Tor?
Nein, das empört mich zutiefst, und ich kann nicht verstehen, warum man das in Deutschland nicht versteht: Wie sind die Juden getötet worden? Mit Gas und Erschießungen am Grabenrand. Und nun hat man ihnen in der deutschen Hauptstadt auch noch Grabsteine gebaut.

Sie betrachten Eisenmans Stelen als Grabsteine?
Natürlich. Das ganze Denkmal geht an etwas Wesentlichem vorbei. Millionen Deutsche wussten nichts bis zum Kriegsende über Auschwitz. Aber jeder Deutsche wusste bereits 1933 vom NS-Terror, von der Aussonderung der Juden. Deswegen war ich zum ersten Mal empört über einen Text meines verehrten Freundes Richard von Weizsäcker, der kürzlich in einem langen Artikel in der „Frankfurter Allgemeinen Zeitung" – wieder zur Verteidigung seines Vaters – geschrieben hat, 1933 habe man noch nichts wissen können, und die erste große Vergewaltigung des Rechtsstaats sei die „Nacht der langen Messer" am 30. Juni 1934 gewesen – als hätten nicht damals bereits Tausende in KZs gelitten, als seien die Juden nicht bereits aus Berufen und Ämtern entfernt und alle Berufsverbände „arisiert" worden, die Parteien verboten, die Presse unterjocht. Deswegen soll man nicht so tun, als würde sich der Nationalsozialismus auf Auschwitz beschränken. Das war eine Verkennung von grundsätzlichen Menschenrechten. Aus diesem Grund hat heute jeder Deutsche die Pflicht, gegen jede Verletzung der Menschenrechte zu protestieren, auch wenn sie von Israel durchgeführt werden.

Ist es nicht verständlich, dass die Deutschen mit ihrem Urteil über Israel etwas vorsichtiger sind?
Unrecht ist Unrecht. Wann immer in Deutschland an die Unterdrückung der Palästinenser erinnert wird, meldet sich sofort der israelische Botschafter zu Wort und erinnert an den Holocaust. Der mischt sich in deutsche Angelegenheiten ständig ein – und niemand protestiert dagegen.

Warum soll ein Botschafter nicht Kritik äußern?
Wenn ein anderer Botschafter sich ähnlich scharf äußern würde, gäbe es Geschrei. Ich weiß, manche halten mich wegen meiner Kritik an der Behandlung der Palästinenser schon für einen Antisemiten.

Möglicherweise können Sie mit Ihrer Biografie von einem ganz anderen Standpunkt aus argumentieren, als es die Deutschen können.
Bevor Sie weiterreden, mir ist eine Regel ganz wichtig: Die Identität soll nie von dem Finger auferlegt werden, der auf einen zeigt. Ich habe meine jüdische Herkunft nie zum Argument gemacht. Auch mein Vater war Arzt, er war Freimaurer und manches andere. Aber erst Hitler hat ihn zum Juden gemacht. Und das finde ich schlimm.

Gut, aber ist das, was Sie die „Unterdrückung der Palästinenser" nennen, nicht auch eine Reaktion auf den inzwischen globalen Terrorismus?
Nein, der Terrorismus in Israel ist nicht derselbe wie der von Madrid oder von New York.

Und wo liegt der Unterschied?
In Israel kämpfen Leute mit Mitteln, die ich schlecht finde, aber sie kämpfen gegen eine totale Unterdrückung, die die Gründer des Staates Israel nie gutgeheißen hätten. Das Prinzip heißt: Wir sind die Guten, die anderen sind die Schlechten. Wir wollen so viele Palästinenser aus Palästina rausjagen wie möglich.

Aber die palästinensischen Terroristen attackieren nicht die Repräsentanten des Staates Israel, nicht Soldaten oder Polizisten, sondern unschuldige Menschen auf der Straße. Das können Sie doch nicht für eine angemessene Reaktion halten.
Die Israelis nehmen sich auch das Recht zu töten, wen sie wollen, und kaputtzumachen, was sie wollen. Ist das nicht auch Terrorismus?

Billigen Sie den israelischen Soldaten nicht die Absicht zu, den Terror beenden zu wollen?
Das Ergebnis ist jedenfalls katastrophal.

Lassen Sie uns nicht weiter streiten, sondern am Schluss noch zu einem anderen Thema kommen. Sie haben im Mai 1989 in der „Süddeutschen Zeitung" geschrieben: „Immer mehr scheint in der Bundesrepublik die Genugtuung über das Erreichte, über das Geleistete versäumt zu werden zugunsten der herabsetzenden Anklage gegen das Bestehende." Und weiter: Die „reiche Republik" sei eine „freudlose Republik". Das haben Sie im Mai 1989 gesagt, ein halbes Jahr vor dem Mauerfall. Gilt das auch noch heute?
Ja, freudlos ist die Bundesrepublik von Anfang an gewesen. Und das schönste Kompliment, das mir je gemacht worden ist, habe ich nach meiner Friedenspreis-Rede 1975 von einer alten Dame erhalten. Sie schrieb mir damals: „Sie sprachen so gut Deutsch, ich dachte, Sie konnten nur ein

deutscher Professor sein. Dann haben Sie ein Lausbubengrinsen geschnitten, und ich merkte, Sie konnten kein deutscher Professor sein."

Und Sie meinen, in Deutschland wird man nur ernst genommen, wenn man nicht lacht?
Ja. Natürlich habe ich auch Verdienste. Ich spreche Deutsch. Ein deutscher Soziologe spricht Soziologisch. Und wenn ein in Soziologie ausgebildeter Journalist über eine meiner zahlreichen Reden berichtet, so nennt er sie „Plauderei", weil das Publikum öfters gelacht hat. Aber mit einem passenden Witz bekommen Sie viel mehr in die Köpfe rein als durch eine lange Abhandlung.

Sie gelten als Repräsentant der deutsch-französischen Freundschaft. Sind Sie mit dem Stand der Aussöhnung zwischen diesen beiden Völkern zufrieden?
Die großen Taten liegen lange zurück. Robert Schuman vor allem hat sich um die Freundschaft zwischen den ehemaligen Erzfeinden verdient gemacht. Wichtig waren auch Konrad Adenauer und Charles de Gaulle.

Heute fehlt es an solchen Figuren?
Ja, ja. Kohl, Mitterrand und Delors haben sicher auch noch Großes geleistet, Helmut Schmidt und Giscard haben Gutes geleistet, aber seitdem hat sich nichts mehr getan.

Also eine negative Bilanz?
Nein, den Erfolg sieht man schon, wenn auch auf einer anderen Ebene. Ich war vor ein paar Monaten mit einer deutsch-französischen Jugendgruppe zusammen und berichtete denen von meinem Glücksgefühl, als ich zum ersten Mal über eine neue Brücke südlich von Straßburg gefahren war und ohne Zoll- oder Polizeikontrolle in ein anderes Land einfuhr. Ich erzählte das voller Begeisterung diesen Jugendlichen. Und ein Mädchen sagte darauf nur: „Na und?" Ich bin ganz sicher: Dieses lakonische „Na und" – das war unser Erfolg. Und zugleich ein Beleg für unser Unvermögen, diese jungen Menschen für das entstandene Europa zu begeistern.

Inge Deutschkron

„Ein Land, wo man Jude war, kein Mensch"

Die Publizistin Inge Deutschkron über
ihre Jahre in der Illegalität im nationalsozialistischen Berlin, die Emigration nach
Israel und den Umgang mit der NS-
Vergangenheit

Inge Deutschkron wurde 1922 in Finsterwalde geboren und verbrachte ihre Jugendjahre in Berlin. Nur dem Vater gelang rechtzeitig die Emigration nach England, sie selbst und ihre Mutter verbargen sich in immer wieder wechselnden Verstecken vor dem Zugriff der Nazis. Nach Jahrzehnten in Israel lebt die streitbare Publizistin heute wieder in Berlin.

Frau Deutschkron, vor mehr als 60 Jahren wollten die Deutschen Sie und Ihre Mutter umbringen. Andere Deutsche haben Sie gerettet. Welches Verhältnis haben Sie heute zu dieser Nation?

Mit alten Menschen, von denen ich nicht weiß, wie sie sich zur Zeit des Nationalsozialismus verhalten haben, will ich nichts zu tun haben. Mit denen, die nach dem Krieg geboren wurden, sieht es schon ganz anders aus. Ich habe viele Freunde in dieser Stadt. Die sind alle um die 60 Jahre alt und hatten mit der Nazi-Vergangenheit nichts zu tun. Am besten ist mein Verhältnis zu jungen Leuten. Ich komme viel mit Schülern bei Lesungen oder Vorträgen zusammen und genieße das Gespräch mit diesen jungen Menschen, die so viel von mir wissen wollen.

Sie besitzen die israelische Staatsangehörigkeit und sind in den siebziger Jahren nach Israel gezogen. Warum treffen wir Sie heute wieder in Berlin?

Das ist ganz einfach. Als das Berliner „Gripstheater" beschloss, aus meinem Buch „Ich trug den gelben Stern" ein Theaterstück zu machen – ein großartiges Stück, wenn ich das so sagen darf –, da kamen viele Schüler und Lehrer auf mich zu und sagten: „Sie müssen unbedingt zu uns in die Schule kommen. Sie müssen mit uns diskutieren." Und da habe ich gedacht: Na schön, das machst du vielleicht ein halbes Jahr, dann haben die genug von dir. Aber sie haben bis heute nicht genug von mir. Im Gegenteil.

Wann kamen Sie hierher?

1989 fand die Premiere des Theaterstücks statt. Zunächst habe ich gedacht: „Na schön, machst du Pendelverkehr." Sechs Monate hier, sechs Monate da. Das ist sehr mühselig, aber ich habe das eine lange Zeit durchgehalten. Wenn man älter ist, wird es schwieriger. Und außerdem gibt es hier so viele Aufgaben für mich. Seit zwei, drei Jahren bin ich nun ständig hier in Berlin.

In dem Buch „Ich trug den gelben Stern" erzählen Sie die Geschichte Ihrer Berliner Jugendjahre. Verspürten Sie am Ende Heimweh nach Berlin? Oder jetzt Heimweh nach Israel?
Heimweh? Für uns gibt es kein Heimweh. Uns haben sie die Wurzeln abgeschnitten, wissen Sie. Und die wachsen nicht so schnell wieder. Israel ist für mich ein wahnsinnig interessanter Staat, ich habe das Leben dort sehr genossen, gerade die Solidarität der Menschen, besonders in der Redaktion von „Maariv". Da kam ich als ein ganz fremder Vogel an und konnte die Sprache zunächst nicht einmal. Dennoch wurde ich akzeptiert. Das ist wirklich ein Geschenk für mich. Menschen aus 70 Nationen sind in Israel zusammengekommen; Menschen, die alle irgendwas mitbrachten, an Kultur, an Gebräuchen und Traditionen. Ich wünsche jedem deutschen Jungen, der sich hier gegen Ausländer ausspricht, dass er dort einmal hinfährt und sich ansieht, wie Menschen aus den verschiedensten Nationen miteinander leben und voneinander lernen.

Wenn man Ihnen die Wurzeln nicht „abgeschnitten" hätte, wie Sie sagen: Wo wäre dann heute Ihr Zuhause?
Wohl in Berlin. Geboren wurde ich in Finsterwalde, doch als ich vier Jahre alt war, zogen wir nach Berlin. Meine Muttersprache, das Berlinische, ist die einzige Sprache, die ich richtig kann. Dazu kommt natürlich auch die Kultur dieses Landes, in der ich aufgewachsen bin. Außerdem

haben die Berliner ja eine gewisse Art der Aggressivität und werden dessen ja auch immer beschuldigt. Diese besondere Form der Frechheit und das, was wir als Chuzpe bezeichnen – das habe ich auch. Insofern habe ich bei meiner Rückkehr in diese Stadt schon gemerkt: Du gehörst hier eigentlich her. Und dann muss ich natürlich hinzufügen: Hier haben Leute ihren Kopf für mich riskiert. Das vergisst man nicht. Leider lebt keiner mehr von denen.

Also sind Sie in Ihrer Jugend schon eine echte Berlinerin gewesen?
Ich habe nie aufgehört, Berlinerin zu sein, was meinen Charakter und meine Lebensweise angeht. Doch eine Jugend im üblichen Sinne habe ich nie gehabt.

In was für einem Elternhaus sind Sie aufgewachsen?
Das war eine sozialdemokratische Familie, mein Vater war Oberstudienrat und zugleich sozialdemokratischer Funktionär.

Sind Sie diesem Milieu bis heute verhaftet geblieben?
Aber sicher. Ich bin Sozialistin, vielleicht sogar noch mehr als früher.

Weil dieses Milieu für Sie am Ende lebensrettend war?
Auch das. Der Nukleus der Menschen, die ihren Kopf riskierten, um uns zu retten, waren Sozialdemokraten. Der Geist des Sozialismus hat unser Leben beherrscht. Das hat mich geprägt.

Als die Nazis an die Macht kamen, waren sie zehn Jahre alt. Haben Sie verstanden, was da passierte?

Ich habe schon früh erfahren, was die Ziele des Nationalsozialismus sind, und wer dieser Hitler ist. Meine Eltern haben mir das zu erklären versucht und auch die Gründe, warum sie gegen die Nazis kämpften. Sie nahmen mich immer zu Demonstrationen mit. Ich sage immer, der Lustgarten war für mich genauso ein Spielplatz wie der Märchenbrunnen in Friedrichshain. Ich wurde auch einmal Zeuge, wie Nazis und Kommunisten aufeinander einschlugen und Blut floss. Dem konnte man in unserem Bezirk Prenzlauer Berg gar nicht entgehen. Sie sehen, ich bin sehr politisch aufgewachsen.

Auf dem Prenzlauer Berg?
Auf dem Prenzlauer Berg, ich habe in den Kneipen bei den Genossen gesessen und mit sechs Jahren Flugblätter gegen die Nazis geknifft. Ich wusste genau, warum ich das tue, und war sehr stolz auf meinen Beitrag zur politischen Arbeit meiner Eltern.

Ihre Eltern waren nicht nur Sozialdemokraten, sondern auch Juden. Wie gingen sie damit um?
Das ist eben der Witz. Meine Eltern waren längst keine Juden mehr. Was heißt das, Jude? Religion hat es bei uns nicht gegeben. Ich bin mit Weihnachtsbaum und Ostereiern aufgewachsen wie alle anderen Kinder. Bei uns gab es keine jüdischen Kultgegenstände und keine jüdischen Feiertage, überhaupt nichts dergleichen. Meine Eltern waren meines Wissens auch nicht Mitglieder der jüdischen Gemeinde. Und ich auch nicht, bis heute nicht. Meine Mutter hat mir erst am 1. April 1933, als die Nazis jüdische Geschäfte boykottierten, gesagt: „Mein Kind, du bist Jüdin." Nach den Nazi-Gesetzen war es ja auch so.

Auf diese Weise wurde ich zur Jüdin gemacht. Religion hat mich nie interessiert.

Auch später nicht?
Nie. Ich kann an nichts anderes glauben als an mich. Ein Rabbiner hat mal gemeint, das Unglück sei über die Juden gekommen, weil sie gesündigt hätten. Die anderthalb Millionen jüdischen Kinder, die ermordet wurden, hatten wohl kaum Gelegenheit dazu.

Haben Ihre Eltern auch darüber nachgedacht auszuwandern?
Mein Vater sagte dazu nur: „Kommt gar nicht in Frage. Ich bin Deutscher. Meine Kultur ist deutsch, meine Sprache ist deutsch. Meine Familie ist seit Generationen hier. Was soll ich im Ausland?" Damit war das Thema erschöpft. Die Notwendigkeit auszuwandern, hat er erst sozusagen fünf Minuten vor zwölf erkannt, im November 1938, in der Pogromnacht. Die Gestapo kam zu uns und wollte ihn verhaften, Gott sei Dank war er nicht zu Hause, aber da hat er gesagt: „Wir müssen was tun."

Und was hat er getan?
Mein Vater arbeitete damals als Lehrer in einer privaten jüdischen Schule, aus der staatlichen war er schon 1933 herausgeflogen. Als er nach Hause kam und erfuhr, dass die Gestapo nach ihm gefragt hatte, sagte er allen Ernstes: „Wenn die deutsche Polizei mich sucht, muss ich mich doch stellen." Meine Mutter war richtig wütend: „Bist du verrückt geworden? Was soll denn das? Das sind einfache Verbrecher, was heißt hier deutsche Polizei?" Einer unserer sozialdemokratischen Freunde, Otto Ostrowski, versteckte ihn

dann erst mal bei den Eltern seiner Freundin. Meine Mutter war damals schon viel aktiver, viel kämpferischer. Bei meinem Vater ist 1933 etwas geschehen, der hat damals so etwas wie mit der Keule auf den Kopf gekriegt. Von da an war er kein Kämpfer mehr.

Dennoch gelang es ihm, Deutschland zu verlassen?
Ja, eine Cousine meines Vaters, eine Engländerin, die wir gar nicht kannten, war bereit, zu helfen. Sie musste eine hohe Summe bei der Britischen Bank hinterlegen als Garantie, dass mein Vater bei seiner Einwanderung nicht dem Staat zur Last fällt. Sie konnte das nur für einen von uns tun. Und damit war klar, dass mein Vater diese Gelegenheit wahrnimmt und in England Asyl sucht. Er hat das immer weiter hinausgezögert. Eines Tages wurde er zur Gestapo vorgeladen: „Wie heißen Sie? Deutschkron? Ein Jude darf nicht einen Namen tragen, der das Wort deutsch enthält." „Wie hießen Ihre Großmütter?" „Die eine hieß Russ, die andere Besser." „Na dann wählen Sie zwischen diesen beiden Namen." Mein Vater hat uns später gesagt: „Ich konnte mich doch nicht Russ nennen, wenn ich vorher Deutschkron hieß." Er nahm also den Namen Besser an, hatte aber bereits Pass und Visum auf den Namen Deutschkron. Ein Glück, dass das geschehen ist. Denn dadurch hat er endlich verstanden, dass es Zeit war, aus Deutschland zu fliehen. Am 19. April 1939 ist er abgefahren, natürlich mit dem festen Versprechen, uns so schnell wie möglich nachzuholen.

Wenig später begann der Krieg, und Sie waren von der Außenwelt abgeschnitten …

Ja, darüber ist in Deutschland leider immer zu wenig berichtet worden. Das liegt daran, dass Treblinka und Auschwitz so viel schlimmer waren. Aber die Jahre von 1939 bis 1943 hier in Berlin waren ganz fürchterlich schwer für uns. Nicht nur, dass diese Verbrecher in der Regierung fast täglich neue Verbote gegen uns erließen. Es begann harmlos mit den Lebensmittelkarten, die ein großes „J" hatten, dann, dass wir nach acht Uhr abends nicht mehr ausgehen durften. Wir kriegten sehr viel weniger Lebensmittel als die anderen Deutschen. Wir erhielten keine Seife. Das Benutzen von öffentlichen Verkehrsmitteln war uns verboten. Wir durften nicht telefonieren, keine Zeitungen kaufen.

1940 waren Sie 17 Jahre alt, ein Teenager, würde man heute sagen …
Natürlich bin ich ins Kino gegangen, auch ins Theater oder in ein Konzert. Das war uns verboten. Als im September 1941 der ‚Judenstern' eingeführt wurde, den wir am äußersten Kleidungsstück anzubringen hatten, wurde alles viel schwieriger.

Empfanden Sie so eine Art Abenteuerlust?
Natürlich auch, aber zunächst einmal hatte ich die größte Freude, die Nazis zu übertölpeln, auszutricksen. Ich musste mit dem Stern an der Jacke aus dem Haus gehen, denn in unserer Nachbarschaft war ich ja bekannt. Aber ich hatte immer eine Tasche mit einer Jacke ohne ‚Stern' dabei. Auf dem Weg habe ich mich in einen dunklen Hausflur verdrückt und mich umgezogen. Und auf dem Rückweg dieselbe Prozedur. Meine Mutter ist fast wahnsinnig geworden.

Vor Angst?

Klar. Aber sie hat dann nachher mitgemacht. Darauf war ich sehr stolz. Der Grunewald war uns ja auch verboten, alles Grüne. Trotzdem sind wir mal am Sonntagvormittag gemeinsam in den Grunewald gefahren. Aber so etwas war auch sehr wichtig. Es lenkte uns ab von all dem Schrecklichen, das uns täglich nicht zur Ruhe kommen ließ. Wir waren in ein sogenanntes Judenhaus eingewiesen worden, in der Bamberger Straße 22, in eine Fünfeinhalbzimmerwohnung mit elf Personen. Wir mussten Zwangsarbeit leisten, Munitionsfabriken, Straßenreinigung, Straßenbau und Kohle schleppen, das waren die Aufgaben. Wenn die Fabrik mehr als sieben Kilometer entfernt war, durften wir öffentliche Verkehrsmittel benutzen, aber nur stehend. Man kam todmüde zu Hause an und war hungrig, jeder stürzte an den Herd. Was sich da abgespielt hat, war entsetzlich. Wenn jemand ein Stück Fleisch geschenkt bekommen hatte, dann hat er es nachts gebraten, wenn alle anderen schliefen, damit auch der Geruch die Leute nicht anmachte. Und dazu kam: Jeder hatte Angst. Was machen die mit uns? Es kamen Gerüchte auf. Später dann die Deportationen.

Wo haben Sie gearbeitet?

Zunächst als Kindermädchen in jüdischen Familien. Eines Tages hieß es, das dürfe nun nicht mehr sein. Und so kam ich dank mancher Zufälle in die Blindenwerkstatt von Otto Weidt. Dort wurden von jüdischen Blinden Besen und Bürsten für die Wehrmacht hergestellt. Otto Weidt hasste die Nazis und tat alles, um seinen jüdischen Arbeitern das schwere Leben zu erleichtern. Ich glaube, es war mein sozialistisches Elternhaus und die Art, wie ich erzogen worden war, dass er alles tat, um mich anstellen zu können.

War Weidt nicht selbst sehbehindert?
Ja, er konnte nur Konturen sehen und galt als praktisch blind. Dem Oscar Schindler war er sehr ähnlich. Wenn es seiner Sache diente, war er nicht immer nahe bei der Wahrheit. Er war immer hilfsbereit und voller Ideen, wie er die Nazis übertölpeln konnte. Wenn er zu Nazi-Ämtern ging, hatte er immer ein Paket unter dem Arm. Wenn er wiederkam, war es weg. Otto Weidt hatte zunächst gar keine Arbeit für mich. Er schuf sie. Aber am allerwichtigsten war es, dass Otto Weidt sich unserer annahm, unsere Sorgen mit uns teilte und Rat suchte. Er lebte quasi mit uns. Alles, was uns angetan wurde, berichteten wir ihm. Sie ahnen gar nicht, was das bedeutete in diesem Land, wo man Jude war – kein Mensch. Die antijüdische Propaganda war doch zum großen Teil sehr wirkungsvoll gewesen, machen wir uns nichts vor. Und da ist nun hier ein Mann, der uns mit Respekt begegnet, so wie man Menschen normalerweise gegenübertritt. Sie glauben gar nicht, wie wichtig das war. Es stärkte unsere Selbstachtung, die durch die Nazis so arg beschädigt worden war.

Was haben Sie in dieser Blindenwerkstatt gemacht?
Die Telefonzentrale, Sie können sich vorstellen, wie groß die war, 30 blinde Angestellte und noch ein paar Seelen, das war es dann auch schon. Außer der Stöpselei habe ich den Vertrieb gemacht, das heißt, Besen und Bürsten gezählt, die rausgingen und reinkamen. Und noch ein paar Rechnungen geschrieben.

War Otto Weidt dafür verantwortlich, dass Sie nicht deportiert wurden?
Nein, das habe ich jemand anderem zu verdanken, ich hatte gute Beziehungen. Aber Weidt ist es mehrfach gelungen, seine Leute zu schützen. Die Blinden kriegten die sogenannten Listen natürlich auch, also die Aufforderung, sich für den Abtransport bereit zu halten. Otto Weidt nahm dann diese Listen und raste los, sofort zur Burgstraße, da saß die Gestapo, und machte ein wahnsinniges Theater: „Was denken Sie sich eigentlich? Ich habe Aufträge von der Wehrmacht. Wie soll ich die ausführen, wenn Sie mir meine Arbeiter wegnehmen?" Das hat denen eingeleuchtet. Und das Paket unterm Arm natürlich auch. Verstehen Sie? Und so hat er das mehrmals gemacht.

Haben Sie damals schon gewusst, was die Deportierten erwartete?
Ich habe im englischen Sender im November 1942 vage Nachrichten über Vergasung und Massenerschießungen gehört. Und ich weiß noch, wie ich zu meiner Mutter gesagt habe: „So ein Quatsch. Das ist doch unmöglich." Ich habe das als Gräuelpropaganda gegen den Feind, also die Deutschen, abgetan.

Im November '42 waren die meisten Berliner Juden schon deportiert …

Und es war klar, dass auch wir irgendwann an die Reihe kommen, natürlich. Aber wir hatten hier in der Knesebeckstraße 17 eine Wäscherei, ganz einfache Leute. Der Mann war Zeuge Jehovas, und die Frau war einfach eine geradlinige, unglaubliche Frau. Sie kam eines Tages und sagte zu meiner Mutter: „Frau Deutschkron, Sie müssen mir versprechen, dass Sie und Inge sich nicht deportieren lassen." Und meine Mutter sagt: „Um Gottes willen, was soll denn das heißen?" „Na ja, der Fritz von nebenan", ein Nachbarsjunge, „war in Polen als Soldat und hat gesehen, was sie da mit den Juden machen." Und dann fing sie an zu weinen und sagte: „Sie ermorden sie alle." Und sie sagte: „Mein Mann und ich haben es schon besprochen, Sie kommen zu uns. Wir verstecken Sie." Das war ungeheuerlich. Wir haben lange darüber nachgedacht…

Und dann akzeptiert?
So ist es. Eines Tages stand die Gestapo bei uns in der Wohnung, eigentlich wegen der Nachbarn, aber dann wollten sie plötzlich auch meine Mutter mitnehmen. Sie konnte es mit viel List und Tücke verhindern. Nach diesem schrecklichen Erlebnis setzten wir den Termin unseres „Untertauchens" fest. Und damit war klar: Wir mussten uns verstecken. Am 15. Januar 1943 haben wir uns zurechtgemacht, ein paar Taschen mitgenommen und natürlich keinen Judenstern mehr. Wir kamen in die Wäscherei, und die Frau sagte nur: „Ich bin ja so stolz, dass ich sie dazu überreden konnte." Sie hat uns hinten in ihrer winzigen Wohnung so ein halbes Zimmer gegeben, und wir haben zusammen ein Bett gehabt, das war das erste Versteck.

Wussten Sie, wie lange Sie bleiben würden?
Nein, es ist ja interessant, dass keiner von den Freunden, die uns versteckten, eine Ahnung hatte, wie lange sie uns verstecken müssten. Auch wir natürlich nicht. Und trotzdem waren sie dazu bereit. Und dann passierte es eben, dass zum Beispiel plötzlich die Nachbarin unsere Gastgeberin fragte: „Ach, Sie haben Besuch." „Ja." „Ach, woher kommt der denn?" „Verwandte von mir aus der pommerschen Heimat." Aber so ein Verwandtenbesuch ist eben begrenzt, also werden alle nervös, und es hieß auf einmal: „Fragt doch mal eure Freunde, wie es mit euch weitergehen soll." Und schon mussten wir eine neue Bleibe suchen.

Von den mehr als tausend Juden, die in Berlin den Nazi-Terror überlebten, haben sich viele jahrelang versteckt, in Hinterzimmern oder Schrebergärten.
Ja, auch wir fanden Unterschlupf in Lauben, in einem ehemaligen Ziegenstall, in einem Bootshaus, in einem Laden und, wenn wir Glück hatten, in Hinterzimmern von Wohnungen von Freunden. Meine Mutter und ich haben uns aber weiterhin auf die Straße getraut, wir sind auch weiterhin mit der S-Bahn gefahren. Berlin ist eine Großstadt. Jemandem zu begegnen, der einen kannte, war eine relativ kleine Gefahr. Aber man musste auch Glück haben. Ich bin zum Beispiel am 26. Februar 1943 von einem Freund am Telefon gewarnt worden: „Inge, tu mir den Gefallen, geh morgen nicht raus. Rühr dich nicht aus dem Haus". Ich wusste gar nicht warum. Aber nachher war klar, an jenem Tag war die sogenannte Fabrik-Aktion, die Juden wurden an ihren Arbeitsplätzen verhaftet. Das ist einer der Momente, die man sein Leben lang nicht ver-

gisst: Man guckt aus dem Fenster und sieht, wie die anderen abgeholt werden. Können Sie verstehen, was das heißt? Da beginnt etwas, was, so viel ich weiß, fast jeder Überlebende hat: Der Schuldkomplex, dass man selbst überlebt hat.

Was passierte mit der Blindenwerkstatt nach der Fabrik-Aktion?
Es blieben nur noch wenige Arbeiter übrig, vor allem die, die einen nichtjüdischen Partner oder einen ausländischen Pass hatten. Einige hatte Weidt auch versteckt. Ich selbst habe dann in einer Bücherei gearbeitet, anderthalb Jahre lang. Das war schon deswegen für mich wichtig, weil es dort auch Briefpapier gab. Kein Mensch hatte im Krieg Briefpapier. Der Fleischer sagte dann: „Hast du nicht ein bisschen Briefpapier?" Da habe ich gesagt: „Für dich, natürlich. Hast du nicht ein bisschen Wurst dafür?" Dasselbe passierte mit der Milchhandlung nebenan.

Neben der Angst, entdeckt zu werden, mussten Sie ja auch noch die Bombenangriffe ertragen…
In der ersten Zeit war es noch nicht so schlimm. Da habe ich immer gedacht: „Die können mich mal", hab mich im Bett umgedreht und die Ohren zugehalten. Aber an meinem Geburtstag, dem 23. August 1943, war der erste Großangriff auf Berlin. Und da ist mir das Fenster in tausend Scherben auf mein Bett geflogen. Von da an hatte ich einen Schock weg, und wann immer ich eine Sirene hörte, da rannte ich.

In den Keller?
Nein, in den Hauskeller konnten wir nicht gehen, wir mussten es immer bis zu den öffentlichen Luftschutzkellern schaffen, wo einen niemand kannte. Je näher das Ende des Krieges kam, desto schwieriger wurde es allerdings für uns. Unterkünfte wurden ausgebombt und die Lebensmittel knapper, auch für Nichtjuden. Die entscheidende Idee kam dann im Februar 1945 von einer Frau, die uns sehr geholfen hat: „Mischt euch unter die Flüchtlinge", sagte sie, „und kommt mit den aus dem Osten Flüchtenden hier nach Berlin zurück." Also sind wir mit der Bahn in Richtung Lübbenau gefahren und dort in einen Flüchtlingszug gestiegen, wir hatten uns auch so angezogen wie Flüchtlinge mit Kopftüchern, und wir trugen verschnürte Koffer. Der Zug kam aus Guben, das schon von den Russen eingenommen worden war. Und dann hörten wir von Vergewaltigungen und Plünderungen. Wir kommen also in Berlin an, und in dem Moment gibt's Fliegeralarm, und es wird alles stockdunkel. Die Flüchtlinge schrien: „Wo ist mein Kind, wo sind meine Koffer?" Sie erlebten ja den ersten Fliegerangriff, sie taten uns leid. Ich sagte zu meiner Mutter: „Weißt du was, hier haben wir unseren Koffer auch verloren."

Was gar nicht der Fall war?
Genau, aber es hat uns geholfen, wir konnten nämlich behaupten, dass alle unsere Dokumente verloren waren. Wir wurden erst mal in den Luftschutzkeller gebracht, von Hitler-Jungen, die die Leute betreuten. Es gab Kaffee, den man sonst gar nicht mehr kriegte, und Leberwurststullen, endlich konnten wir uns wieder satt essen. „Wo kommt ihr denn her?", wurden wir gefragt. Und wir sagten mit völliger Sicherheit: „Wir kommen aus Guben." Bei all den Angaben, die wir nun immer wieder machen mussten – wo wir geboren sind, in welcher Straße wir wohnten

und so weiter –, mussten wir darauf achten, dass dieser Teil Deutschlands schon von den Russen besetzt war. Denn sonst konnten die Deutschen immer noch nachfragen: „Gibt es da eine Familie so und so?" Wir nannten uns Richter, wir waren immer Frau Ella Paula Richter und Inge Elisabeth-Marie Richter gewesen, und dabei blieb es.

Bis zum Ende des Krieges?
Ja, aber wir brauchten natürlich eine Bescheinigung, dass wir uns als Flüchtlinge aus Guben irgendwo angemeldet hatten. Wir gingen also zur Nationalsozialistischen Volkswohlfahrt, die Flüchtlinge betreute, und meine Mutter sagte: „Wir haben hier Verwandte und möchten in Berlin bleiben." Die zuständige Frau von der NSV sagte dann: „Aber keiner bleibt freiwillig in Berlin. Um Gottes willen, was wollen Sie in Berlin? Gehen Sie ins Ost-Havelland, da werden alle aus Guben hingeschickt." Und meine Mutter fragt sofort: „Wieso?" Daraufhin sagt sie: „Berlin könnte doch belagert werden." Und wieder meine Mutter: „Nein, also wissen Sie, das würde unser Führer nie zulassen." Und als sie das sagte, habe ich gedacht, ich sterbe vor Lachen. Das war unbeschreiblich. Aber die Olle hat sofort kapiert, dass das eine defätistische Bemerkung war, und unterschrieben. Und da waren wir plötzlich legal. Wir bekamen Bezugsscheine für Kleidung und natürlich Lebensmittelkarten. Das war paradiesisch.

Arno Lustiger

„Das wird dir niemand glauben"

Der Historiker Arno Lustiger und seine
Tochter, die Schriftstellerin Gila Lustiger,
über die Schwierigkeiten der Holocaust-
Opfer und ihrer Kinder, über die Jahre der
Verfolgung zu schreiben oder zu reden

Arno Lustiger, 1924 im polnischen Będzin geboren, überlebte mehrere Arbeits- und Konzentrationslager. Nach dem Krieg gründete er ein Textilunternehmen in Frankfurt am Main. Er publizierte eine Reihe von Büchern über den jüdischen Widerstand gegen die Nationalsozialisten. Seine 1963 geborene Tochter Gila lebt als Schriftstellerin in Paris.

Frau Lustiger, in Ihrem autobiografischen Roman „So sind wir" erzählen Sie davon, was es für Sie bedeutet, Tochter eines Holocaust-Überlebenden zu sein. Wann wurde Ihnen das erstmals bewusst?
GILA L.: Soweit ich zurückdenken kann, habe ich gespürt, dass mein Vater etwas überlebt hatte, was ihn von uns, seinen Töchtern, und von unserem Alltag trennte. Er nahm zwar daran teil, aber wie eine uns immerzu entschwindende Gestalt. Ich war 13 oder 14, als die 68er in die Schulen kamen, jene jungen, hochpolitisierten Lehrer, die sich mit etwas auseinanderzusetzen begannen, was zuvor kein Thema war. Plötzlich wurde der Holocaust Unterrichtsmaterial, und ich, die ich doch nichts anderes sein wollte als eine ganz gewöhnliche Jugendliche, wurde über Nacht Repräsentantin meines Volkes.

Wie haben Sie reagiert?
GILA L.: Ich war wütend. Ich fühlte mich in eine Rolle gezwängt und benutzt. Ich war weder verantwortlich für die Vergangenheit noch für ihre Aufarbeitung. Ganz bestimmt wollte ich kein lebendes Anschauungsmaterial sein.

In dem Roman heißt es: „Wir waren und sind eine Familie, die schonend über die Vergangenheit schweigt." Waren Sie, Herr Lustiger, überrascht, als Sie den Satz gelesen haben?
ARNO L.: Nein. Schon bei meinen Eltern gab es diese Schweigsamkeit, das Formulieren von Gefühlen war in unserer Familie nicht üblich. Was zählte, waren Taten, Worte sind billig.

Offenbar hat Ihre Tochter das als Mangel empfunden.
ARNO L.: Auch das ist ein Problem, über das man nicht spricht.

In Ihrem Roman, Frau Lustiger, wird die Frage gestellt: „Warum hast du uns nie etwas über den Krieg erzählt?" Wollten Sie wirklich alles wissen?
GILA L.: Nein. Die Frage, die ich da im Roman stelle, ist ja auch perfide. Jemand, der „Warum hast du uns nie etwas über den Krieg erzählt?" sagt, will eigentlich nichts anderes serviert bekommen als irgendeine psychologische Erklärung, denn würde er wirklich etwas in Erfahrung bringen wollen, müsste er sagen: „Erzähl mir etwas über den Krieg." So, mit solchen Mitteln, haben wir unsere Väter zum Schweigen gebracht. Denn wissen wollten wir es nie allzu genau.

Haben Sie, Herr Lustiger, das auch so empfunden? Warum haben Sie geschwiegen?
ARNO L.: Ich wollte meinen Kindern nicht zumuten, eine Sonderrolle zu spielen. Sie sollten mit ihren Klassenkameraden unbefangen spielen, unbelastet von meiner Geschichte. Ich musste nach dem Krieg in Deutschland bleiben, weil meine Mutter und meine Schwester Hella todkrank waren, als sie befreit worden sind. Eigentlich wollte ich in die USA, wo schon meine Schwester Mania lebte, und ich hatte auch schon die Einreisegenehmigung.

Ist es Ihnen denn geglückt, Ihren Kindern diese Sonderrolle zu ersparen?
ARNO L.: Wie Sie sehen, nicht ganz. 40 Jahre lang konnte ich überhaupt nicht über meine Erlebnisse sprechen oder gar schreiben.
GILA L.: Die weißen Flecken in seiner Biografie, in unserer Familienbiografie, haben für mich zur Folge gehabt, dass ich sehr früh, als Kind schon, das Bedürfnis hatte, hinter die Kulisse zu linsen, dass ich den Alltag immerzu hinterfragen

muss, auf der Suche nach einer weiteren, tiefgründigen, versteckten Wirklichkeit.

Wie empfindet es der Vater, wenn er mit seiner persönlichen Geschichte im Roman der Tochter zur literarischen Figur wird?
ARNO L.: Das ist nicht das erste Mal, dass ich in einem Roman vorkomme. Vor Jahren gab es einen Krimi, in dem ich auftauchte.
GILA L.: Jetzt ist er Ihnen sehr schön ausgewichen...

Wann haben Sie, Herr Lustiger, erstmals Ihre Geschichte erzählt?
ARNO L.: Auf einer Veranstaltung in Frankfurt zum 40. Jahrestag der Befreiung von Auschwitz habe ich erstmals öffentlich darüber gesprochen. Zehn Jahre später, 1995, machte der Hessische Rundfunk eine Sendereihe zum 8. Mai. Auch ich habe da einige Erlebnisse erzählt. Danach wurde aus dieser Sendereihe ein Buch. Im Januar 2005 fand die Gedenkfeier für die Opfer des Nationalsozialismus im Bundestag zum zehnten Mal statt, Anlass war der 60. Jahrestag der Befreiung von Auschwitz. Ich hielt die Gedenkrede – am selben Tag, fast zur selben Stunde, sprach in Auschwitz, neben Bundespräsident Köhler, mein Cousin, der Pariser Kardinal Jean-Marie Lustiger, dessen Mutter, meine Tante Gisèle, in Auschwitz ermordet wurde.

Aber offenbar haben diese öffentlichen Erinnerungen und Reden Ihre Tochter nicht zufriedengestellt?
ARNO L.: Das mag sein, zumal ich noch heute nicht imstande bin, die ganze Wahrheit zu sagen. Ich erinnere mich daran, wie mir ein SS-Mann, ein KZ-Aufseher, auf dem Marsch zur Arbeit

sagte: „Du wirst es nicht überleben, aber solltest du das überleben, dann wird dir das niemand glauben." Und dieses Problem gibt es immer noch. Wie kann ich das erzählen, etwas so Furchtbares, so Schreckliches? Und es kam ja hinzu: Ich selbst wollte es auch vergessen.

Was können Sie uns heute über Ihre Leidensjahre erzählen? Was geschah 1939?
ARNO L.: Mein Vater betrieb in der oberschlesischen Industriestadt Będzin einen Handel mit Maschinen für Bäckereien und Konditoreien. Dazu musste er das weite Gebiet von Polnisch-Oberschlesien bereisen, was sehr beschwerlich war. Aber ich habe nie ein Wort der Klage oder des Bedauerns gehört. Man hat getan, was getan werden musste. Auch später im KZ: Meine Mutter hat ihr Brot für uns Kinder aufgeteilt, ohne ein Wort darüber zu verlieren. So einfach zeigte sich ihre grenzenlose Liebe. Da brauchte sie nicht zu sagen: „Ich liebe euch so!" Dieses Wort ist in unserer Familie nie gefallen.

Was passierte nach dem Einmarsch der Deutschen?
ARNO L.: Zunächst wurde unser Familienunternehmen beschlagnahmt. Aber die ehemaligen Inhaber mussten nun dort als Angestellte weiterarbeiten. Es war ein weites Gelände, auf dem große Mengen von Eisen, Maschinenteilen, Stahlträgern und Schienen gelagert wurden.

Und auf dem großen Betriebsgelände haben Sie sich versteckt gehalten?
ARNO L.: Ja, Anfang 1943 mussten alle Juden aus Będzin ins Ghetto umziehen. Wir haben uns dort aus Angst vor den Deportationen immer nur tagsüber aufgehalten, nachts sind wir in ein Kellerversteck gestiegen, das wir uns auf dem Betriebsgelände gebaut hatten. Wasserleitung, Strom, Abwasser, alles war da. Dort war die ganze Familie versammelt, 40 Leute.

Und wie lange ging das gut?
ARNO L.: Bis zum 1. August 1943. Dann erfuhren wir von polnischen Eisenbahnern, dass um Będzin herum sehr viele Waggons postiert wurden. Also blieben wir am Wochenende im Bunker, keiner von uns betrat das Ghetto…

… von wo aus die Transporte nach Auschwitz-Birkenau gingen. Wie lange sind Sie im Bunker geblieben?
ARNO L.: Einige Tage. Dann erfuhren wir, dass in der Nähe von Będzin eine ehemalige Rüstungsfabrik in ein Zwangsarbeitslager umfunktioniert worden war. Es gab Stacheldraht, SS-Leute. Dennoch gingen wir dorthin. Der Weg durch die Stadt war die Hölle, überall lagen Leichen. Laut SS-Berichten wurden „rund 400 Menschen wegen bewaffneten Widerstands und Fluchtversuchen erschossen". Wir sind da hindurchmarschiert, weil wir hofften, auch im KZ als Familie zusammenzubleiben. Wir waren danach noch kurze Zeit im Zwangsarbeitslager Annaberg in Schlesien. Dann wurden wir aber doch auseinandergerissen. Jeder von uns wurde in ein anderes Lager verschickt.

Wo hat man Sie selbst hingeschickt?
ARNO L.: Von Annaberg kam ich über das KZ Ottmuth nach Blechhammer; es war ein Außenlager von Auschwitz, wo man mir die Nummer A 5592 eintätowiert hat. Hier wurde man zwar nicht direkt umgebracht, aber den Häftlingen

wurde die maximale Arbeitskraft abgepresst. Wer nicht arbeiten konnte, wurde nach Auschwitz zum Vergasen geschickt, wie mein Vater, der zwei Wochen vor meiner Ankunft von Blechhammer nach Birkenau verschickt worden war.

Was geschah mit Ihnen, als Anfang 1945 die Russen kamen?
ARNO L.: Wir mussten zu Fuß in Richtung des KZs Groß-Rosen marschieren, nach Niederschlesien. Es war ein harter Winter, minus 20 Grad, viel Schnee. Wer nicht marschieren konnte, wurde erschossen. Bei einem hatte sich nur der Schnürsenkel gelöst. Er hat sich hingekniet, und ein SS-Mann hat eine Salve abgegeben, auf die Beine, er hat ihm praktisch die Beine abgesäbelt und ihn liegen lassen. Die Russen haben ihn gerettet, sie haben eine Amputation gemacht. Er hat es überlebt und mir später selbst erzählt.

Haben Sie auf diesen Märschen manchmal den Glauben daran verloren, dass Sie das alles überstehen würden?
ARNO L.: Ja, oft war man ganz verzweifelt. Es gab diese Stimme in einem: Leg dich einfach hin, und es hat ein Ende – aber auch: Mach weiter, denn du musst ja erzählen, was war! Und so habe ich mich weitergeschleppt. Von Groß-Rosen ging es nach Buchenwald und von dort ins KZ Langenstein bei Halberstadt, das Schlimmste meiner Häftlingskarriere in sieben Lagern, wo die Lebenserwartung etwa drei bis vier Wochen betrug.

Und wie haben Sie schließlich das Kriegsende erlebt?
ARNO L.: Als die Amerikaner im April 1945 anrückten, mussten wir erneut aufbrechen, zu meinem zweiten Todesmarsch. Am Ende bin ich nachts mit ein paar Freunden geflüchtet, wurde von Volkssturm-Männern eingefangen, bin wieder geflüchtet und später ohnmächtig zusammengebrochen. Eine amerikanische Militärpatrouille hat mich gefunden und gerettet…
GILA L.: Ich habe das Gefühl, dass diese faktische Aufzählung der Vergangenheit etwas Wesentliches verdeckt.
ARNO L.: Aber wieso? Das kann ich nicht verstehen, Gila.
GILA L.: Das ist kein Vorwurf an dich.
ARNO L.: Ich bin in der Rolle eines Historikers, der zugleich Zeitzeuge ist. Der Historiker in mir versucht, das, was er selbst erlebt hat, von dem zu trennen, was er sich angelesen hat oder von anderen gehört hat. Die präzisen Daten, die habe ich nicht aus meinem eigenen Gedächtnis. Die habe ich aus den Akten.

Sie, Gila Lustiger, hatten also das Gefühl, einiges zu wissen, aber eigentlich nichts Genaues. Dann, so schreiben Sie, stoßen Sie in einer Pariser Buchhandlung plötzlich auf ein Buch, in dem Ihr Vater diesen Aufsatz, der aus dem Rundfunkvortrag entstanden ist, veröffentlicht hat. Und er erfährt dann aus Ihrem Roman, wie Sie darauf regieren. Warum so kompliziert?
GILA L.: Darüber sprechen wir ja gerade.
ARNO L.: Wir sprechen jetzt darüber zum ersten Mal. Wir haben nie drüber gesprochen.

Aber nun wird Ihre Tochter ungeduldig, wenn Sie uns alles noch einmal erzählen.
GILA L.: Ich glaube, es irritiert mich, weil ich es nicht so genau hören wollte, nicht hier, nicht so, nicht unvorbereitet.

Vielleicht hat Ihr Vater das geahnt?

ARNO L.: Da erzähle ich Ihnen eine Geschichte, die nicht meine Kinder betrifft, sondern meine Nichten in New York, die mich schon vor Jahren ausgefragt haben. Ich habe ihnen gesagt: „Ich bin nicht imstande, euch das direkt zu erzählen, ich nehme es auf Tonband auf." Da haben sie mir ein Tonbandgerät gegeben, in welches ich die ganze Nacht auf Englisch gesprochen habe.

Und das gibt's, dieses Tonband?

ARNO L.: Sie ahnen das Drama. Nach zwei Monaten habe ich die Zusendung des zugesagten Typoskripts des Tonbands angemahnt. Und die Mädchen mussten gestehen, dass sie die beiden Bänder verloren haben. Ich spreche mir alles vom Herzen, die ganze Nacht durch, mehrere Stunden, zwei Bänder voll. Das hat mich sehr verletzt. Da sagte ich mir: Jetzt redest du gar nicht mehr.

Gab es die ganzen Jahre danach keine Versuche mehr?

ARNO L.: Meine Erlebnisse insgesamt habe ich noch nie erzählt: Manchmal habe ich zum Erzählen angesetzt. Aber es kam immer etwas dazwischen.

Fühlten Sie sich deshalb als Tochter und Schriftstellerin verpflichtet, sich des Themas anzunehmen?

GILA L.: Dieses Buch hat mich von dieser Bürde befreit. Diese Bürde habe ich mir übrigens selbst auferlegt. Dazu hat mich niemand verpflichtet. Aber es gab da Schuldgefühle. Der Alltag war angesichts dieser Schrecken nicht erzählenswert, fadenscheinig. Ein fatales Problem

für eine Schriftstellerin, wie Sie sich vorstellen können. Deutsch war für mich zwar nicht die Sprache der Mörder und dennoch... Wie soll man als Jude vergessen, dass die erste Waffe im Feldzug gegen unser Volk Propaganda war? Ich habe mir Satz für Satz den Alltag erobern müssen. Heute kann ich dazu stehen und sagen, ja, ich bin deutschsprachige Autorin, mit allen Schwierigkeiten und Verwicklungen.

Stimmt es, dass Sie während der Schulzeit nach Israel gegangen sind?

GILA L.: Ja, vor dem Abi.

ARNO L.: Ein Jahr vor dem Abitur!

Sie waren nicht beglückt darüber?

ARNO L.: Nein, ich war todunglücklich. Die beiden Mädels waren plötzlich weg, auch ihre Schwester Rina, die bis dahin auf einem jüdischen College in England war. Sie hat sich nicht abgemeldet, ist einfach abgehauen, direkt zu Gila nach Israel, ohne Station in Frankfurt zu machen. Das hat mich sehr verletzt. Ich hätte gesagt: „Erst Abitur, Schulabschluss in Deutschland und dann weiter, wo auch immer."

Warum haben Sie all das gemacht?

GILA L.: Damals wusste ich es nicht so genau, ich wollte einfach weg; aus dem Elternhaus, aus Deutschland, aus meiner Geschichte.

Aber dann sind Sie doch in diese Geschichte zurückgekehrt?

GILA L.: Ja, ich wurde Germanistin, und das in Israel.

ARNO L.: Sie konnte Germanistik nicht in Frankfurt studieren, sie musste es in Jerusalem tun!

Es gab dort deutsche Exilanten.

ARNO L.: Stimmt, das war ein Plus. In Israel lebten damals noch Germanisten, die bis 1939 aus Deutschland geflohen waren, bedeutende Leute.

GILA L.: Heute weiß ich, dass dies die einzige Möglichkeit für mich war, meine beiden Kulturen zu vereinen. Ich begegnete an der Universität deutschen Exilanten, die mit ihren Bibliotheken ausgewandert waren – und mit ihrer uneingeschränkten Liebe zu Schiller, Goethe, Heine, Fontane, Thomas Mann, Döblin, Brecht.

Hatten Sie das erwartet?

GILA L.: Nein, überhaupt nicht. Ich habe dort gelernt, dass man in einer Kultur verwurzelt sein kann. In der Sprache. Die deutsche Sprache war ihre Heimat. Es war eben eine ungebrochene Liebesbeziehung, weil es die deutsche Kultur und Sprache vor 1939 war, vor der Judenvernichtung.

Kann man auch als Auschwitz-Überlebender in der deutschen Sprache noch heimisch sein?

GILA L.: „Überlebender" ist ein furchtbares Wort. Es klammert den Menschen aus der Gesellschaft aus, auch aus der Gegenwart in Deutschland. Es legt ihn auf einen historischen Moment fest und auf eine einzige Tätigkeit, die des Überlebens. Es wischt sein gesamtes Leben aus, davor und danach. Mit diesem Wort kommt einer aus dem Lager nie heraus.

ARNO L.: Ich sehe das nicht so. Das Glück, überlebt zu haben, überlagert für mich alles Negative, was in diesem Begriff stecken mag.

GILA L.: Aber für mich bist du weitaus mehr als nur ein „Überlebender", verstehst du?

ARNO L.: Natürlich. Ich blicke überhaupt wenig zurück. Ich habe verschiedene Lebensabschnitte durchlaufen. Ich war Geschäftsmann, habe einen Herzinfarkt überwunden, habe Bücher geschrieben. Ich lebe immer nach vorn.

Als Historiker schauen Sie zurück.

ARNO L.: Gewiss, aber das ist dann eine berufliche Sichtweise, eine Art „déformation professionelle".

Sie haben dabei einen bestimmten Blickwinkel. Ihre Hauptarbeit gilt dem jüdischen Widerstand. Immer wieder beklagen Sie, dass dieser Aspekt in der Forschung über Jahre hin sehr vernachlässigt worden sei.

ARNO L.: Nicht nur vernachlässigt, sondern schändlich missachtet und jahrelang beschwiegen. Das war eine kollektive Beleidigung und Verleumdung der jüdischen Opfer.

Warum, glauben Sie, hat sich dieses Bild in der Öffentlichkeit festgesetzt: das Bild von den Juden, die sich wie Lämmer zur Schlachtbank führen ließen?

ARNO L.: Ich weiß es nicht genau, habe aber eine Hypothese: Wenn die Juden wirklich passiv waren, so tragen sie eine gewisse Mitschuld. Und dann sind die Schuldigen weniger schuld. Es ist eine Form von oft unterbewusster Schuldabwehr.

Sie haben viele Interviews mit Menschen aus dem jüdischen Widerstand geführt. Wie kamen Sie auf diese Idee?

ARNO L.: Ich lag 1984, 60 Jahre alt, mit einem Herzinfarkt auf der Intensivstation im Krankenhaus in Jerusalem. Wie ein Film lief mein Leben vor meinem geistigen Auge ab. Ich erinnerte mich an die vielen Kameraden, die Widerstandskämpfer waren, und unter ihnen an einen Lagerkameraden, der Spanien-Kämpfer gewesen war. Doch in den Geschichtsbüchern tauchen diese widerständigen Juden nicht auf. Ich habe mir im Krankenhaus geschworen: Sollte ich nicht sterben, werde ich überlebende Widerstandskämpfer befragen und über den bisher ignorierten jüdischen Widerstand berichten.

Und da haben Sie im Grunde ein neues Leben begonnen, als Historiker, Chronist. Wäre nicht das Leben des Arno Lustiger auch Stoff für eine große Erzählung? Frage an Sie beide.

GILA L.: Natürlich. Nur, wie soll ich sagen… Nehmen Sie eine der Schlüsselszenen des Romans: Ich stehe in einer Pariser Buchhandlung und entdecke zufällig, dass mein Vater in einem kurzen Text seinen Leidensweg geschildert hat. Da geht es mir um die Erschütterung, die ich empfunden habe. Und dann frage ich mich als Schriftstellerin, die den Leser im Auge hat: Wie kann er es empfinden? Wie vermittle ich dieses Gefühl, das alles durchdringt, sogar die geringfügigste Wahrnehmung? Das kann man nicht biografisch nacherzählen. Da muss man eine Szene aufbauen und mit den Mitteln der Literatur arbeiten. Das heißt, es wird zu einer Szene, die weitgehend fiktiv ist.

ARNO L.: Ich selbst bin nicht imstande, eine einzige belletristische Zeile zu schreiben. Eine Schreibhemmung, „writer's block", verhindert auch, dass ich über mich selbst schreibe. Ich kann nur über historische Fakten berichten.

Imre Kertész

„Man musste durch die Hölle gehen"

Der ungarische Schriftsteller Imre Kertész über seinen „Roman eines Schicksallosen" und die totalitäre Welt im Konzentrationslager

Imre Kertész wurde 1929 in Budapest geboren und 1944 nach Auschwitz verschleppt. Nach der Befreiung in Buchenwald machte er in Ungarn gegen viele politische Widerstände eine Karriere als Schriftsteller und Übersetzer. Sein „Roman eines Schicksallosen" gilt als eines der bedeutendsten literarischen Werke über den Holocaust. Der Autor erhielt 2002 den Literaturnobelpreis, er lebt in Budapest und Berlin.

Herr Kertész, vielen Lesern gibt der Titel Ihres Buchs Rätsel auf: Der „Roman eines Schicksallosen" – was mag das sein? Eine Antwort findet sich womöglich erst in einem Satz, der am Ende steht: „Wenn es ein Schicksal gibt, dann ist Freiheit nicht möglich." Erklärt dieser Satz den Titel?
Nun, zunächst bedeutet das nur, dass der Mensch in einem totalitären Staat von außen her bestimmt und beherrscht wird. Er kann sich nicht frei entwickeln, er kann nicht frei handeln. Er muss ein ihm im Grunde fremdes Schicksal durchleben.

Aber warum ist der Held Ihres Romans, ein 15-jähriger Junge, der das KZ überlebt, dann „schicksallos"?
Weil er sehr jung ist, weil er das alles nicht begreifen kann. Der Knabe hat diese fremde, ihm aufgezwungene Biografie durchlitten – und nun plötzlich, mit seiner Heimkehr aus dem Konzentrationslager, geht das alles zu Ende. Auf einmal gilt die ihm seit seiner Kindheit vertraute Bestimmung nicht mehr, dass er als Jude dazu da ist, ausgerottet zu werden. Nun ist er frei und weiß überhaupt nicht mehr, was er mit den ersten 15 Jahren seines Lebens anfangen, wie er sie akzeptieren soll.

Haben Sie sich hier selbst beschrieben, ist der Erzähler Ihr Alter Ego?
Nein, ich habe mein Schicksal akzeptiert. Ich bin, wenn Sie so wollen, mit Auschwitz und meinem Schicksal im Konzentrationslager identisch. Ich betrachte mich nicht einmal nur als Opfer. Um überleben zu können, musste man durch die Hölle gehen – und in der Hölle wird man schmutzig. Die Unschuldigen sind die, die gestorben sind. Aber einer, der das durchlebt hat, kann einfach

nicht ganz ohne diese allgemeine menschliche Beschmutzung sein. Das muss man für sich akzeptieren.

Dennoch: Der Erzähler, ein 15-jähriger Jude aus Budapest, entspricht mit seiner Biografie ganz der Ihren. Wo liegt die Fiktion in diesem Buch?
Wenn ich einen autobiografischen Roman geschrieben hätte, dann hätte ich nur den Begriff „Auschwitz" erwähnen müssen, und jeder Leser hätte gleich, mehr oder weniger genau, gewusst, wovon die Rede ist. Ich aber wollte Auschwitz vom ersten Satz an langsam entstehen lassen, ich wollte es richtig komponieren und mich auf keinerlei Vorwissen verlassen.

Der Held ist zunächst ein selbstbewusster, fast sorgloser junger Mann, der die Schikanen und Quälereien im Lager mit einer geradezu provozierenden Gelassenheit erträgt. Erst im Lauf der Zeit wird er schwach und zerbricht nahezu. Wo sind die Unterschiede zu Ihrer persönlichen Biografie?
Ich war ganz einfach ein anderer Junge. Diesen jungen Mann habe ich nicht deshalb zum Erzähler gemacht, weil ich dieses Schicksal durchlitten hätte, sondern aus einer sozusagen strategischen Überlegung heraus: Typisch für totalitäre Regime wie den Nazismus oder den Stalinismus ist doch, dass man auf ein gewisses Niveau herabgedrückt wird. Der Mensch lebt in einer Art Infantilismus, er wird gebraucht und funktioniert, mehr nicht. Die Naivität des Erzählers entspricht diesem Niveau, er weiß noch nichts von all den Schrecken.

Ein kleiner Parzival?
Genau, er hat diesen parzivalischen Zug, er ist

noch nicht in der Lage, die entscheidenden Fragen zu stellen. Ein 15-Jähriger hat sicher noch viel mehr Vertrauen in das Leben als ein Erwachsener. Das ist wahrscheinlich der Unterschied zwischen Kindern und Erwachsenen im Konzentrationslager. Das Vertrauen wird nicht so schnell zerstört.

Wenn Sie die Erfahrung des Totalitarismus in Nazismus und Stalinismus gleichsetzen, müsste sich Ihr Roman auch als Protest gegen das kommunistische Regime in Ungarn lesen lassen.
Jedenfalls hätte ich das Buch ganz sicher nicht geschrieben, wenn ich den Stalinismus nicht erlebt hätte. 1949 wurde in Ungarn alles stalinisiert. Ich war damals ein junger Journalist und verlor sofort meinen Job. 1956 kam dann der Ungarn-Aufstand und dessen Niederschlagung. Erst dann war ich reif genug, um über Auschwitz zu schreiben, erst da wusste ich, was eine so unbarmherzige Macht mit den Menschen machen kann.

Der „Roman eines Schicksallosen" erschien erstmals 1975 in Ihrer Heimat. Haben die Lektoren damals die Anspielungen auf die Gegenwart nicht erkannt?
Doch, doch. Der eine der beiden großen Staatsverlage wollte ihn gar nicht nehmen, beim anderen hatte ich dann zwar Glück, man druckte eine sogenannte Grundauflage von 5000 Stück, aber das Buch war schon nach zwei oder drei Wochen aus allen Buchhandlungen verschwunden.

Wie haben Sie sich das erklärt?
Anfangs habe ich tatsächlich geglaubt, dass mein Buch so schnell verkauft worden ist – bis ich dann erfahren musste, dass es außerhalb Budapests

große Lager gab, wo solche Bücher in riesigen Mengen gestapelt waren. Schließlich habe ich dort 200 Exemplare in ein Taxi gepackt, um sie dann selbst an Freunde und Bekannte zu verteilen.

Finanziell kann das kein Erfolg gewesen sein.
Natürlich nicht, damit hatte ich auch gar nicht gerechnet. Schon von der Erzählweise her entsprach das Buch ja nicht dem Zeitgeschmack. Damals experimentierten alle mit verschiedenen Zeitebenen. Ich dagegen erzähle linear, geradlinig und überhaupt nicht spektakulär oder modern. Das hat allerdings gute Gründe: Denn die Zeit gehört in dieser Geschichte nicht dem Erzähler, sondern der Macht. Selbst die Zeit wird ihm aufgezwungen. Außerdem musste ich sehr

aufpassen, dass nicht ein einziger Satz von außen her in das Buch eindringt.

Das heißt: Sie durften dem Leser nichts erklären.
Ja, ich konnte nicht einmal schreiben: „Nach drei Tagen passierte das und das." Ich wollte und musste mich ganz auf die Perspektive meines jugendlichen Erzählers beschränken.

Was viele Leser irritieren dürfte. Aber wenn Sie es als Autor schon nicht tun: Warum klagt denn auch der Held Ihrer Geschichte nie über sein hartes Los, warum berichtet er nicht von seiner Verzweiflung? Er hätte Gründe genug.
Aber er begreift die Ungerechtigkeit gar nicht als solche. Es ist ihm ganz natürlich, dass er ausgegrenzt wird. In Ungarn gab es schon 1920 ein

Gesetz, das Juden den Zugang zur Universität erschwerte. 1939, als ich zehn Jahre alt war, durfte ich nur mit einer Ausnahmegenehmigung aufs Gymnasium.

An Ausgrenzung mag man sich gewöhnen. Aber kann man sich auch an solche Torturen gewöhnen, wie sie der Erzähler im Lager erlebt? Er muss doch den Willen zur Vernichtung spüren, das ist mehr als Ausgrenzung.
Ja, das ist schon mehr. Man ist mit dem Tod selbst konfrontiert. Aber dazu kann ich nur sagen: Einen Roman zu schreiben, einen Roman über Auschwitz, der den Leser nicht verletzt, das wäre eine Schande. Ich will den Leser verletzen, meine ganze Technik zielt darauf.

Wollen Sie nur seine Erwartungen missachten oder ihn wirklich persönlich verletzen?
Ich will den Leser verletzen, wenn ich ihn schon mit den schlimmsten Grausamkeiten verschone.

Tatsächlich beschreibt der Roman zwar die physische Zerstörung seines Helden durch die Zwangsarbeit, sadistische Szenen fehlen jedoch weitgehend.
Jedenfalls bin ich persönlich sehr viel mehr Grausamkeiten begegnet. Nein, ich vertraue einfach darauf, dass die Moral des Lesers durch die scheinbar unmoralischen, kalten Zeilen dieses Buchs verletzt wird. Dass er sich darüber empört, dass sich der Erzähler eben nicht empört, sondern alles scheinbar klaglos hinnimmt.

Ein dramaturgischer Kunstgriff also?
Ja, ein Kunstgriff, der aber durchaus der Wirklichkeit entspricht.

Arbeiten Sie nach demselben Prinzip, wenn Sie immer wieder vom „Glück" im Konzentrationslager sprechen? Ist das eine Provokation, oder haben Sie das tatsächlich so erlebt?
Ich habe das so erlebt. Rimbaud hat einmal gesagt, das Verhängnis aller Wesen sei das Glück. Mit anderen Worten: Das Glück ist eine Falle für die Menschen, sie verlockt uns weiterzuleben. Selbst in der größten Verzweiflung empfinden wir immer auch Momente des Glücks, der Hoffnung. Nur wenn ich nicht mehr an die Zukunft glaube, hänge ich mich auf.

Welche Momente im Lager haben denn dieses Glücksgefühl ausgelöst?
Es gab dieses vegetative Glück: wenn man liegen darf und nicht geschlagen wird, wenn man essen darf und nicht hungrig ist, wenn einen die Erinnerung an einen schönen Tag zu Hause erfasst.

Also immer, wenn das auf Vernichtung angelegte System eine Pause einlegte.
Ja, Glück empfinde ich schon, wenn ich nur etwas mehr zu essen bekomme als sonst. Und dann gibt es diese unglaublich intensiven Erfahrungen, die man sein Leben lang nicht vergisst, etwa wenn man dem Tod näher ist als dem Leben.

Wenn das nicht Sie gesagt hätten, würde man das für Zynismus halten.
Aber es ist so. Ich war mehrmals in einem Zustand, wo ich so gut wie tot war. Das sind keine eindeutig schlechten Erfahrungen. Da waren die SS-Leute ausgeschaltet, da gab es keine Politik mehr, da gab es nur noch mich und den Tod. Was in diesen Momenten in mir geschehen ist, das ist mir unvergesslich.

Wer sich so weit aus dem politischen Raum heraus-bewegt und doch über den Holocaust schreiben will, geht ein hohes Risiko ein.

Ich weiß. Die Konzentrationslager werden zumeist mit bestimmten Standards beschrieben – Juden, SS-Leute, Antisemitismus. Aber es kommt doch dann der Punkt, wo man sich mit dem Schicksal, dem Tod auseinandersetzen muss. Und da unterscheidet sich das bloß ideologische Schreiben von der Annäherung an die ganze Wahrheit – mit all ihren extremen Erfahrungen.

Der amerikanische Filmregisseur Steven Spielberg lässt in einem Mammutprojekt möglichst viele Überlebende des Holocaust interviewen. Das ist offenbar sein Versuch, die ganze Wahrheit zu dokumentieren.

Ich hätte mehr Vertrauen in Herrn Spielberg, wenn er auch mit den Toten reden könnte.

Sie fürchten eine einseitige Darstellung?

Es muss doch so kommen. Die volle, uneingeschränkte Wahrheit kennen nur jene, die in den Gaskammern gestorben sind. Herr Spielberg hat überhaupt keine Ahnung, was Auschwitz bedeutet. Er hat einen Film gemacht, „Schindlers Liste", aus dem die Zuschauer wie Sieger herauskommen. Aber wie gesagt: Über Auschwitz kann man nur erzählen, wenn man den Leser oder Zuschauer verletzt.

Spielberg wendet doch ebenfalls einen legitimen Kunstgriff an: Er zeigt das glückliche Überleben einer Gruppe von Juden und macht damit deutlich, dass es sich hier um die Ausnahme von der Regel handelt.

Aber seine Bilder sind falsch. Seine Figuren sind in sich völlig unbegründet. Die Juden sind keine Juden, die Konzentrationslager keine Konzentrationslager. Spielberg hat einfach keinen Begriff von dieser totalitären Welt. Bei ihm gibt es nur gute und schlechte Menschen – und das ist einfach nicht wahr.

Weil die Guten immer auch ein wenig schlecht waren – und umgekehrt?

Zum Beispiel. Da ereignet sich etwas, was es in der Geschichte noch nie gegeben hat – und Spielberg macht daraus einen ganz normalen Film.

Halten Sie es denn überhaupt für möglich, dass die Nachgeborenen – und dazu zählt ja auch Spielberg – über den Holocaust berichten, sei es im Film oder im Roman? Oder können das eigentlich nur die Zeitzeugen?

Ich glaube, das wird immer möglich sein, wenn man nur das Thema ernst nimmt. Sehen Sie, Tolstoi hat über den Napoleonischen Krieg geschrieben. Er war nicht dabei, und doch ist das Buch ein Dokument. Auschwitz ist ein ganz tiefes, großes Erlebnis für jeden, solange es noch eine zivilisierte Menschheit gibt.

Aber Sie sprechen vom „Erlebnis", und genau das fehlt – zum Glück, muss man sagen – den Nachgeborenen.

Wenn man nicht manipuliert und ohne Vorurteile an diese Aufgabe geht, so kann man sie lösen. Davon bin ich überzeugt.

Gilt das auch für deutsche Autoren und Künstler?

Aber warum nicht?

Der amerikanische Soziologe Daniel Jonah Gold-hagen hat den Deutschen eine Art genetischen Defekt attestiert: Sie seien ein Volk von Antisemiten und das schon seit Jahrhunderten. Der Holocaust, so Goldha-gen, sei nur die logische Konsequenz dieses Defektes.
Das ist Blödsinn. Eine historische Herleitung des Holocausts von Martin Luther bis zu Adolf Hitler ist doch grober Unfug. Die Dinge sind viel komplizierter. Auch diese Idee einer natio-nalen Kollektivschuld begreife ich gar nicht. Wie will Goldhagen den Antisemitismus in Ungarn erklären, wie den in Polen und anderswo?

Sie kommen immer wieder nach Deutschland, um aus ihren Büchern vorzulesen. Mit welchen Gefühlen fahren Sie in das Land, in dem Sie einst fast zu Tode gequält wurden?
Ach wissen Sie: Damals im Krieg hat man mich hierher gebracht, man hat mich geschlagen und getreten. Jetzt komme ich wieder hierher, ich lese den Menschen vor, und man hört mir freundlich zu, man applaudiert. Die Welt ist absurd, einfach nur absurd.

Anita Lasker-Wallfisch

„Man hofft, solange man atmet"

Die Cellistin Anita Lasker-Wallfisch über ihren Leidensweg durch nationalsozialistische Vernichtungslager und die Befreiung in Bergen-Belsen

Anita Lasker-Wallfisch kam 1925 als Tochter eines Anwalts und einer Musikerin in Breslau zur Welt. Während die Eltern deportiert und ermordet wurden, überlebte sie als Mitglied des „Lagerorchesters" – zusammen mit ihrer Schwester Renate die Haft in Auschwitz. Nach dem Krieg wurde sie Cellistin im English Chamber Orchestra; die Musikerin lebt in London.

Frau Lasker-Wallfisch, Sie waren 18 Jahre alt, als Sie 1943 in das Konzentrationslager Auschwitz deportiert wurden. Können Sie sich an Ihre ersten Eindrücke im Lager erinnern?
Es war Nacht, es war laut, Hundegebell, Geschrei und Gestank, das ist der Eindruck. Und Menschen mit schwarzen Umhängen. Die Aufseherinnen haben solche Capes getragen. Es war unheimlich. Dass man dort an keinem guten Platz angekommen ist, das hat man schnell verstanden.

Wurde geschossen?
Nein, das brauchte man gar nicht. Es gab schließlich Gaskammern. Die Menschen sind dort auch so krepiert.

Sie haben etwa ein Jahr dort verbringen müssen, bis Ende 1944. Wie sehr beherrscht diese Zeit noch heute Ihr Bewusstsein?
Sie beherrscht nicht mein Bewusstsein, aber natürlich ist sie mir präsent. Und seitdem ich so viel in Schulen von dieser Zeit berichte, ist sie mir sogar noch gegenwärtiger als früher.

Träumen Sie davon?
In eigenartiger Weise – ein Traum, der für Sigmund Freud sehr signifikant gewesen wäre. Denn ich träume immer wieder, dass ich nach Hause fahre, also nach Breslau in unser Haus, das heute überhaupt nicht mehr existiert. Und ich suche dort nach dem Lichtschalter, finde ihn aber nicht. Ich kann es nicht hell bekommen, es bleibt dunkel. Das können Sie interpretieren, wie Sie wollen.

Sie sagen, Sie denken jetzt sogar häufiger über die Zeit in Auschwitz nach als noch vor einigen Jahren.

Sie haben ein Buch darüber geschrieben und lesen daraus öffentlich vor. Hat dieser Prozess der Auseinandersetzung auch Wunden geheilt, wenn man von Heilen sprechen kann?

Nein. Nur eine Sache hat sich bei mir verändert: dass ich nicht mehr wütend bin auf die Menschen, die mich jahrzehntelang nicht gefragt haben, was damals geschah. Aber Befreiendes, nein. Für mich ist das Erzählen und Berichten von dieser Zeit eine Art Pflichterfüllung. Millionen Menschen können nicht mehr sprechen, wir sind sozusagen die Stimme jener Menschen, die nicht mehr reden können, weil man sie umgebracht hat. Außerdem ist es so etwas wie eine Entschuldigung dafür, dass man überhaupt überlebt hat.

Es gibt Holocaust-Überlebende, die erklären, dass es ihnen erst mit dem Alter möglich gewesen sei, über ihre Erfahrungen zu sprechen.

Na ja, man wird ja jetzt auch zum ersten Mal gefragt, was passiert ist. Ich glaube, dass niemand freiwillig, also von sich aus sagt: „Hör mal zu, ich werde dir mal erzählen, wie es im KZ war.“

Ihr Vater war Rechtsanwalt in Breslau, Ihre Mutter Musikerin. Warum sind die Laskers nicht wie viele andere bürgerliche Familien emigriert?

Wir waren so eine typisch deutsch-jüdische, komplett assimilierte Familie. Mein Vater war Frontkämpfer im Ersten Weltkrieg mit Eisernem Kreuz und dem ganzen Zeug, was dazugehört. Ein überzeugter Deutscher. Ich weiß nicht, ob Sie mal in Auschwitz waren und die ganzen Prothesen dort gesehen haben. Die gehörten überwiegend den Verletzten aus dem Ersten Weltkrieg.

In den assimilierten Familien spielte das Judentum häufig keine große Rolle mehr. War das auch bei Ihnen so?

Ja. Wissen Sie, das Judesein ist ein ziemliches Problem. Man weiß im Grunde gar nicht, was das ist. Man gehört sozusagen einer Leidensgemeinschaft an. Das verbindet uns. Aber wir sind so verschiedenartig. Das möchte man gern in die Köpfe der Menschen hineinbekommen, die Juden en gros hassen, weil sie anders sind. Wir sind untereinander auch vollkommen anders! Wir sind vollkommen verschieden, weil wir vor 2000 Jahren in alle Welt verstreut worden sind, verschiedene Sprachen sprechen, verschiedene Kulturen angenommen haben, die überhaupt nichts miteinander zu tun haben. Das Einzige, was uns miteinander verbindet, sind die hohen Feiertage. Aber sonst? Ja, im Grunde ist es nur eine Gemeinschaft, die viel mitgemacht hat, nicht nur den Holocaust.

Viele Überlebende sagen, dass erst die Nazis sie zu Juden gemacht hätten.

Ja. Man hat es mir in der Schule gesagt, dass ich Jude bin, „ein dreckiger Jude“. Zuerst habe ich mich gefragt, was das eigentlich ist. Aber dann hat man es verstanden, man ist also Jude, man gehört der jüdischen Religion, der jüdischen Gemeinschaft an. Es wäre mir allerdings nie eingefallen zu versuchen, dieses Judesein abzulegen. Man hat mich bei einer Lesung in einer Schule kürzlich gefragt: „Wenn es so gefährlich war, jüdisch zu sein – Warum bist du nicht christlich geworden?“ Da sage ich: „So einfach ist das auch wieder nicht. Du bist eben Jude.“ Und für mich ist auch ein getaufter Jude, der aus religiöser Überzeugung nicht mehr Jude ist, am

Ende doch ein Jude. Vielleicht ist es doch eine Rasse? Ich weiß selbst nicht, was es ist. Es ist irgendeine...

...kulturelle Tradition?
Ja. Auch wenn man nicht nach den traditionellen Regeln lebt.

Als Ihre Eltern 1942 deportiert und wenig später umgebracht worden sind, mussten Sie und Ihre Schwester Renate in einer Papierfabrik Zwangsarbeit leisten – unter welchen Bedingungen?
Wissen Sie, alles ist relativ im Leben. Es war besser, in der Papierfabrik zu sein als in der Munitionsfabrik. Natürlich, wenn ich jetzt zurückdenke, war es nicht angenehm. Wir waren mit französischen Kriegsgefangenen zusammen, dazu Polinnen und andere Zwangsarbeiter.

Aber Sie als Jüdin hatten schon einen besonderen Status in dieser Fabrik?
Ich glaube nicht. Wir waren dort halt alle Untermenschen. So war das.

Es bestand damals schon die Pflicht, den gelben Stern zu tragen. Sie und Ihre Schwester waren auf der Straße für jedermann als Juden zu erkennen. Wie haben die nichtjüdischen Deutschen reagiert? Mit Ignoranz oder Mitleid oder Hass?
Mitleid bestimmt nicht. Ich kann aber nicht in die Köpfe anderer Menschen schauen. Meine Tante, also die Schwester meiner Mutter, war groß, blond, mit Stupsnase, also der germanische Typ. Als sie den gelben Stern angesteckt hat, haben sich die Leute angeblich umgedreht und gesagt: „Das kann doch nicht sein. So sieht doch kein Jude aus."

Nie hat jemand Ihnen gegenüber so etwas wie Mitgefühl zum Ausdruck gebracht?
Eine einzige Episode fällt mir ein. Wir durften ja nicht in der Straßenbahn sitzen, wir mussten immer draußen auf dem Perron stehen. Da habe ich also eines Tages wieder mit meinem gelben Stern gestanden, und die Mutter eines Klassenkameraden aus der kleinen Privatschule, in die ich gegangen bin, bevor ich in die jüdische Schule wechseln musste, entdeckte mich. Diese Frau, eine adlige Dame, deren Name mir leider entfallen ist, ist dann aufgestanden und hat sich neben mich gestellt. Das werde ich nie vergessen. Für mich war das phantastisch.

Aber das ist auch nur einmal passiert?
Ja. Es gab bestimmt auch noch andere Leute, die nicht einverstanden waren mit dem, was passiert ist. Aber niemand hat ja den Mut gehabt. Alle Leute haben Angst gehabt voreinander, vor Denunziationen.

Können Sie sich noch an Ihre eigenen Empfindungen erinnern? Hatten Sie damals auch Angst?
Ich weiß es nicht. Wir haben uns jedenfalls nicht so verhalten. Meine Schwester und ich haben den französischen Kriegsgefangenen sogar Ausweispapiere gefälscht. Wir konnten Sütterlinschrift schreiben, wissen Sie. Und wir hatten auch Möglichkeiten, ihnen Zivilkleider zu beschaffen. Ich fand es absolut nicht akzeptabel, nur da zu sitzen und zu warten, bis man uns abholt und in den Tod schickt. Wir wollten einfach irgendetwas machen. Wenn man mich schon schnappt, so habe ich damals wohl gedacht, soll man mich für etwas Verbotenes schnappen, nicht dafür, dass ich zufällig jüdisch bin. Aber zugegeben, alles

das, was ich Ihnen heute sage, analysiere ich rückwärts.

Konnten die Kriegsgefangenen dann mit Hilfe dieser Papiere fliehen?
Ja. Die sind dutzendweise weg.

Und das hat die Gestapo mitbekommen?
Nein, sie hat mitbekommen, dass wir uns durch ein Loch in der Toilettenwand mit den Franzosen verständigt haben. Und eines Tages war dieses Loch zugemauert. Da haben meine Schwester und ich gewusst, dass man uns auf der Spur ist. Also haben wir uns gesagt: Jetzt hauen wir ab; wir sind aber nicht sehr weit gekommen. Auf dem Breslauer Bahnhof war schon Schluss.

Und man hat Ihnen den Prozess gemacht?
Ja, es war Glück im Unglück. Wir haben ein Jahr wegen Urkundenfälschung im Gefängnis gesessen, und in der Zeit wurden die letzten Juden aus Breslau weggebracht. Wir haben bald verstanden, dass es im Gefängnis besser ist als in Auschwitz.

Heute behaupten viele Deutsche, man habe damals über die Situation in den Vernichtungslagern nichts gewusst.
Ich will Ihnen etwas sagen: Wir, meine Schwester und ich, hatten von den Gaskammern gehört. Aber wir haben es nicht geglaubt.

Wann wussten Sie Genaueres?
Im Zuchthaus hat meine Schwester Renate ein Mädchen getroffen, das von Auschwitz dorthin zurückgeschickt worden war. Und dieses Mädchen hat ihr erzählt, dass das wahr ist, was man

über Auschwitz hört. Aber wir wollten es immer noch nicht glauben. Das soll nicht als Entschuldigung dafür gelten, dass man heute sagt, man habe nichts gewusst. Ich akzeptiere, dass viele Deutsche nicht gewusst haben, was in den Konzentrationslagern los war. Andererseits gab es eine Menge Menschen, die ganz in der Nähe der Lager gewohnt haben. Die hätten sich schon fragen können: Was ist mit diesen Leuten, die da eingesperrt werden?

Sie haben also auch auf der Fahrt ins Lager noch gehofft, dass Sie dort heil wieder herauskommen würden?
Ich glaube, solange man atmet, hofft man auch immer. Die Sache war ja raffiniert angelegt. Die Leute, die so aus dem normalen Leben herausgerissen und in die Züge gesteckt wurden, hatten vielleicht gehört, dass in Auschwitz furchtbare Sachen passieren, aber sie haben doch bis zuletzt gedacht: Vielleicht ist es doch nicht so schlimm. Und dann sind sie angekommen, und die SS hat ihnen gesagt: „Die Alten und die Kranken können auf den Lastwagen fahren, und wer noch jung ist, kann laufen." Es hat gedauert, bis man kapiert hat, dass die, die gefahren sind, in die Gaskammern gebracht wurden. Und selbst dort hieß es nur: „Jetzt kriegt ihr eine Dusche, und dann kriegt ihr eine Suppe. Schuhe zusammenbinden und passt auf" und so weiter. Dann denkt man wieder: Also, so schlimm kann es doch nicht sein. Schuhe zusammenbinden – verstehen Sie? Es war eine Art Hypnose. Es gab natürlich auch einzelne Menschen, die gewusst haben, was da los ist. Aber im Allgemeinen hat man sich bis zum letzten Moment belügen lassen.

Haben Sie bei der Ankunft in Auschwitz auch den dort üblichen Selektionsprozess erlebt?
Nein. Ich bin mit einem kleinen Gefängniszug angekommen, nur mit ein paar Leuten, nicht mit deportierten Juden. Wir galten alle als Verbrecher, und Verbrecher wurden nicht gleich vergast. Das habe ich aber alles erst später verstanden.

Wie lief denn Ihre Aufnahmeprozedur ab?
Die Haare wurden abrasiert, und ich wurde täto-wiert – das sind aber alles Gefangene gewesen, die das gemacht haben. Und die wollten immer wissen: „Was ist draußen los?"

Sie haben sich also richtig unterhalten?
Sicher. Also, die haben gefragt: „Wird der Krieg noch lange dauern? Was hast du denn früher gemacht?" Und da habe ich etwas gesagt, was mir wohl das Leben gerettet hat: „Ich spiele Cello." „Phantastisch", war die Antwort. Das habe ich

erst überhaupt nicht kapiert. Ich bin jetzt in Auschwitz, hier spielt man Cello? Vollkommen wahnsinnig.

Wie ging die Prozedur weiter?
Na ja, dann sind sie erst mal weggegangen, und ich stand da, splitternackt, ohne Haare und mit einer Zahnbürste in der Hand. Was das bedeutet, habe ich erst später verstanden. Denn die Menschen haben in Auschwitz natürlich keine Zahnbürsten bekommen. Das war schon das erste Privileg, eine Zahnbürste. Und dann kam die Alma Rosé zu mir …

… eine berühmte Musikerin und Nichte Gustav Mahlers, die das Lagerorchester in Auschwitz leitete.
Genau. Und sie sagte nur: „Wunderbar, wir brauchen ein Cello. Wir haben hier kein Cello."

Gab es überhaupt Instrumente?
Sie müssen an Folgendes denken: Auschwitz war einer der reichsten Plätze der Welt. Alle Menschen, die dorthin deportiert worden sind, haben in der Eile nur noch das mitnehmen können, was ihnen am liebsten war. Nun, ein Musiker nimmt sein Instrument mit. Aber an Ort und Stelle ist einem ja alles weggenommen worden. Aufbewahrt wurden diese Dinge in einem Teil des Lagers, der von den Gefangenen „Kanada" genannt wurde, das war wie ein großes Warenlager.

Wer durfte denn sonst in dem Orchester mitspielen?
Also ich war die Einzige, die eine tiefere Note gespielt hat. Das andere waren Blockflöten, Gitarren, wissen Sie, kein Orchester, wie man sich ein Orchester vorstellt, es war eine Mischung von Instrumenten, einige Geigerinnen, manche, die

kaum spielen konnten. Daraus musste man irgendetwas machen, und das eben hat Alma geschafft.

Auschwitz-Überlebende können sich daran erinnern, dass das Orchester morgens und abends am Lagertor gespielt hat.
Ja, wir mussten Märsche spielen, also wenn Tausende Häftlinge in die umliegenden Fabriken rausmarschiert sind, und auch am Abend, wenn sie wieder zurückkehrten. Ansonsten haben wir den ganzen Tag geprobt und neue Stücke gelernt. Wir waren sozusagen „the show piece". Ich nehme an, wenn jemand ins Lager kam und sich Auschwitz ansehen sollte, hat man ihn in unseren Block geführt – und nicht woanders hin.

Solche Besucher hat es tatsächlich gegeben, Offiziere, Industriemanager vor allem, und denen wurde dann auch Musik vorgespielt von angeblich glücklichen Häftlingen.
Ja, ja. Wo Musik ist, kann es nicht so schlimm sein.

Das Lager war mehrere Quadratkilometer groß. Ist es denkbar, dass jemand von diesen Besuchern nicht mitbekommen hat, was dort geschehen ist?
Es ist möglich. Man sieht immer nur, was man sehen will.

Waren Sie denn nahe am Tor untergebracht?
Nicht am Tor, wir waren sehr nahe an der Gaskammer. Wir waren im Block 12, ganz nah an der Lagerstraße. Wir haben alles gesehen, was los war.

Sie haben also auch vom ersten Tag an begriffen, was in den Krematorien passierte?

Das hat man sofort begriffen. Und wenn man es nicht gewusst hat, ist es einem gleich gesagt worden. Da gab es Leute, die gefragt haben: „Ich bin hier mit meiner Mutter angekommen. Wo ist sie denn?" Nach der Antwort war dann alles klar.

Wie viel Kontakt hatten Sie im Orchester zu den führenden SS-Männern im Lager?
Nicht viel, aber es konnte immer jeder von denen in unseren Block reinkommen und sagen: „Spielt mir was vor." Einmal musste ich für Josef Mengele die „Träumerei" von Schumann spielen – ein musikalischer Herr, wie man sieht.

Wussten Sie, wer er ist?
Absolut. Wir haben alles gewusst.

Es gibt ja auch eine Debatte darüber, ob die Alliierten Auschwitz hätten bombardieren sollen.
Ja, ich weiß. Ich gehöre zu den Leuten, die der Meinung sind: Okay, sie hätten vielleicht bombardieren sollen. Aber es hätte nicht lange gedauert, bis sie die Schienen wieder repariert hätten, vielleicht ein, zwei Tage. Aber natürlich geht die ganze Debatte viel weiter: Wie wichtig waren die Juden dort überhaupt für die Welt?

Und Ihre Antwort?
Nein, die Juden waren absolut nicht vorrangig. Da muss man schon ehrlich sein. Ein paar Juden retten? „Wir müssen erst mal den Krieg gewinnen, und dann werden wir weitersehen" – so hieß es doch überall.

Ihre Schwester kam etwas später nach Auschwitz als Sie, weil man sie noch länger im Zuchthaus eingesperrt hatte. Damals waren in Auschwitz mehr als 60 000 Menschen inhaftiert. Wie haben Sie Ihre Schwester wiedergefunden?
Wieder hatte ich Glück. Als junges Mädchen besaß ich ein Paar Schweinslederschuhe, die ich mir eines Tages irgendwie mit Farbe, ich glaube mit Tinte, ruiniert habe. Meine Mutter hat sich damals wahnsinnig aufgeregt. Die einzige Möglichkeit, die Schuhe zu retten, war, sie schwarz zu färben. Und da haben sie schrecklich ausgesehen. Also, ich wollte die Schuhe nicht anziehen, bis wir rote Schnürsenkel gekauft und Riesenbommel drangemacht haben, da haben sie dann so ein bisschen originell ausgesehen. Mit diesen Schuhen bin ich verhaftet worden und auch in Auschwitz angekommen. Und dieses Mädchen, das mir damals dort die Haare rasiert hat und dem ich erzählt habe, dass ich Cello spiele, das sagte zu mir: „Gib mir schnell die Schuhe, du musst sie sowieso abgeben, und ich kann sie gebrauchen", denn da gab es sehr viel Handel im Lager. Ich habe ihr die Schuhe gegeben, fertig. Und dann kam meine Schwester an, und die Schuhe standen noch da. „Ich kenne diese Schuhe", sagt sie gleich. Und das Mädchen antwortet: „Die gehörten einer, die jetzt im Orchester spielt." So haben wir uns wiedergefunden.

Ihre Schwester spielte aber nicht im Orchester.
Nein, und sie war schon bald in einem so entsetzlichen Zustand, dass ich wirklich gehofft habe, sie würde sterben, das war gar nicht mit anzusehen. Aber natürlich habe ich versucht, ihr zu helfen. Weil ich die einzige Cellistin war, habe ich meinen ganzen Mut zusammengenommen und bin einfach zur Lagerführerin gegangen, um sie zu fragen, ob sie ihr eventuell einen Job verschaffen kann. So etwas war überlebenswichtig. Da ist

Renate dann Läuferin geworden, hat Botengänge gemacht, obwohl sie kaum hat laufen können.

Gab es jemanden beim Wachpersonal, der sich menschlich verhalten hat?
Nein, Auschwitz war eine sehr strenge Hierarchie. Wir hatten übrigens nicht viel mit den Deutschen direkt zu tun. Die hatten ja das Kapo-System erfunden. Und die Leute, die uns angeschrien haben, das waren selbst Gefangene: dass alles in Ordnung sein muss, dass man dies oder das tun soll.

Haben Sie die Kapos verachtet?
Nicht alle waren schlimm. Natürlich haben wir vor denen Angst gehabt. Manche waren furchtbar.

Auch jüdische Kapos?
Es gab bei uns nicht so viele jüdische Kapos. Die meisten Kapos waren Häftlinge mit grünem Winkel, also Kriminelle, oder die Politischen mit rotem Winkel. Wer die niedrigen Nummern hatte und noch gelebt hat, war bestimmt ein Kapo.

Ende 1944 sind Sie mit Ihrer Schwester nach Bergen-Belsen gebracht worden. War dieses Konzentrationslager genauso straff organisiert?
Es war Chaos dort, komplettes Chaos verglichen mit Auschwitz. Und vor allen Dingen gab es nichts mehr zu essen. Aber wissen Sie, für uns war allein die Tatsache, dass wir aus Auschwitz wegfahren und nicht in die Gaskammer gehen, schon ein Riesentriumph.

Die Deutschen hatten also die Organisation in Bergen-Belsen nicht mehr im Griff?

Das ist möglich. Vor allem der KZ-Kommandant Josef Kramer muss ein Vollidiot gewesen sein. Dabei gab es sogar Nahrungsmittelvorräte in der Umgebung, man hätte uns verpflegen können, wie wir später erfahren haben. Aber wir kamen mit einem Transport von etwa 3000 Menschen in Bergen-Belsen an, darunter wahrscheinlich auch Anne Frank – und nichts klappte. Wir sind in Zelten untergebracht worden, weil da überhaupt kein Platz war. Geschlafen haben wir auf dem nackten Erdboden. Und eines Nachts, bei einem kräftigen Unwetter, sind die Zelte alle zusammengefallen. Wir standen die ganze Nacht im strömenden Regen bei Eiseskälte. Erst später wurden wir in Baracken untergebracht.

Im Frühjahr 1945 breiteten sich tödliche Seuchen im KZ aus…
…und damit begann das große Sterben, denn damals kamen die Todesmärsche aus allen Lagern im Osten nach Belsen. Die Menschen waren am Ende ihrer Kräfte.

Im April wurde das Lager von der britischen Armee befreit. Wie sind die Briten empfangen worden?
Es war eine merkwürdige Situation. Dieser Kramer wollte ja wirklich so eine Art Waffenstillstand abschließen, also sind die den Engländern mit der weißen Fahne entgegengekommen. „Okay, wir werden euch laufen lassen, wenn ihr uns das Lager übergebt", haben die Engländer gesagt. Die haben gedacht, das sei ein Gefangenenlager…

…und waren dann schockiert.
So was hatte noch niemand von denen gesehen,

das war einmalig. Tausende von Toten, nichts als Leichen, nichts als Leichen und Verwesung. Es war damals im April schon sehr heiß. Es war furchtbar. Die Engländer waren fassungslos. Wir Häftlinge waren so daran gewöhnt, wissen Sie, für uns war das nichts Besonderes mehr.

Sie hatten sich an diesen Anblick gewöhnt?
Es klingt furchtbar, aber die Leichen gehörten dazu. Es war ein Irrsinn. Ich erinnere mich an die erste Leiche in Belsen, in unserem Block: „Hier ist jemand tot. Was machen wir jetzt?", hieß es. Muss rausgebracht werden. Ich habe mich gemeldet.

Hatten Sie überhaupt noch Kraft, um sich über die Befreiung zu freuen?
Man soll sich da kein großes Jubeln vorstellen. Es war wie ein Traum. Wir konnten es nicht glauben.

Warum sind Sie nicht gleich aus Bergen-Belsen weggegangen? Ihre ältere Schwester Marianne war doch als Einzige aus der Familie rechtzeitig nach Großbritannien emigriert?
Jetzt treffen Sie einen sehr wunden Punkt. Das ist natürlich der Skandal, der damals, 1945, passiert ist. Kein Land hat zu den Displaced Persons gesagt: „Also, kommt zu uns." Natürlich wollten wir weg. Aber es hat elf Monate gedauert, bis wir endlich nach England gehen konnten.

Also war es für Sie klar: In Deutschland kann man nicht bleiben?
Absolut.

*Sie waren befreit, und Sie waren Überlebende, im Unterschied zu, wie wir heute wissen, sechs Millio-*nen anderen Opfern des Holocaust. Fragen Sie sich manchmal, warum es Ihnen und Ihrer Schwester gelungen ist, diesen Alptraum zu überleben?*
Also, das Überleben war kompletter Zufall, das muss ich Ihnen sagen, kompletter Zufall. Ich weiß, in dieser Frage steckt immer irgendwie: „Vielleicht hast du was Schlimmes gemacht."

Und wie reagieren Sie auf solche Unterstellungen?
Das ist natürlich vollkommener Blödsinn. Wenn die Engländer drei Tage später gekommen wären, hätten wir auch nicht mehr gelebt. Es hat sich immer darum gedreht, wann man gerade wo zufällig war.

Sie durften 1946 nach England einreisen. Wann haben Sie zum ersten Mal wieder Deutschland besucht?
Beinahe ein halbes Jahrhundert später, ich glaube, es war 1994. Ich war ja Mitglied des English Chamber Orchestra und bekam jeden Monat einen Reiseplan. Und da standen plötzlich Konzerte in Soltau und Celle auf dem Programm, also ganz in der Nähe von Bergen-Belsen.

Das Orchester war doch auch vorher schon in Deutschland aufgetreten.
Ich bin nie mitgefahren, und es war auch für alle klar, warum. Aber nun Soltau und Celle, da habe ich mir gedacht: Ich muss sehen, was aus Belsen geworden ist.

Sie sind jetzt häufig in Deutschland. Sind Sie mit der Art und Weise, wie hier an den Holocaust erinnert wird, einverstanden?
Ja und nein. Ich habe sehr gute Erfahrungen mit Lesungen in Schulen gemacht. Aber ich habe

auch ein bisschen Angst vor der Überfütterung der Jugend. In Deutschland macht das Fernsehen ja immer irgendwas über den Holocaust. Das kann für die jungen Leute schon fast zu viel sein. Das Wichtigste ist gar nicht, so viel von damals zu erzählen; wichtiger ist es, die Erfahrungen von damals auf den heutigen Tag zu übertragen. Meine Message ist gar nicht so sehr, meine tragische Geschichte zu erzählen, verstehen Sie? Ich sehe die Gefahr, dass man den Holocaust in so eine Glaskugel steckt, so wie die Napoleonischen Kriege oder den Dreißigjährigen Krieg. Wenn man die Erinnerung an die Grausamkeiten und Unmenschlichkeiten nicht mit der Gegenwart verbindet, ist es sinnlos. Und es gibt wieder genug Schrecklichkeiten in Deutschland und in der Welt.

Ralph Giordano

„Ein Glücksfall, ein Wunder, ein Mirakel"

Der Publizist Ralph Giordano über die Verfolgung seiner Hamburger Familie durch das NS-Regime und sein Engagement für die Demokratisierung der Bundesrepublik

Ralph Giordano wurde 1923 als Sohn eines Musikers sizilianischer Abstammung und einer deutschen Jüdin geboren. In seinem autobiografischen Roman „Die Bertinis" erzählt er vom Überleben der Familie in Hamburg unter dem NS-Regime. Als Fernsehjournalist und Publizist kämpft er seit mehr als 40 Jahren für die Auseinandersetzung der Deutschen mit ihrer Nazi-Vergangenheit.

Herr Giordano, wie viel braune Vergangenheit steckt in der deutschen Gegenwart?

Hitler ist militärisch geschlagen und alles, was an seinen Namen erinnert, was sich mit ihm identifizierte, ebenfalls. Aber geistig ist er noch nicht geschlagen, sein Ungeist lebt mitten unter uns. Mit DVU und NPD sind zeitgenössische Varianten des Nationalsozialismus in die Landtage von Sachsen und Brandenburg eingezogen. Ein Bündnis beider Parteien könnte eines Tages in den Bundestag einziehen. Und wenn das der Fall wäre, dann, würde ich sagen, hätte sich das Antlitz der Republik verändert, eine neue Ära wäre angebrochen. Aber damit das hier nicht so kassandrahaft klingt: Ich denke, es gibt überhaupt keine Alternative zum demokratischen Verfassungsstaat. Deutschland ist eingebettet in dieses demokratische Europa, ich fürchte also keinen zweiten 30. Januar 1933. Diese Rechte wird den demokratischen Verfassungsstaat nicht aushebeln, auf gar keinen Fall. Nur, die Schmerzgrenze beginnt nicht erst an diesem Punkt. Sie beginnt schon da, wo etwa ein angstfreies Gespräch, wie wir es hier führen, nicht mehr möglich ist. Und ich sage gerade den jungen Leuten immer: All jene, die an dieser Angstfreiheit rütteln wollen, stellen ein wichtiges Kriterium für die Demokratie in Frage. Also: Deutschland ist mit seiner braunen Vergangenheit noch nicht im Reinen, obwohl sich vieles, vieles getan hat.

Sie haben im Jahr 2002 vor dem Hintergrund der antiisraelischen Wahlkampagne Jürgen Möllemanns die Frage gestellt: „Hat die Gesellschaft überhaupt eine Ahnung, welch ein Wunder es ist, dass wir Überlebenden geblieben und nicht längst erstickt sind an all dem Unvergessenen?" Was genau haben Sie damit gemeint?

Schauen Sie, vor Kriegsende war für mich, für meinen älteren Bruder und für meine Eltern vollkommen klar, dass wir nach der Befreiung Deutschland verlassen würden. Wir wollten erst in die USA, dann nach Palästina, in der Hoffnung auf einen jüdischen Staat. Dann wurden wir am 4. Mai 1945 durch die 8. Britische Armee in Hamburg befreit, und es stellte sich heraus, dass diese Selbstverständlichkeit sich nicht erfüllte.

Und warum nicht?

Es gab eigentlich vier Gründe. Der erste war, dass die Leute, denen wir unser Überleben verdankten, nämlich die, die uns versteckt haben, nun auch auf uns angewiesen waren. Diese Leute hatten genau gewusst, dass, wenn wir entdeckt worden wären, ihr Leben genauso verwirkt gewesen wäre wie unseres, und sie haben es trotzdem getan. In diesem Hunger- und Kälte-Deutschland von damals, da konnte ich nicht einfach weg. Ich habe mir gedacht: Du musst dich um diese Leute kümmern. Das haben wir ja dann auch getan. Nun der zweite Grund: Hitler war zwar, wie gesagt, militärisch geschlagen, aber das, was er in den Herzen und Köpfen der Menschen angerichtet hatte, existierte noch. Das heißt also, nach einigen Monaten der Angst vor der Rache der Sieger ist der alte, braune Adam mit einer Kraft hochgeschossen, die mich völlig verstört hat…

Und das wollten Sie nicht hinnehmen?

Ich will Ihnen eine kleine Episode erzählen. Schon im Oktober 1945, also nicht mal ein halbes Jahr nach Kriegsende, gehe ich auf der Grindelallee in Hamburg spazieren, vor mir ein großer Mann mit zwei Frauen, und der ruft ganz laut: „Die Juden, die Juden sind an allem schuld." Das hat er einen Moment später bereut. Ich bin ihm von hinten in die Kniekehlen gegangen, er lag auf der Erde. Er war doppelt so groß wie ich. Ich habe den Kerl mit Nägeln, Klauen und Zähnen bearbeitet, am Ende lief er weg und ließ seine beiden Frauen im Stich. Das heißt, da war schon wieder eine Barriere gefallen. Das hätte der Mann vorher öffentlich noch nicht zu bekennen gewagt.

Heute wirken Sie so friedfertig, dass man das gar nicht glauben mag.

So war es aber, ich habe solche Menschen damals verabscheut. Ganz wichtig für das Bleiben in Deutschland war auch mein Verhältnis zur deutschen Sprache – Grund Nummer drei. Ich wollte immer schreiben, das heißt nicht immer: Ich wollte erst Cowboy werden, später Lokomotivführer und Jockey, weil ich so leicht war, aber sehr bald, mit elf, zwölf Jahren, hatte ich eine innige Beziehung zur deutschen Sprache entwickelt. Und dann, als ich älter wurde und mehr und mehr schrieb – ich habe allein 40 Jahre an den „Bertinis" gearbeitet –, wäre es mir unmöglich gewesen, in einer anderen Sprache als der deutschen zu schreiben, zu denken. Das heißt, auch in der finstersten Heimatlosigkeit der Nazi-Zeit ist die deutsche Sprache immer meine Mutter gewesen.

Und der vierte Grund?

Den habe ich erst spät begriffen. Nach etwa 20 Jahren des politischen Einzelkämpfertums, nach meinem Irrweg durch den Kommunismus, habe ich meine Lebensaufgabe gefunden: Du wirkst hier als Aufklärer. Du erzählst das, was damals passiert ist. Du setzt dich mit dem Ungeist auseinander, der weiter wirkt, mit der zweiten Schuld nach 1945, mit der Verdrängung und Verleugnung der ersten unter Hitler bis 1945. In der zweiten Hälfte der sechziger Jahre kam eine neue Generation und mit ihr bei mir die Erkenntnis, dass Millionen von Deutschen in den elementaren Grundfragen meiner politischen Ethik genauso denken wie ich. Damals kam ein Codewort auf: Bundesgenossenschaft. Und das gilt heute noch für mich. Das heißt, Millionen von Deutschen ziehen sozusagen am selben Strang mit mir oder ich mit ihnen. Sie bilden vielleicht nicht die Mehrheit, aber unter den Bedingungen der demokratischen Republik halte ich diese Bundesgenossenschaft für unbesiegbar.

Damit waren Sie plötzlich kein Einzelkämpfer mehr.
Ja, es entstand etwas, was mein ganzes Leben geprägt hat, nämlich Zugehörigkeit. Die ist mir von den Nazis nicht gewährt worden – was ich von denen ja auch gar nicht wollte. Aber als es nach der Befreiung dann um Zugehörigkeit ging, da ist sie für mich ein zentrales Lebensproblem geworden und geblieben. Ich habe ein Buch geschrieben mit dem Titel „Die zweite Schuld oder Von der Last Deutscher zu sein". Das Buch ist 1987 herausgekommen. So lange hat es gedauert, bis ich einen solchen Titel gewagt und mich damit zu meiner deutschen Identität bekannt habe. Wir haben ja in unserer Familie ab 1938 nur von den Deutschen gesprochen, wir zählten uns überhaupt nicht dazu, sondern fühlten uns im Krieg als Teil der Anti-Hitler-Koalition.

Würden Sie heute noch einen Schritt weiter gehen und sagen, dass Sie sich mehr als Europäer fühlen denn als Deutscher?
Das würde ich so nicht sagen. Ich bin Europäer durch und durch. Doch ich würde niemals, was auch immer hier kommen mag, Deutschland verlassen. Ein großer Teil der Nachgeborenen hat offenbar Schwierigkeiten mit der deutschen Identität. Das hängt natürlich mit der Geschichte zusammen. Mit dem, was die Täter getan haben. Aber das Merkwürdige ist, dass Leute wie ich, die so schlechte Erfahrungen mit Deutschland gemacht haben, mit allen Fasern ihrer Herzen an Deutschland hängen, im Grunde genommen mit einer Heineschen Liebe.

Lassen Sie uns an die Anfänge Ihrer Geschichte zurückkehren. Im April 1933 sind Sie, zehn Jahre alt, aufs Hamburger Johanneum gekommen. Wie sah der Empfang für einen jüdischen Mischling damals aus?
Mein Bruder Egon – er war anderthalb Jahre älter – und ich wurden gleichzeitig ins Johanneum eingeschult, meine Mutter hatte das irgendwie hinbekommen. Gleich am Anfang wurden wir in „Arier" und „Nichtarier" getrennt. Wir beide wussten gar nicht, was das bedeutete. Das heißt, die Klasse teilte sich in zwei Teile, ein größerer Block – 30 Schüler etwa – und sechs andere. Egon und ich, wir stellten uns einfach zu dem größeren, weil wir glaubten, wir gehörten dahin. Erst am Nachmittag, als wir das natürlich zu Hause erzählten, wurden wir belehrt, dass wir uns dem falschen Block zugesellt hatten. Am nächsten Tag standen dann in dem kleinen Block nicht sechs, sondern acht. Ich will hier Auschwitz natürlich nicht antizipieren. Auschwitz hat kei-

ner vorausgeahnt. Aber eines kann ich Ihnen sagen: Ich habe sehr wohl gespürt, dass da etwas Unheimliches im Gange war, eine Separation, eine Isolation. Das ging mir bis auf den Grund.

Ihre Eltern waren Musiker. Und wenn man den „Bertinis" glaubt, dann war Ihre Mutter eigentlich die Begabtere.
So ist es.

Aber nach der Heirat war es allein die Aufgabe Ihres Vaters, mit seinen bescheidenen Künsten die Familie zu ernähren.
Ja, mein Vater war kein Künstler, sondern eher ein Handwerker. Mein sizilianischer Großvater, Rocco Giordano, war dagegen ein musikalisches Genie. Ich schreibe darüber in meinem Buch „Sizilien, Sizilien! – Eine Heimkehr", er war wirklich ein großes Genie. Aber mein Vater hatte davon nichts mitbekommen. Er hat in Restaurants und Cafés gespielt, auch als Pianobegleiter, solange es noch Stummfilme gab, und ist dann, als der Tonfilm kam, sechs Jahre erwerbslos gewesen.

Welche Rolle spielte Ihre jüdische Mutter im Familienalltag?
Sie war eine jiddische „Mamme" durch und durch, die im Grunde alles bestimmte, was zu geschehen hatte. Ich denke, alle Mütter der Welt mögen, lieben ihre Kinder, bis auf Ausnahmen. Aber bei den jüdischen Müttern muss das durch die lange Verfolgungsgeschichte besonders tief verankert in den Genen liegen. Meine Mutter hat uns zu absoluter Unselbständigkeit erzogen. Wir durften erst mit acht oder neun Jahren allein über die Straße gehen, obwohl der Verkehr noch

lange nicht so dicht war wie heute. Sie sah uns am liebsten im Bett, denn da konnte uns überhaupt nichts passieren. Und deswegen hat sie den sogenannten Schnooptag eingeführt. Nun gibt es ja in jedem Jahr einen Muttertag, aber bei uns gab es nicht einen, bei uns gab es Dutzende Mutter- oder Schnooptage…

Was bedeutet das Wort Schnoop?
Das ist ein Hamburger Ausdruck für Süßigkeiten. Schnoopen heißt Süßes essen. Schon wieder etwas getan für Ihre Bildung…

Danke!
Ich weiß nicht, wie meine Mutter die herrlichen Sachen überhaupt bezahlte: Wir mochten zum Beispiel gern Brötchen mit gekochtem Schinken, Süßigkeiten, Brause, Obst. Sie kündigte irgendwann an: „Es ist so weit!" Und dann wussten wir, sie geht runter und kauft alles ein. Dann kam sie herauf mit den Paketen, und in dem Moment, da sie das Papier aufdröselte, zogen mein Bruder und ich uns mit blitzartiger Geschwindigkeit aus und hüpften in die Betten. Meine Mutter kam dann mit dem Tablett, und wir futterten mit einer geradezu unheimlichen Gefräßigkeit alles auf. Meine Mutter stand dabei an der Tür – das werde ich nie vergessen – und guckte auf diese Idylle und war glücklich, weil uns da nichts passieren konnte.

Das war aber auch ein Reflex Ihrer Mutter auf die Situation des Isoliert- und Verfolgtseins.
Ja, selbstverständlich. Schauen Sie, von einer bestimmten Zeit an wussten wir nicht, ob wir uns überhaupt wiedersehen würden, wenn wir uns verabschiedet haben. Das heißt, spätestens seit

November 1938 war unser zentrales Lebensgefühl die Furcht vor dem jederzeit möglichen Gewalttod, vor allem nachdem ich von der Gestapo abgeholt worden war.

Weshalb wurden Sie verhört?
Ich bin von Spielgefährten, mit denen ich von Kind an zusammen war, angezeigt worden. Sie hatten jahrelang aufgeschrieben, was ich an staatsfeindlichen Äußerungen gemacht hatte, und da war eine Menge zusammengekommen, ich hatte aus meinem Herzen ihnen gegenüber keine Mördergrube gemacht. Und so hat die Geheime Staatspolizei mich am 1. September 1939, symbolischerweise zum Kriegsbeginn, abgeholt, mich ins Stadthaus gebracht und mir eine Latte von staatsfeindlichen Äußerungen vorgehalten, zum Beispiel dass der Volkswagen und die Autobahnen der Kriegsvorbereitung dienten, die KdF-Schiffe ebenfalls.

Was ja so falsch nicht war.
Das war es ja gerade, darum ging es doch – die Wahrheit durfte nicht gesagt werden. Ich wollte, dass der Schwarze Joe Louis über Max Schmeling siegte…

Stimmte das auch?
Natürlich wollten mein Bruder und ich das. Sie wissen ja, wie Hitler den Schwarzen Jesse Owens bei der Olympiade behandelt hat. Die Gestapo-Leute sagten mir immer wieder: „Das hat deine Mutter dir eingegeben. Diese Staatsfeindlichkeit hat deine Mutter dir eingegeben." Dabei gebrauchten sie die unflätigsten Schimpfwörter. Und das ging drei, vier Tage. Sie hatten mich eingekäfigt, in einem Holzverschlag, der extra dafür eingebaut worden war. Man konnte weder liegen noch stehen noch sitzen. Und zu alldem ging auch das Licht noch alle zehn Sekunden an und aus.

Mit welchem Ziel?
Mich geständig zu machen. Ich sollte unterschreiben, aber ich habe nicht unterschrieben. Ich denke, es war auch ein ungeheuerlicher Sadismus im Spiel. Ich bin dann freigekommen und habe den Anblick des Stadthauses noch Jahrzehnte nach der Befreiung gemieden. Wenn ich nur in die Nähe kam, wurde mir übel – und das ist bis heute geblieben.

Wie lange durften Sie und Ihr Bruder das Gymnasium besuchen?
1940 wurde ich, 1941 mein Bruder Egon rausgeschmissen. Meine Mutter hat mich dann in der Höheren Handelsschule in der Schlankreye angemeldet, die habe ich sogar ordnungsgemäß ein Jahr später abgeschlossen. Danach kam ich zur Eisenexportfirma Dobbertin & Co. am Kattrepel. Vorher hatte ich Dutzende von Bewerbungen geschrieben und immer gleich gesagt, dass ich eine jüdische Mutter habe, auf die meisten Briefe bekam ich deshalb keine Antwort. Nur diese Firma hat mich als Lehrling akzeptiert. Der Chef namens Dobbertin wohnte in Reinbek, war Millionär und ein Riesenkerl, der von seinen Angestellten „die Fresse" genannt wurde. Aber ein Nazi war er nicht. Ich muss übrigens ein erbärmlicher Lehrling gewesen sein. Diese Arbeit war natürlich überhaupt nicht das, was ich wollte. Man musste damals große Geduld mit mir haben.

1941 mussten sich die ersten Hamburger Juden zur Deportation auf der Moorweide einfinden. Wie viele

Hamburger haben davon erfahren, dass ihre jüdischen Mitbürger da zusammengetrieben wurden?
Ich glaube alle, denn es war das Stadtgespräch.

Dabei stellt sich die Frage: Woran denke ich, wenn meine jüdischen Nachbarn ihre Koffer packen und dort an der Moorweide antreten müssen?
Nach der Befreiung habe ich die schreckliche Erfahrung gemacht, dass die Leute immer wieder sagten: „Wir haben doch von nichts gewusst", womit sie Auschwitz meinten und alles, was dieser Name bedeutet. Das konnten sie sogar mit einer gewissen Berechtigung sagen. Denn was das Ausmaß und die Details anbetrifft, haben sie natürlich nichts vom Holocaust gewusst. Das wussten nur die Bauherren von Auschwitz, die Organisatoren der Schoah. Und da die Menschen diese Einzelheiten nicht kannten, fühlten sie sich exkulpiert. Das Schreckliche dabei ist, dass sie so taten, als wenn der kriminelle Charakter des Systems erst beim Abschlachten der Juden erkennbar geworden wäre, also erst ab 1941. Da darf man doch fragen: Was war denn mit dem Jahren 1933 bis 1941? War das ein bürgerlicher Rechtsstaat? Alle anderen Parteien außer der NSDAP verboten, alle Gewerkschaften verboten, Konzentrationslager eingerichtet und die Entrechtung der deutschen Juden durch die Nürnberger Ras-

sengesetze vom September 1935 kodifiziert. Schließlich machte die Nacht vom 9. auf den 10. November 1938 allen Deutschen klar, dass sie von einer Verbrecherbande regiert wurden. Das heißt also, die Bürger des Großdeutschen Reiches wussten, was geschah, zumal die Deportationen der Juden dann 1940/41 überall, am helllichten Tag und unter offenem Himmel geschahen. Das heißt: Der kriminelle Charakter des Dritten Reiches war von allem Anfang an erkennbar, nur haben es die damaligen Deutschen oder jedenfalls ihre Mehrheit offenbar so nicht gefunden.

Ihre Eltern lebten in einer sogenannten privilegierten Mischehe. Dadurch war Ihre jüdische Mutter zunächst vor einer Deportation geschützt. Wann änderte sich das?
Die großen Transporte für volljüdische Familien waren im Sommer 1943 abgeschlossen. Danach kamen sofort die sogenannten Mischehen an die Reihe, bei denen der eine Teil „arisch", der andere „nichtarisch" war. Ich erinnere mich genau, wie ich Anfang Juli 1943 morgens im Briefkasten ein Kuvert von der Geheimen Staatspolizei fand. Das war das Formular, in das wir genau eintragen mussten, was wir an Besitz hatten, bis auf den letzten Bleistift. Ich sehe noch meine Mutter vor mir, wie sie schneeweiß erbleichte, als ich ihr das Formular gab. Uns war klar, das ist der Anfang vom Ende. Heute wissen wir, dass der ganze Unterschied zwischen den volljüdischen Familien und den sogenannten Mischehen nur in der späteren Terminierung für die Gaskammern lag. Dass ich heute vor Ihnen sitze, ist allein der Tatsache zu verdanken, dass die Alliierten am 8. Mai 1945 den Weltkrieg in Europa beenden konnten.

Ihre Familie hätte allerdings auch schon eher, nämlich im Bombenkrieg, umkommen können.
Oh ja – es gab die erste und die zweite Gefahr. Die erste Gefahr war die Gestapo…

Und die zweite, das waren die alliierten Bomber…
Ja – unsere Befreier.

Haben Sie diese Bomber auch schon damals als Befreier empfunden? Hat man nicht vor allem Angst gehabt?
Natürlich hatten wir Angst. Die Bomben unterschieden ja nicht zwischen Verfolger und Verfolgten. Selbstverständlich. Aber die Alliierten blieben trotzdem unsere Befreier.

Noch mal: Ist das nicht zu sehr der Blick von heute?
Nein, nein, nein, dreimal nein. Ganz und gar nicht.

Aber wenn man dann um sein Leben fürchtet, dann denkt man doch: Verdammt, schmeißt die Bomben woanders hin.
Natürlich habe ich das gedacht und vor Angst Blut und Wasser geschwitzt. Habe ich doch alle Höllen des Luftkrieges erlebt. Dass ich hier vor Ihnen sitze, das ist ja ein Glücksfall, ein Wunder für mich, ein Mirakel. Dennoch: Die Bomberbesatzungen zählten selbstverständlich zu unseren Befreiern.

Besonders schlimm muss es in der Nacht vom 27. auf den 28. Juli 1943 gewesen sein, als Hamburg zum Ziel der „Operation Gomorrha" wurde.
Der erste große Angriff der „Operation Gomorrha", die insgesamt 40 000 Tote forderte, fand schon in der Nacht vom 24. auf den 25. Juli statt,

dann kam die schreckliche Phosphornacht vom 27. auf den 28. Danach kamen wir an die Reihe. In der Nacht vom 29. auf den 30. Juli wurde Barmbek angegriffen. Wir saßen im Keller, nach den ersten Einschlägen war sofort alles voller Staub. Und wir raus auf die Straße. Unbeschreiblich, was da los war – überall krachte und brannte es. Luftdruck von dieser Seite, Feuer von jener Seite. Wir wurden zu Boden geschleudert, krochen nur noch, erhoben uns wieder, und fielen aufs Neue hin…

In welche Richtung flüchtete man? Ohne Ziel?
Nein, nicht ohne Ziel. Wir flohen da hin, wo das Häusermeer zu Ende war, am Rande des Stadtparks. Zuerst wollten wir in die Sandkiste, ein Spielplatz, wo ich meine Kindheit zugebracht hatte, wo aber jetzt kein Sand mehr war, sondern ein Löschbecken. Als wir da hinkamen, sahen wir, dass das Wasser brannte – Phosphor. Also sind wir weitergekrochen, bis zu der riesigen Hochbahnbrücke an der Strecke in die Walddörfer. Unter ihr sackten wir zusammen. Das Feuer kam aus den Häuserblöcken gegenüber, die Flammen schlugen bis zu uns herüber. Ich sehe noch meine Großmutter, wie sie plötzlich zurückzuckte, weil die Lohe ihr die Haare verbrannte. Nur die Haare, Gott sei Dank nicht das Gesicht. Dann sind wir, mehr gekrochen und gerutscht als gegangen, bis an den Stadtparkrand gekommen. Unterwegs Tote, Verwundete, schreiende Menschen. Der Milchmann, der im Nebenhaus gewohnt hatte, schrie vollkommen aufgelöst: „Wo ist meine Frau? Wo ist meine Frau? Haben Sie meine Frau gesehen?" Überall waren Bombentrichter, in die man hineinzufallen drohte. Etliche hatten sich schon mit Wasser gefüllt. Der

Angriff dauerte ungefähr zwei Stunden. Dieses Geräuschinferno, dieses Bukett von Feuer, von Sprengbomben, von Dynamit, das Fauchen des Feuers, das war, als wenn die Erde unterging.

Den „Bertinis" ist zu entnehmen, dass Sie danach aufs Land, in ein kleines Dorf, flüchteten. Warum ausgerechnet dorthin?
Zunächst gingen wir in die Hoheluftchaussee, wo meine Großmutter väterlicherseits, die Witwe von Rocco Giordano, wohnte. Ihre Wohnung war heil geblieben. Und da wollten wir erst einmal bleiben. Aber das ging nicht, weil der Einlogierer sagte: „Was? Sie wollen hier bleiben? Eine halbe Stunde, wenn Sie dann nicht hier raus sind, rufe ich die Gestapo." Also sind wir in den nächsten Zug gestiegen, über Uelzen, Celle, und dann erinnerte sich meine Großmutter, dass sie jemanden in Bösdorf kannte. Wir hatten uns ja ziellos in den Zug gesetzt. Und nun sagte sie plötzlich: „Lasst uns doch nach Bösdorf gehen. Vielleicht finden wir da was." Dort in der Altmark konnten wir dann bis Mai 1944 bleiben, bis der Gemeindediener uns bei der Gestapo denunzierte: Wir hätten Rassenschande begangen, seien Sittlichkeitsverbrecher. Gerettet wurden wir durch einen Wachtmeister, der die Untersuchung machte, dann aber ergebnislos einstellte. Wenn der nur ein falsches Wort gesagt hätte, wären wir verloren gewesen. Wir, mein großer Bruder und ich, sind nach der Befreiung noch einmal ins Dorf gekommen – mit dem Vorsatz, den Gemeindediener zu töten. Wir wollten ja vier Leute töten, ohne jedes Rechtsbewusstsein…

Sie wollten vier Leute töten? Wen denn noch?
Die „Speckrolle", das war der schlimmste Nazi-

Lehrer auf dem Johanneum, den Chef der Ge-
stapo-Leitstelle in Hamburg, den Einlogierer der
Großmutter und eben diesen Gemeindediener
von Bösdorf.

Es ist Ihnen hoffentlich nicht gelungen.
Nein, wir sind ja schon beim Gemeindediener
gescheitert. In Bösdorf sind wir im Mai 1946 wieder aufgetaucht. Das Dorf lag sechs Kilometer
in der russischen Zone, südlich von Helmstedt.
Egon und ich sind morgens so gegen acht Uhr
ins Dorf gekommen. Und als wir den Platz erreichten, sah ich eine Person, und erkannte sofort, wer das war, erkannte sie an ihren Stulpen-
stiefeln – der Gemeindediener. Und dieser Mann
sah uns. Im Dorf wusste man inzwischen, dass
wir überlebt hatten. Der Gemeindediener muss
natürlich gefürchtet haben, dass wir eines Tages
auftauchen würden. Normalerweise würde man
in einem solchen Augenblick zu fliehen versuchen. Er kam aber weiter auf uns zu, und wir
hörten, dass er irgendetwas vor sich hin murmel-
te. Wie von einem Magneten gezogen kam er auf
uns zu, offenbar irrsinnig vor Angst. Mein Bruder
und ich blieben stehen, nachdem wir gemerkt
hatten, dass er sich auf uns zubewegte. Wir hatten die Pistolen schon entsichert. Dann, als er
etwa 20, 25 Meter vor uns war, fiel er auf die
Knie. Und wir, was haben wir getan? Wir haben
gelacht. Diese jämmerliche Figur, dieser Kerl,
der das ganze Dorf beherrscht hatte, der uns beide im Oktober 1943 mit einem schweren Stein
erschlagen wollte – der saß nun vor uns und
brabbelte wie wahnsinnig vor sich hin. Da konnten wir nicht schießen. Es ging nicht. Als mein
Bruder links an ihm vorbeiging, streifte er unab-
sichtlich seine Schulter – daraufhin fiel der Ge-

meindediener nach hinten über und lag da wie
der gekreuzigte Jesus. Ein unglaubliches Bild!

*Noch einmal zurück in die letzten Monate der
Nazi-Herrschaft. Wie haben Sie das Kriegsende erlebt?*
Nachdem man uns in Bösdorf vor die Tür gesetzt
hatte, kamen wir am 4. Mai 1944 wieder in Hamburg an, ein Jahr vor der Befreiung. Erst wohnten
wir bei meiner Großmutter, weil der Einlogierer
inzwischen ausgezogen war. Aber wir mussten zu
fünft in einem Zimmer leben und haben uns dann
in Barmbek den Keller eines zerbombten Hauses
ausgebaut. Wir mussten Zwangsarbeit machen,
meine Mutter in einer Rattengiftfabrik, mein
Vater, meine Brüder und ich erst bei Siemens-
Schuckert in Rothenburgsort, dann im Tiefbau-
amt Hamburg. Um es kurz zu machen: Ich hatte
immer gewusst, irgendwann kommt der Deporta-
tionsbefehl für meine Mutter oder für uns alle,
und dafür wollte ich ein Versteck suchen. Im Dezember 1944 bin ich fündig geworden, in einem
Keller in der Nähe des Ohlsdorfer Bahnhofs. Und
dann, Anfang Februar '45, war es so weit. Da
kamen die Deportationsbescheide für die letzten
Hamburger Juden.

*Und in diesem Moment sind Sie in die Illegalität
abgetaucht?*
Ja. Aber es gab ein großes Problem: Ich wollte
nicht, dass mein Vater mitkommt. So, wie in den
„Bertinis" beschrieben, war er zu einem schweren Bedrohungsfaktor für uns geworden. Er war
dem politischen Druck nicht gewachsen, er hat
meinen Bruder und mich geschlagen, hat meinen Bruder des Kellers verwiesen, in dem wir in
Barmbek gewohnt hatten. Und dann sollten wir

mit diesem Mann, der völlig unberechenbar war, uns in einem Keller verstecken, wo kein Laut nach draußen dringen durfte? Ich habe also gesagt: „Mutti, aber Papa kommt nicht mit." Und da hat sie mich nur angeguckt und kein Wort gesagt. Es war also klar, mein Vater würde doch mitkommen.

Wer hat Sie denn in diesem Versteck versorgt?
Ich hatte einen Freund, einen alten Antifaschisten, in alles eingeweiht, er hatte mir auch eine Waffe gegeben, und der versorgte uns nun. Hinter einem Stein am Alte-Wöhr-Bahnhof konnte ich alle 14 Tage etwas für uns abholen. Aber dann, Anfang April, fand ich nichts, wusste aber nicht warum. Später habe ich dann erfahren, dass unser Freund von der Gestapo abgeholt worden war, nicht weil er uns versorgt hatte, sondern weil er ein „unsicherer Kunde" war, mit kommunistischer Vergangenheit. Er hat überlebt. In den letzten vier Wochen vor Kriegsende hatten wir also praktisch nichts mehr zu essen.

Haben Sie geahnt, dass der Krieg nur noch eine Frage von Wochen ist?
Selbstverständlich. Sogar der Wehrmachtsbericht sagte ja, wie sich die russische Front langsam bis Berlin vorschob, das haben wir genau verfolgt. Leben und Tod – das war ein Wettlauf zwischen der „Endlösung der Judenfrage" und dem Endsieg der Alliierten.

Was haben Sie in den letzten vier Wochen gemacht?
Dieses „Leben" können sich Heutige gar nicht mehr vorstellen. Rechts und links Nachbarn, die uns natürlich nicht hören durften. Unsere Wirtin war aber von 9 Uhr vormittags bis 16 Uhr auf der Arbeit. Meine Mutter hatte ihr Leben lang Anfälle, bei denen sie sich die Seele aus dem Leib hustete, furchtbar, mit rotgeschwollenem Kopf. Und Rocco, mein jüngerer Bruder, hat nachts gebrüllt, wenn er aufwachte und alles dunkel war, und das zum ersten Mal, nachdem ich am 1. September 1939 von der Gestapo verhaftet worden war. Deshalb haben mein älterer Bruder Egon und ich nie gleichzeitig geschlafen. Wir waren immer sprungbereit, falls Rocco schrie oder meine Mutter hustete. Das Fürchterlichste aber war etwas anderes. Ich hätte fast meine Mutter erschossen. Ich will das hier nicht zu ausführlich ausbreiten, aber irgendwann, schon 1938/39, hatte ich mit meinem Bruder Egon die ersten Gespräche darüber geführt, was wir tun könnten, um unsere Mutter – die Gefährdetste von uns – nicht in die Hände ihrer Todfeinde fallen zu lassen. Als wir eine Waffe hatten, da war uns klar, auf welche Weise das geschehen könnte. Wie wir sie gegebenenfalls vor einem noch schlimmeren Schicksal bewahren könnten. Und dann, wenige Tage vor Kriegsende, hörten wir auf einmal in unserem Versteck, bei der Rückkehr unserer Wirtin von der Arbeit, draußen männliche Stimmen. Und dachten: Jetzt ist es so weit, sie wollen uns holen. Mein Bruder und ich sahen uns an, in Panik, ich zitterte am ganzen Leib und entsicherte die Pistole. Meine Mutter muss etwas geahnt haben, obwohl wir darüber nie gesprochen hatten, sie muss von unserer Absicht gewusst haben. Denn nun passierte Folgendes: Sie drehte uns ganz langsam den Rücken zu, beugte den Kopf vor und schob das Haar aus ihrem Nacken. Ich habe nicht geschossen, weil es sich im letzten Moment, um Bruchteile von Sekunden herausstellte, dass es ein falscher Alarm war. Der Mann unserer Wirtin

war gefallen, und ein Nachbar hatte ihr die Nachricht gebracht. Was, wenn ich abgedrückt hätte. Ich wage darauf keine Antwort.

Wann haben Sie den ersten englischen Panzer gesehen?
Am 3. Mai kam unsere Wirtin in den Keller und sagte laut: „Die Scheiße hat ein Ende. Hamburg hat kapituliert. Morgen marschieren die Engländer ein." Wir lagen da wie tot, verspakt, als hätten wir in Moos gelegen, und konnten das alles kaum noch wahrnehmen. An diesem Tag haben wir unser Versteck nicht verlassen. War das Unglaubliche wirklich eingetreten? Plötzlich hörten wir die Panzer, die an der Alsterdorfer Straße zufällig von der City zum Flughafen vorüberrumpelten. Erst da erhoben wir uns. Ich sehe noch meine Mutter, wie sie versuchte, unser in einem Souterrain liegendes Versteck zu verlassen. Dabei versuchte sie, die sechs Stufen hochzugehen. Aber sie schaffte es nicht, sie musste die sechs Stufen auf den Knien hochrutschen. Die anderen folgten ihr auf die gleiche Weise. Wir sind dann auf dem Bauch bis an den Straßenrand gekrochen, wo die Panzer, eine endlose Reihe, vorbeizogen. Und was ich noch nicht vergessen werde: Einer dieser Panzer blieb stehen, die Luke wurde geöffnet, und ein englischer Soldat schaute heraus, weil er ein solches Bild wohl noch nie gesehen hatte. Menschen nur noch entfernt ähnlich, lagen oder saßen wir da, zu fünft, keiner fähig zu gehen, so schwach waren wir. Wir konnten den Mann nur anstarren und kein Wort sagen. Aber wir wussten: Wir sind befreit.

Georges-Arthur Goldschmidt

„Schwarzfahrer des Schicksals"

Der Pariser Schriftsteller und Übersetzer
Georges-Arthur Goldschmidt über seine
Autobiografie „Über die Flüsse" und das
Schicksal eines jüdischen Deutschen in
dem von den Nationalsozialisten besetzten
Frankreich

Georges-Arthur Goldschmidt wurde 1928 in Reinbek bei Hamburg geboren und wuchs als Sohn eines Oberlandesgerichtsrates auf. 1938 setzten ihn die Eltern in einen Zug nach Italien, von dort reiste er weiter ins vermeintlich sichere Frankreich. Er überlebte den Krieg in einem Kinderheim und arbeitet heute als Schriftsteller und Übersetzer in Paris.

Herr Goldschmidt, Ihr autobiografisches Buch „Über die Flüsse" beginnt mit der Erinnerung an den paradiesischen Garten der elterlichen Villa in Reinbek bei Hamburg und doch schildern Sie diesen Garten auch als Ort, in dem von Anfang an Schrecken, Scham und Schuld wohnten. Ist das verlorene Paradies Ihr Urerlebnis?
Ich war das Letzte von drei Kindern, bei meiner Geburt war meine Mutter schon ziemlich alt, 45 Jahre. Sie wurde mit mir nicht fertig. Sie umarmte mich innigst, im nächsten Augenblick stieß sie mich weg. Das war der Schrecken: die unbegreifliche Erfahrung des ständigen Wechsels zwischen Liebe und Abscheu. In dem wunderbaren Garten konnte ich wegen dieses Grundkonflikts nicht aus mir selbst heraus, wie ein autistisches Kind. Es war, als ob ich hinter einer Wand stünde.

Hatten Sie Angst vor Ihrer Mutter?
Ich konnte ihr nicht verzeihen, dass sie nicht immer meine Mutter war, nicht immer zu mir gehörte, sich nicht immer um mich kümmerte, plötzlich eine andere war als meine Mutter. Wenn sie wegfuhr, war das jedes Mal ein Drama. Ich verstand nicht, dass sie auch zu sich selbst gehörte. Ich nehme an, dass ich ein Autist bin, der sprechen gelernt hat.

Das Wunderbare und das Erschreckende als unauflösliche Einheit – hat dieser Zwiespalt erste Schuldgefühle in Ihnen geweckt?
Die Schuldgefühle setzten ein, als ich genau spürte, dass wir in dem Haus mit dem schönen Garten nicht bleiben konnten – aus einem Grund, den ich nicht verstand. Ich glaubte, ich sei schuld daran, weil ich zum Entsetzen meiner

Eltern gern an mir herumspielte. Jeder Knabe betreibt solche Selbstbefriedigung, aber für mich war diese kindliche Onanie das Schlimmste, was ich tun konnte.

Haben Ihre Eltern Sie deswegen gescholten und bestraft?
Meine Mutter verbot mir immer wieder, an mir herumzufummeln. Manchmal fesselte sie mir die Hände ans Bett und schärfte mir ein: Das darfst du nicht tun. Was ich so schön fand, war verboten. Das ist natürlich auch ein Problem der protestantischen Erziehung. Wir hätten mit unserer Familie Stammkunden von Freud werden können, der hätte davon leben können. Nach 50 Jahren wären wir immer noch bei ihm in Behandlung gewesen.

Aber als Ihre Eltern Sie und Ihren Bruder 1938 in Hamburg in den Zug setzten, da kannten Sie doch den wahren Grund der Trennung – die Judenverfolgung in Deutschland? Oder hat Ihr Vater Ihnen nicht erklärt, dass er seine Söhne in Sicherheit bringen wollte?
Nein. Ich dachte, das ist meine Strafe, und dieses Gefühl ist mir immer geblieben.

Sie müssen doch die Veränderungen in Ihrer Umgebung wahrgenommen haben, auch als Kind?
Natürlich. Mein Vater war als Oberlandesgerichtsrat in Hamburg 1933 zwangspensioniert worden. Ich hatte Hitler einmal selbst gesehen, ein SS-Mann nahm mich auf die Schultern. Ich sehe noch seine schwarze Mütze von oben. Hitler fuhr auf der leeren Chaussee an der Menschenmenge vorbei, er stand mit ausgestrecktem Arm im offenen Mercedes und winkte mir kurz

zu. Mein älterer Bruder durfte nicht mehr aufs Gymnasium, ich durfte nicht mehr in den Kindergottesdienst. Ich wusste, da war etwas los, aber ich verstand nicht, was es war.

Sie beobachteten, dass manche Nachbarn Sie und Ihre Familie mieden, sogar beschimpften, und niemand erklärte Ihnen, weshalb?
Ich verstand überhaupt nicht, wieso mich das betreffen konnte. Ich war doch ein frommer, kleiner, protestantischer Bengel. Meine Eltern haben sich gehütet, mir irgendetwas zu erklären, sie wollten selbst keine Juden mehr sein. Von meiner jüdischen Identität erfuhr ich erst, als ich über 15 Jahre alt war, 1943 im französischen Kinderheim. Nachdem die Deutschen in die bis dahin unbesetzte Zone Frankreichs eingerückt waren, durfte ich nicht mehr ins Dorf. Die Leiterin, sie siezte mich, sagte mir: „Mein liebes Kind, wissen Sie denn nicht, dass Sie Jude sind?" Da ist mir auf einmal alles klar geworden.

An Ihrem Vater, an Ihrer Mutter, an der ganzen Familie haben Sie nichts mehr wahrnehmen können, was mit der jüdischen Kultur zu tun hatte?
Gar nichts. Meine Eltern haben sich panisch davon losgerissen, ohne es zu können, denn für die Nazis blieben sie natürlich Juden. Mein Vater kam 1942 nach Theresienstadt, paradoxerweise als Seelsorger der protestantischen Juden in Theresienstadt. Das ist das Verrückteste, was man sich vorstellen kann.

Was ihm möglicherweise das Leben gerettet hat.
Ich weiß nicht, weshalb er nicht nach Auschwitz kam. Entweder war es Zufall, oder der Judenrat war zu vornehm, um ihn auf die täglich zu erstel-

lende Deportierten-Liste zu setzen. Das ist eigentlich eine furchtbare Frage.

Hatte sich Ihr Vater so mit der deutschnationalen protestantischen Welt identifiziert, dass er sein Judentum ganz verleugnete?
Wahrscheinlich wusste er kaum etwas von seiner religiösen Herkunft. Er konnte kein Hebräisch. Es gab keine besseren Deutschen als diese assimilierten Juden. Mein Vater war ein ausgesprochener Monarchist und Patriot. Er grämte sich,

dass er wegen seines Gelenkrheumas im Ersten Weltkrieg nicht an die Front kam. Ich höre noch seinen Spruch: „Alle anderen machen es gut, die Deutschen machen es besser."

Sie haben ihn nie wieder gesehen?
Er starb 1947, bevor ich ihn besuchen konnte. Die Briten hatten ihn zum Vorsitzenden der Entnazifizierungskommission in Schleswig-Holstein ernannt, und er sprach prompt alle frei, so deutsch war er. Aus Theresienstadt kam er mit

der unerschütterten Meinung zurück, dass das Judentum sich ganz in der normalen europäischen Gesellschaft auflösen müsse. Seine Deportation hielt er bis zum Schluss für einen monströsen Irrtum.

Wie haben Sie im Kinderheim in den französischen Alpen die Trennung von den Eltern verkraftet?
Dieses Heim wurde von einer alten Jungfer geleitet, die ihren Verlobten im Ersten Weltkrieg verloren hatte. Sie ergötzte sich an der Züchtigung der Kinder. Sie fand es wunderbar, nackte Knabenhintern mit der Rute zu schlagen. Und das hat merkwürdigerweise mein seelisches Leben gerettet. Ich war so damit beschäftigt, bestraft zu werden, dass ich keine Zeit für Heimweh mehr hatte. Dieser Frau verdanke ich sehr viel.

Wirklich? Erst der Verlust der Eltern, dann ständige Prügel – eigentlich ein Wunder, dass Sie nicht daran zerbrochen sind.
Für mich war es eine Herausforderung, eine Kraftprobe: Straft mich, so viel ihr wollt, ich bin stärker. Das bereitete mir so etwas wie eine zynische Lust. Diese Frau liebte mich ja andererseits auch wirklich. Sie hat mich, den kleinen, dummen, ungebärdigen Juden und Ausländer, unter großen Risiken vor den Deutschen versteckt. Das war ein merkwürdiges, ambivalentes Verhältnis.

Auch erotisch gefärbt?
Zweifellos, obwohl ich immer furchtbar geheult habe. Dabei schlug sie so, dass es nicht richtig wehtat. Diese Erzieherin hatte eine ungeheure Intuition. Sie hat mich auf ihre Weise an sich gebunden. Sie sagte mir oft: „Sie sollen nicht stän-

dig an etwas anderes denken" – nämlich an mein echtes, existentielles Unglück.

Memoiren sind meistens eine Mischung aus Dichtung und Wahrheit …
Gewiss.

Könnte es sein, dass Sie diesen regelmäßigen Züchtigungen im Nachhinein eine Logik und einen Sinn beimessen, die damals gar nicht bestanden?
Das ist natürlich möglich, dass ich mir diese Deutung später zugedichtet habe, als Poetisierung einer Wirklichkeit, die eigentlich schrecklich war. Aber auch diese Verklärung wäre für mich eine Lösung gewesen, um mit mir selbst ins Reine zu kommen.

Auch der Philosoph Jean-Jacques Rousseau, den Sie bewundern, hat die Lustgefühle beschrieben, die er empfand, wenn er geschlagen wurde. Hat die Vermengung von Gewalt und Sexualität die Verdrängung bei Ihnen befördert?
Ich kam sehr spät in die Pubertät, so mit 16, 17, das war wie eine Explosion in mir. Ich verstand überhaupt nicht, was mit mir geschah. In Deutschland wurden die Kinder geschlagen, um sie zu brechen, zu Untertanen zu erziehen. In Frankreich hatte die Züchtigung etwas Verspielt-Erotisches, etwas Amüsantes. Schon der Begriff „la fessée", die Tracht Prügel auf den Hintern, ist erotisch gefärbt – „les fesses", die Hinterbacken, das klingt wunderbar unzüchtig.

Sie schildern sehr offen in Ihrem Buch, wie Sie starke homosexuelle Neigungen entwickelten.
Eine solche homosexuelle Periode war damals in Internaten selbstverständlich. Sie hätte sich bei

mir verfestigen können, ja. Aber als ich später meine Frau kennen lernte, verlief alles völlig normal. Zwei Seelen wohnen nicht ach, sondern zum Glück in meiner Brust.

Als Sie 1945 die ersten Bilder aus den Konzentrationslagern sahen, so schreiben Sie in Ihrer Autobiografie „Über die Flüsse", „erfüllte der unerträgliche Anblick dieser Fotos den Betrachter mit der Schmach, dass es ihn noch gab". Beziehen Sie das auf sich selbst?
Ja, ich rede da nur für mich. Ich habe mich irrsinnig geschämt und zugleich irrsinnig gefreut, dass ich noch lebte. Ich hatte damals das Gefühl, ein Betrüger zu sein.

Quälten Sie auch Gewissensbisse, weil Sie nicht ein ähnliches Schicksal erleiden mussten wie Ihr Vater?
Nach dem Krieg und dem Internat entdeckte ich das Leben mit Inbrunst und Wonne. Zugleich spürte ich stets diesen kleinen Stich: Wie kommt es, dass du immer noch da bist? Dass mein Vater überlebt hatte, erfuhr ich erst ein halbes Jahr später. Jeder Tag, den ich lebe, ist seitdem ein Wunder für mich. Ich bin kein Überlebender, Überlebende sind nur diejenigen, die aus dem Tor eines KZs heraustreten konnten. Ich war ein Schwarzfahrer des Schicksals.

Sie reisten zum ersten Mal wieder 1949 nach Hamburg, um Ihre viel ältere Schwester zu besuchen, die mit dem Philosophen Ludwig Landgrebe verheiratet war. Wie unterschied sich das Deutschland jener Zeit von dem, das Sie heute kennen?
Damals sah ich genau das Deutschland meiner Kindheit wieder, nur dass Hitler nicht mehr da war und man keine Angst mehr hatte. Heute ist

Deutschland nicht nur ein befreites, sondern ein erlöstes Land. Die Gesichter der Menschen haben sich verändert. Sie lächeln viel mehr. Sie reden anders, nicht mehr so schwülstig und weihevoll. Sie gehen anders, viel lockerer, nicht mehr so soldatisch ruck, zuck, mit nach hinten gezogenen Schultern. Die Kaffeetanten mit den Glockenhüten und den langen Mänteln sind verschwunden. Die Deutschen sind ein heiteres Volk geworden.

Hat die sogenannte Vergangenheitsbewältigung einen großen Anteil an dieser Erlösung?
Unbedingt. Bei meinem ersten Besuch 1949 taten noch alle so, als hätten sie mit den Nazis nichts zu tun gehabt. Alle fühlten sich als Opfer, keiner hatte etwas mitgemacht, jeder hatte Schlimmes erlitten. Ich nehme an, dass die Verdrängung des Unmöglichen so weit gehen kann, dass die Menschen subjektiv absolut ehrlich waren, wenn sie so etwas sagten.

Es musste erst einen Generationswechsel geben, bevor das neue Deutschland entstehen konnte?
Alles änderte sich schlagartig Ende der Sechziger, Anfang der Siebziger. Deutschland ist ein zutiefst demokratisches Land geworden. Nur, leider, ist es letztlich doch eine geschenkte Demokratie. Es hat keine Revolution in Deutschland gegeben.

Haben Sie nach dem Krieg nie daran gedacht, für immer nach Deutschland zurückzukehren?
Nein, die französische Republik hat sich mir gegenüber wie eine gute Mutter benommen. Einfache Franzosen haben mich während des Krieges behütet. Die Bauern in Hochsavoyen wussten nicht, was wirklich mit den Juden ge-

schah, aber sie verstanden alles. Ich wurde 1947 eingebürgert, ich konnte studieren und wurde Deutschlehrer im Staatsdienst. Frankreich ist eine Nation, der man beitreten kann, ohne in sie hineingeboren zu sein. Ich habe mit der Republik einen Vertrag geschlossen, ohne dass ich ihr meine Seele verkaufen musste.

Ist deshalb der Deutsche in Ihnen bis heute lebendig geblieben?
Ich bin in der Seele ein Deutscher geblieben, das ist das Hölderlinsche in mir. Politisch und sozial bin ich Franzose. Ich habe dieses doppelte Ich niemals als Widerspruch empfunden. Präsident François Mitterrand hat mich in den deutsch-französischen Kulturrat berufen, das war für mich eine große Ehre. Ich fand es wunderbar, dass ich als Deutscher und französischer Staatsbürger Frankreich vertreten durfte.

Glauben Sie angesichts Ihrer eigenen Erfahrungen, dass Europa nicht nur wirtschaftlich, sondern auch kulturell zu einer Einheit zusammenwachsen kann?
In mir, dem Übersetzer und Schriftsteller, sind beide Kulturen miteinander verschmolzen. Aber ich stelle fest, dass der Wunsch, einander zu verstehen und kennen zu lernen, heute viel schwächer geworden ist. Das Verhältnis zwischen Deutschen und Franzosen hat sich normalisiert, damit aber auch banalisiert.

Wollen Sie weiterhin als literarischer Mittler zwischen den beiden Völkern arbeiten?
Ich werde mich immer für die deutsche Enttäuschung und ihre Überwindung interessieren. Die deutsche Enttäuschung, das war der Verlust der Romantik, das plötzliche Erwachsenwerden. Als

verspätete Nation fühlten sich die Deutschen lange wie große Kinder, sie glaubten, die Reinen geblieben zu sein, das auserwählte Volk. Das war die große Illusion, die im Schock der Hitler-Niederlage endete.

Ist sie heute endgültig überwunden, oder sehen Sie die Gefahr eines Rückfalls in Deutschtümelei, in Ausländer- und Fremdenhass?
Die Geschichte bleibt nie stehen. Der Messias kommt nicht, es gibt kein Endziel. Deshalb droht immer die Möglichkeit, sich zu verirren. Aber ich glaube aufrichtig, dass die Deutschen keine Kinder mehr sind. Sie sind endgültig erwachsen geworden.

Lenka Reinerová

„Ich hatte die Vision einer gerechteren Ordnung"

Die Prager Autorin und Journalistin Lenka
Reinerová über ihre Flucht nach Mexiko
und die Schikanen der kommunistischen
Diktatur in den Nachkriegsjahren

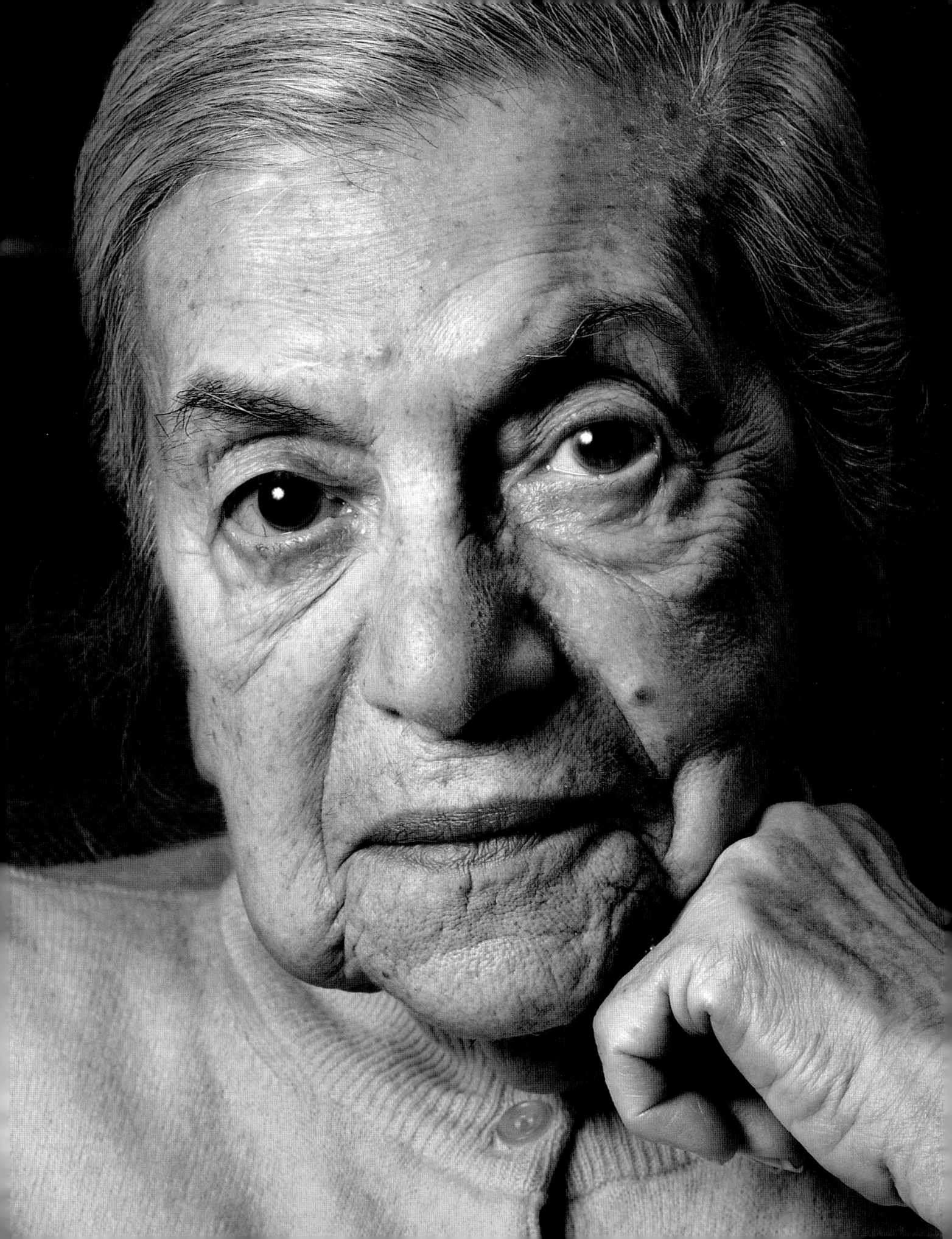

Lenka Reinerová kam 1916 in Prag zur Welt. Als die Nazis die Tschechoslowakei besetzten, war sie bereits Mitarbeiterin sozialistischer Exilzeitungen in Prag. Sie floh zunächst nach Frankreich, wurde interniert und gelangte über Marokko ins Exil nach Mexiko. Nach dem Krieg kehrte sie in ihre Heimat zurück; heute arbeitet sie als Schriftstellerin in Prag.

Frau Reinerová, Sie wurden 1916 in Prag, im österreichisch-ungarischen Vielvölkerstaat, geboren. Was war damals Ihre Muttersprache?
Deutsch, weil meine Mutter aus der westböhmischen, damals weitgehend deutschsprachigen Hopfenstadt Saaz stammte. Mein Vater war Eisenwarenhändler in Prag und sprach Tschechisch. Es war wohl so, dass die Mutter den Ton in der Familie angab, bei uns also überwiegend Deutsch gesprochen wurde.

Sie haben dann das berühmte deutsche Stephansgymnasium in Prag besucht. Hatten Ihre Eltern damit etwas Bestimmtes im Sinn?
Wahrscheinlich schickten sie mich dorthin, weil es damals eine der besten Schulen war. Jahre vor mir waren da auch Leute wie Max Brod oder Friedrich Torberg. Zu meiner Zeit gab es am Stephansgymnasium etwa gleich viele jüdische und deutschnationale Schüler, für die Lehrer galt dasselbe Verhältnis. Rückblickend finde ich es ziemlich bemerkenswert, dass es nie, aber wirklich nie, Reibungen gegeben hat, weder zwischen den Schülern noch unter den Lehrern.

Könnte es sein, dass Sie die Situation im Nachhinein ein wenig beschönigen?
Ich weiß, im Allgemeinen verklärt man seine Jugend. In diesem Fall bin ich mir aber absolut sicher. Das Gleiche galt ja für das kulturelle Leben in der Stadt. Das war damals eine Art deutsch-tschechisch-jüdischer Symbiose.

Und wann wurde dieses Zusammenleben zerstört?
Nach der Machtübernahme Hitlers, allein schon, weil der Führer immer wieder über den Rundfunk gegen die Tschechei krakeelte. Plötzlich gab

es Studentenkrawalle an der Deutschen Universität in Prag.

Wie hat sich das in Ihrem Alltag bemerkbar gemacht?
Ich will Ihnen ein Beispiel geben: Meine Großmama mütterlicherseits hatte ein Kaffeekränzchen mit drei, vier jüdischen Damen, die sich einmal in der Woche trafen. Im Sommer ging man in das „Deutsche Haus" mit dem dazugehörenden Gartenrestaurant, so ungefähr bis 1936. Dann war plötzlich Schluss damit, dann war das „Deutsche Haus" für ein jüdisches Kaffeekränzchen nicht mehr zu haben.

Mitte der dreißiger Jahre gab es bereits eine beträchtliche Zahl deutscher Emigranten in Prag. Wer waren denn die führenden Köpfe im deutschsprachigen Milieu?
Ernst Bloch gehörte dazu, der Verleger Wieland Herzfelde, Stefan Heym und John Heartfield, auch der Prager Franz Carl Weiskopf und viele andere. Einige von ihnen trafen sich regelmäßig in einem Hinterzimmer des „Café Metro". Dort habe ich 1935 Egon Erwin Kisch kennen gelernt.

Da waren Sie schon Mitarbeiterin der von Berlin nach Prag emigrierten „Arbeiter Illustrierten Zeitung". Bei welchem Anlass trafen Sie Kisch?
Eines Tages wurde im „Café Metro" darüber diskutiert, ob eine Reportage nur Journalismus ist oder wie sie aussehen muss, um als Literatur betrachtet zu werden. An diesem Abend kam so ein Kleiner, etwas Dicklicher, den ich vorher nie gesehen hatte, mit einem Stoß Zeitschriften unter dem Arm, die er da so verteilte. Er blieb vor mir

stehen und sagte: „Wer bist du denn?" Und da habe ich mich mit bebender Stimme vorgestellt, weil ich wusste, das ist der berühmte Kisch.

Welche Position vertrat der Journalist Kisch bei der Debatte?
Die Runde folgte damals seiner Meinung, dass eine Reportage als Literatur bezeichnet werden kann, wenn sie künstlerisch gestaltet ist. Kisch hat immer gesagt: „Du kannst eine Geschichte nicht nur so hinlegen, du kannst nicht nur beschreiben, nur schildern, es muss gestaltet sein."

In einem Ihrer Bücher schreiben Sie über Kisch, der ja den Beinamen „rasender Reporter" trug, „er schuf bedächtig und bearbeitete seine Manuskripte mit schier unendlicher Geduld". So richtig rasend wirkt das nicht.
Das mit dem „rasenden Reporter" hat er sich selbst ausgedacht, so hat ihn damals nie jemand bezeichnet. Das „rasend" bezog sich wohl vor allem auf die Auswahl seiner Themen, dass er immer dabei sein musste. In der Ausarbeitung war er dann eher bedächtig. Das sieht man ja auch an seiner so merkwürdigen Handschrift mit diesen barocken Schnörkeln.

Kisch legte während des Schreibens offenbar großen Wert auf das Urteil anderer.
Ich habe das später im Exil in Mexiko oft erlebt. Die Kischs hatten eine Dreizimmerwohnung, und immer war Besuch da. Jeder, der vorbeiging, bekam eine Tasse Kaffee und gut. Kisch ließ sich beim Schreiben selbst nicht stören. Aber dann stand er plötzlich im Raum, manchmal, wenn er früh angefangen hatte, nachmittags noch im Pyjama, und sagte: „Jetzt seid mal alle still und hört

zu." Er las ein paar Sätze vor und beobachtete genau, wie das auf die Zuhörer wirkte. Er sagte mir einmal: „Wenn du etwas schreibst und es dann vorliest und irgendjemand nicht mitgeht, dann musst du diese Stelle ändern." Ich kann mich an ein sehr starkes Erdbeben in Mexiko erinnern, bei dem nachts ein neuer Vulkan ausbrach. Am nächsten Morgen ist Kisch da hingefahren, um sich den Schauplatz anzusehen. Er hat dann wirklich Tage überlegt, wie er das aufschreiben soll, um seinen Lesern dieses phantastische Erlebnis nahezubringen.

Hat Kisch Sie dazu gebracht, auch selbst zu schreiben?
Natürlich hat er uns alle inspiriert, aber meine ersten Schreibversuche machte ich schon mit 16 Jahren, bevor ich ihn kennen lernte. Ich habe mich damals um Emigrantenkinder gekümmert. Einmal besuchten wir eine Aufführung im Neuen Deutschen Theater, „Pünktchen und Anton" von Erich Kästner. Die Aufführung hat mir nicht gefallen. Ich habe einen Brief an Kästner geschrieben und gefragt, ob ich ihn neu dramatisieren dürfe. „Dramatisieren Sie ruhig", hat er geantwortet. Ich habe das also gemacht und – naiv und unbekümmert, wie ich als 16-Jährige eben war – zur Aufführung viele Leute eingeladen, darunter auch den Theaterkritiker und Kafka-Freund Max Brod. Zu meinem Entsetzen sind sie alle gekommen. Der Weiskopf war auch dabei, und ihm schien es wie den meisten gefallen zu haben. Jedenfalls sagte er irgendwann: „Komm zu mir in die Redaktion."

Weiskopf leitete damals die „Arbeiter Illustrierte Zeitung". Welche Aufgabe übernahmen Sie dort?

Anfangs war ich eine Art Mädchen für alles. Aber bald durfte ich auch selbst etwas schreiben. Ich trieb mich damals viel im Grenzgebiet herum, weil ich links dachte und etwas gegen die Nazis in der sudetendeutschen Bewegung machen wollte. Als ich Weiskopf einmal erzählte, was ich dort erlebt hatte, forderte er mich auf, das niederzuschreiben. Ich gab ihm den Text, er las ihn, stutzte jedoch ausgerechnet an jener Stelle, an der ich wundervoll die winterliche Landschaft beschrieben hatte, schneebedeckt, schwarzer Rabe, Sonnenauf- oder -untergang, alles leuchtete rosa und so. Weiskopf sah mich an und fragte: „Bist du ganz sicher, keine Farbe des Spektrums ausgelassen zu haben?" Das war mir eine Lehre. Gott behüte, bloß kein Adjektiv zu viel setzen.

Die „Arbeiter Illustrierte" war eine sozialistische Zeitung. Entsprach das Ihrer Überzeugung?
Unbedingt, ich war als Jugendliche glühende Sozialistin und Antifaschistin. Das hatte auch sehr persönliche Gründe. Ich musste nämlich schon in der Quarta die Schule verlassen und arbeiten, weil meine Eltern kein Geld hatten. Da saßen in meiner Klasse ein paar Dummköpfe, die konnten dableiben und später an der Universität studieren. Das empfand ich als ungeheure Ungerechtigkeit. Außerdem gab es damals eine brutale Arbeitslosigkeit in unserem Land. Unten am Wenzelsplatz war das berühmte Automatenbüfett „Koruna", wo man gut und billig essen konnte. Für 2,50 Kronen, etwa 20 Cent, bekam man dort eine Portion Spinat und sehr viele Scheiben Knödel dazu. Ich habe das nie aufgegessen, weil hinter mir immer schon zwei, drei Leute standen und warteten, ob etwas auf dem Teller blieb – auch so ein Erlebnis, das mich an der Gerechtig-

keit der herrschenden Ordnung zweifeln ließ. Und, natürlich, das darf man nicht vergessen, dann hatten wir den Faschismus an der Grenze, die Todesgefahr für unser Land.

Ein Umstand, der Sie schließlich aus Ihrer Heimat trieb.
Das hatte mit meiner Arbeit zu tun. Neben der „Arbeiter Illustrierten Zeitung" gab es noch die „Deutsche Volkszeitung", die in derselben Dreizimmerwohnung in Prag gemacht wurde. Eines Tages übernahm ich die Funktion der ver-

antwortlichen Redakteurin und musste dann oft zu Gericht gehen, weil wir ständig den Hitler und den Göring beleidigt haben. Damals hatten die Tschechen noch diplomatische Beziehungen zum Deutschen Reich…

Wer klagte denn da, die deutsche Botschaft?
Ja, ja. Wir mussten allerdings immer nur kleine Geldstrafen zahlen, und damit war der Fall erledigt. Aber dann, nach dem Münchner Abkommen, war sofort Schluss. Beide Zeitungen wurden verboten.

Und Sie mussten um Ihre Existenz fürchten?
Richtig gefährlich wurde es in Prag erst nach der Besetzung durch deutsche Truppen Mitte März 1939. Ich war damals bei Freunden in Bukarest, und am Tag bevor ich zurückfahren wollte, rief ich zu Hause an. Da habe ich das letzte Mal mit meiner Schwester und meiner Mutter gesprochen, überhaupt das letzte Mal. Meine Schwester sagte noch: „Ich glaube, du solltest nicht nach Hause kommen, durch diese Grippewelle hättest du hier keine Ruhe. Heute Abend waren übrigens deine Freunde hier." Das konnte ich dechiffrieren. Tatsächlich hatte die Gestapo mich gesucht. Das Telefongespräch hat mir das Leben gerettet. Meine ganze Familie ist umgekommen.

Ihre Mutter und Ihre Schwestern blieben in Prag?
Wie so viele hatten sie noch lange Zeit Illusionen. Die Deportationen und der Holocaust gingen ja erst später los. Irgendwie haben sich die Menschen nicht vorstellen können, was auf sie zukommt.

Hatten Sie danach noch Kontakt zu Ihrer Familie?
Ein paar Mal schriftlichen. Zunächst von Frankreich aus, wohin ich dann gegangen bin. Allerdings wurde ich dort bald verhaftet und später in einem Lager für Ausländerinnen interniert.

Wie sind Sie aus dem Lager wieder rausgekommen?
Bei all dem Pech, das auf mich zukam, hatte ich immer noch Glück, denn Weiskopf und Kisch waren inzwischen in den USA. Und dort gab es eine Solidaritätsbewegung amerikanischer Schriftsteller für in Frankreich festsitzende Kollegen. Da haben meine Freunde in Amerika ge-

sagt: „Hört zu, wir haben ein Mädchen, das sitzt ganz allein in Frankreich." Also kam ich auch auf die Liste der Amerikaner. So bin ich aus Europa rausgekommen, allerdings erst mal in Marokko hängengeblieben.

Warum das?
Ich kam auf ein französisches Flüchtlingsschiff, das nach Martinique fahren sollte. Vor der Küste von Casablanca wurde es jedoch von französischen Marineoffizieren aufgehalten, weil kurz zuvor ein anderes Schiff von den Engländern aufgebracht worden war. Man hat uns in Casablanca in einen Zug gesetzt, und der fuhr so weit in die Sahara, bis der Schienstrang endete. Dort befand sich ein Lager der Fremdenlegion, und diese Legionäre machten nun plötzlich als Wachpersonal Karriere.

Wurden Sie misshandelt?
Nein. Aber die Bedingungen dort waren schrecklich. Das Klima war mörderisch. Wir bekamen nur einen Liter Wasser pro Tag für alles, fürs Trinken, fürs Waschen: wahnsinnig! Es gab eine große Sterblichkeit in dem Lager, zumal die meisten Menschen dort ohnehin schon eine Menge hinter sich hatten. Auch die Verköstigung war unbeschreiblich. Ich bin schließlich zum Lagerkommandanten gegangen und habe ihm irgendetwas von einer kürzlich erfolgten Operation erzählt und davon, dass die tschechoslowakische Exilregierung in London sehr an mir interessiert sei. Am Ende hat man mich tatsächlich für zwei Tage nach Casablanca fahren lassen – und dort bin ich ein halbes Jahr untergetaucht, bis ich ein portugiesisches Schiff fand, das mich endlich nach Mexiko brachte.

Erfuhren Sie dort, was in Europa und insbesondere in Prag geschah?
Von den Vernichtungslagern erst ganz am Ende des Krieges. Über den Kriegsverlauf waren wir dagegen ganz gut informiert, vor allem nachdem die tschechoslowakische Exilregierung in London mit Mexiko diplomatische Beziehungen aufgenommen hatte. Ich habe vom ersten Tag an in der Vertretung gearbeitet, denn wir hatten schon ein komisches Gefühl, so in der Sonne unter Bananen zu sitzen, während daheim in Europa der Krieg wütete. In Mexiko habe ich viele interessante Menschen kennen gelernt, etwa das Maler-Ehepaar Frida Kahlo und Diego Rivera.

Leo Trotzki war 1937 auf der Flucht vor Stalin anfangs bei Diego Rivera untergekommen. 1940 wurde er dann im Auftrag des Sowjetdiktators mit einem Eispickel ermordet …
Was natürlich Riveras Verhältnis zur Sowjetunion trübte. Aber es ergab sich etwas Ungewöhnliches: Nachdem Mexiko und die UdSSR 1942 ihre Beziehungen wieder aufgenommen hatten, wurde ich am 7. November, also dem Revolutionstag in der Sowjetunion, in die Botschaft zu einem Empfang geladen. Der erste Mensch, dem ich begegnete, war Diego Rivera. Und das war in der Tat sehr auffallend. Erstens, dass ihn der Botschafter eingeladen hat, und zweitens, dass er gekommen ist.

Trotzki soll auch eine Affäre mit Frida Kahlo, der Lebensgefährtin Riveras, gehabt haben.
Tatsächlich? Davon weiß ich nichts. Die arme Frida Kahlo war schon sehr krank, als ich sie damals traf. Sie galt ja als eine der schönsten Frauen Mexikos, aber ich fand sie, um ehrlich zu sein, mehr imponierend als schön, sie strahlte eine sehr starke Persönlichkeit aus. Für mich wirkte sie ein bisschen zu hart. Vielleicht lag das an ihrem kleinen schwarzen Damenbärtchen.

Das Haus von Frida Kahlo ist heute ein Museum. Und auf der Staffelei befindet sich ein unvollendetes Stalin-Porträt, möglicherweise eines der letzten Bilder, an denen sie gearbeitet hat.
Wirklich? Sehr merkwürdig. Sie war doch mit dem Trotzki so eng befreundet.

Wie erging es Ihnen, als Sie 1948 nach Prag zurückkamen?
Ich habe mich schlecht zurechtgefunden, denn ich war zu Hause und war nicht zu Hause. Ich hatte ja niemanden mehr hier.

Äußerlich hatte sich in Prag kaum etwas verändert, weil die Stadt ja wenig zerstört war.
Das war einerseits beruhigend. Andererseits aber auch unheimlich: Da stand dieses Prag, als ob nichts passiert wäre.

Dabei war Ihre gesamte Familie spurlos verschwunden, von den Nazis ermordet.
Es gab nichts, was an sie erinnerte. Nicht einmal ein Grab. Auf dem jüdischen Friedhof in Prag gab es nur das Grab meines Großvaters mütterlicherseits, der schon in den zwanziger Jahren gestorben war. In diesen schwarzen Marmorstein habe ich dann die Namen jener elf Verwandten einmeißeln lassen, die von den Nazis umgebracht wurden.

Wann haben Sie das letzte Mal von Ihrer Familie gehört?

Ende 1941 habe ich aus Mexiko durch Vermittlung des Internationalen Roten Kreuzes einen Brief geschickt und später erfahren, dass er auch angekommen ist. Ich schrieb meiner Mutter, ich hätte geheiratet, was damals noch gar nicht stimmte. Die Nachricht hat sie tatsächlich beruhigt.

Wie haben Sie das erfahren?
Es gab eine Frau in Theresienstadt, die mich von früher kannte. Sie hat überlebt und berichtete mir später eine Beobachtung von unschätzbarem Wert: „Ich habe deine Mutter in Theresienstadt ein einziges Mal strahlend gesehen, und das war, als sie mir sagte, eines von ihren drei Mädeln hätten die Nazis nicht bekommen."

Sind Sie in den vergangenen Jahren noch einmal nach Theresienstadt gefahren?
Ja, ich war zwei oder drei Mal in Theresienstadt, aber eigentlich kann ich dort nicht mehr hin fahren. Dort werden zum Beispiel Konzerte mit Werken jener Komponisten veranstaltet, die dort inhaftiert waren und im Holocaust umgekommen sind. Einerseits ist das gut, doch ich kann da nicht sitzen und dieser Musik zuhören, das ertrage ich einfach nicht.

Als Sie aus dem Exil nach Prag zurückkamen, hatte sich dort inzwischen Ihr Traum vom Sozialismus verwirklicht – allerdings in wenig erfreulicher Form. Wann haben Sie das bemerkt?
Zunächst gar nicht. Der Krieg war doch gerade erst vorbei. Und ich dachte schon, dass die das hier gut hinkriegen. Ich hatte ja die Vision von einer gerechteren Ordnung. Einige Freunde sprachen zwar oft über die politischen Prozesse in der Sowjetunion in den dreißiger Jahren. Für mich war wichtig, dass die Sowjetunion den Faschismus bekämpft. Das war für mich und viele aus meiner Generation entscheidend.

Und dann wurden Sie plötzlich selbst Opfer stalinistischer Säuberungen.
Als ich 1952 verhaftet wurde, stand ich dem völlig ratlos gegenüber.

Was warf man Ihnen vor?
Bei mir stimmte Verschiedenes nicht: Mitglied der Kommunistischen Partei vor dem Krieg? Schlecht. Jüdischer Herkunft? Sehr schlecht. Emigration in den Westen? Journalistin? Ganz, ganz schlecht. Und dann hatte ich auch noch einen jugoslawischen Mann. 15 Monate saß ich in Untersuchungshaft. Danach wurde ich mit meiner Familie in die Provinz verbannt und bekam Schreibverbot.

Hat Sie das nicht in Ihren Illusionen erschüttert?
Natürlich hat mich das schwer getroffen. Aber nach dem Tod Stalins 1953 wurde es dann ja langsam wieder besser. Ende der fünfziger Jahre fing ich bei der Zeitschrift „Im Herzen Europas" an, einem deutschsprachigen Blatt, das die Tschechoslowakei im Ausland präsentieren sollte. Da konnte ich viele schöne Dinge machen. Zum Beispiel habe ich 1964 einen 28-jährigen Dramatiker, der mir sehr gefallen hat, übersetzt und abgedruckt. Das war ein Mann namens Václav Havel. Und plötzlich war ich auch wieder Parteimitglied. Ist uns eine Ehre, haben die Genossen gesagt, ich musste gar nichts dafür tun.

Bei Ihren sozialistischen Freunden in der DDR wehte da noch ein kälterer Wind. Dort fand 1956

gerade ein spektakulärer Prozess gegen den Leiter des Ost-Berliner Aufbau-Verlags und Regimekritiker Walter Janka statt. Kannten Sie Janka?
Ja, aus der Zeit in Mexiko. Ich habe mit Janka x-mal am Kaffeetisch bei Anna Seghers gesessen.

Ihrer beider Freundin hat bei dem Verfahren gegen Janka keine besonders rühmenswerte Rolle gespielt.
Die Anna war damals Präsidentin des DDR-Schriftstellerverbands. Sie hat ja interveniert und ist zu Ulbricht gegangen. Und der hat wohl gesagt: „Das muss so sein", und dann war der Fall für Anna wahrscheinlich erledigt.

Persönliche Konsequenzen hat sie danach nicht gezogen. Dabei war Janka immerhin Chef des Verlags, in dem sie selbst publizierte.
Die Anna war eben ein sehr komplizierter Mensch.

Man hat ja auch nichts von ihr gehört, als 1968 Warschauer-Pakt-Truppen in die Tschechoslowakei einfielen und den Prager Frühling niederschlugen.
Sie war nicht die Einzige, die schwieg. Natürlich hat mich das traurig gemacht, ich hatte ja so viel auf die Reformen gesetzt.

Wenig später waren Sie mal wieder Ihren Parteiausweis los.
Ja, ich bin sofort rausgeflogen. Ich hatte Publikationsverbot und durfte erst Mitte der achtziger Jahre wieder unter meinem eigenen Namen übersetzen.

Haben Sie sich noch einmal mit dem sozialistischen System versöhnt?
Nein, gar nicht. Wissen Sie, ich habe mir 1968 versprochen, dass ich nie wieder irgendwo Mitglied sein werde, egal, wo. Denn wenn Sie Mitglied sind, müssen Sie sich doch einer gewissen Disziplin unterordnen.

Und, haben Sie das durchgehalten?
Nicht ganz. Als ich 80 Jahre alt wurde, bin ich zur jüdischen Gemeinde gegangen und habe mich registrieren lassen, das kam so aus einem Gefühl der Zugehörigkeit heraus. Und gut, die wollen ja nichts von mir.

Elie Wiesel

„Schuldig sind nur die Schuldigen"

Der amerikanische Publizist und Friedensnobelpreisträger Elie Wiesel über seine
Odyssee durch deutsche Konzentrationslager, den Tod des Vaters in Buchenwald
und sein Engagement für die Erinnerung
an die Schoah

Elie Wiesel wurde 1928 in Sighet in Siebenbürgen geboren und zusammen mit seiner Familie 1944 nach Auschwitz deportiert. Nur er und zwei Schwestern überlebten. Nach der Emigration in die USA engagierte er sich erfolgreich für die aktive Erinnerung an den Holocaust und erhielt 1986 den Friedensnobelpreis. Der Publizist lebt heute in New York.

Herr Wiesel, 1990 haben Sie in einem SPIEGEL-Gespräch von der Gefahr gesprochen, dass ein wiedervereinigtes Deutschland sein historisches Erbe vergessen könnte. Sehen Sie sich heute in Ihrer Sorge bestätigt?

Sie sagen mit Recht, dass ich damals besorgt war – besorgt, weil Deutschland am 9. November den Fall der Mauer feierte, aber vergaß, dass es an diesem Tag auch ein anderes historisches Ereignis gegeben hatte, die sogenannte Kristallnacht. Heute bin ich froh, dass die jungen Menschen in Deutschland in dieser Hinsicht so sensibel sind. Und ich bin auch darüber erfreut, dass das deutsche Volk, schon seit Konrad Adenauer, dem Staat Israel hilft – ökonomisch, politisch und sogar militärisch. Zudem hat es sich für heimatlose Flüchtlinge geöffnet, darunter auch Juden, die nicht nach Israel emigrieren möchten. Und schließlich finde ich es sehr gut, dass der damalige Bundespräsident Johannes Rau meinem Rat gefolgt ist und in der Knesset Israel und das jüdische Volk um Vergebung gebeten hat für das, was die Deutschen den Juden angetan haben.

Aber Sie und alle Überlebenden können den Deutschen doch gar nicht vergeben.

Das stimmt. Niemand von uns ist autorisiert worden, den Deutschen zu vergeben. Das können nur die Toten. Andererseits glaube ich auch nicht an eine Kollektivschuld. Ich sage es immer wieder: Schuldig sind nur die Schuldigen. Die Kinder der Mörder sind keine Mörder, sondern Kinder. Aber wenn wir nach der Verantwortung fragen, dann verstehe ich bis heute nicht die Führer der freien Welt, die uns damals nicht davor gewarnt haben, in die Züge einzusteigen, die in die Lager fuhren. Wenn wir ungarischen Juden von Auschwitz gewusst hätten, wären wir in der Lage gewesen, uns zu verstecken. Einigen ist es ja gelungen, nach Palästina zu gehen.

Aber wer hat den Holocaust vorausgesehen?
1944 war der Holocaust doch schon lange im Gange. Nur wir wussten nichts davon. Ich bin in Sighet aufgewachsen, in einem kleinen Städtchen in den Karpaten, das einmal zu Österreich-Ungarn gehört hatte. Als ich geboren wurde, gehörte es zu Rumänien; als ich deportiert wurde, war es ein Teil Ungarns; und heute gehört es wieder zu Rumänien. Meine Eltern waren nicht wohlhabend, aber auch nicht arm. Mein Vater betrieb einen Lebensmittelladen. Wir, meine Eltern, meine drei Schwestern und ich, waren fromme Juden und lebten ganz in einer religiösen Welt. Ich war ein Chassid und studierte in einer Jeschiwa.

Auch noch während des Krieges?
Ja. Irgendwann erreichten uns Gerüchte von Massakern an Juden in Galizien. In meinem Buch „Die Nacht" beschreibe ich das tragische Schicksal von Mosche, dem Synagogendiener: Er floh und berichtete, was er gesehen hatte – aber niemand glaubte ihm. Wir konnten uns gar nicht vorstellen, dass menschliche Wesen zu solchen Grausamkeiten in der Lage sein könnten. Und selbst wenn es in Polen, so dachten wir, vielleicht geschehen sein mochte, könnte es uns in Ungarn bestimmt nicht passieren. Aber dann wurde Ungarn von den Deutschen besetzt. Ich erinnere mich, dass es Ende März 1944 war, kurz vor Pessach. Wir Schüler hatten uns beim Rabbiner, unserem Nachbarn, getroffen, um Matzen zu backen. Und während wir vor dem brennenden Ofen standen, stürzte jemand in die Küche und rief: „Die Deutschen sind hier!"

Und Ihre Reaktion?
Wir haben diese Arbeit, die uns heilig war, fortgesetzt. Einer sagte noch: „Die Deutschen sind gekommen – und sie werden eines Tages auch wieder gehen."

Was aber nicht geschah.
Nein, wir mussten gehen, nicht sie. Plötzlich ging alles ganz schnell. Im Mai 1944 gingen gleich vier große Transporte nach Birkenau.

Als die Transporte begannen, müssen Sie doch daran gedacht haben, zu fliehen.
Das haben wir, wenn auch nicht einmal eine Stunde lang. Unser Hausmädchen, eine wunderbare Christin, kam ins Ghetto und bat uns, ihr in ihre Hütte in den Bergen zu folgen. Dort sollten wir uns verstecken. Wenn wir gewusst hätten, wohin die Züge gingen, hätten wir wahrscheinlich dieses Angebot akzeptiert. Aber das war eben nicht der Fall. Offiziell hieß es, wir würden in ein ungarisches Arbeitslager gebracht werden, in dem die Familien zusammenbleiben könnten. Und mein Vater sagte: „Wir dürfen uns niemals von unserer Gemeinde trennen." Außerdem war die russische Front schon sehr nahe, wohl nur noch 30 Kilometer entfernt.

Tatsächlich sind Sie dann mit Ihrer ganzen Familie nach Auschwitz gebracht worden?
Ja, mit dem vierten Transport, am 22. Mai 1944. Ich werde diese Reise niemals vergessen. Am Nachmittag stoppte der Zug nicht weit entfernt vom Bahnhof der Stadt Auschwitz. Uns sagte

der Name gar nichts. Dann, nachts, verließen wir den Zug über die berüchtigte Rampe von Birkenau. Es dauerte nur wenige Minuten, und schon waren alle Familien auseinandergerissen. Männer und Frauen wurden getrennt. Ich konnte mich nicht einmal von meinen Liebsten verabschieden. Ich sah nur noch den roten Mantel meiner kleinen Schwester, den sie gerade erst geschenkt bekommen hatte. Mein Vater und ich kamen zunächst für drei Wochen in das Stammlager und dann nach Monowitz.

Wie waren die Bedingungen in Monowitz?
Es war schrecklich – Hunger, Angst, Quälerei

und Tod gehörten zum Alltag. Wenn man selbst so leiden musste, so war das schlimm; aber noch schlimmer war es, das Leiden des eigenen Vaters mitanzusehen. Natürlich wurde ich auch immer schwächer, aber ich war jung. Ich konnte diese Grausamkeiten irgendwie ertragen. Mein Vater konnte das nicht. Ihn zu sehen, wie er fror und hungerte, das war schrecklich. Außerdem war es für ihn schier unerträglich, dass er seinem eigenen Sohn nicht helfen konnte.

Viele Menschen haben in Auschwitz ihren Glauben verloren. Primo Levi erzählt davon.
Primo Levi war im selben Block wie wir, aber er

war auch vorher nie wirklich gläubig gewesen. Ich selbst war sehr religiös. Wir beide, mein Vater und ich, beteten weiterhin zum Gott Israels. Aber es gab auch Zeiten, wo ich mir die Frage stellte: Wo ist Gott hier?

Und Ihre Antwort?
Es gab keine Antwort, und es gibt keine. Ich habe immer wieder über dieses für mich zentrale Problem geschrieben. Erst nach dem Krieg geriet ich in eine tiefe Krise. Ich stellte dabei nicht Gott an sich in Frage, sondern sein Wohlwollen, seine Gerechtigkeit und Güte. Aber wissen Sie, damals stellte sich uns im Grunde nicht die Frage, wie man unter diesen Umständen noch an Gott glauben konnte. Viel wichtiger war doch die Frage, wie junge Menschen ihr Vertrauen in die Kultur, in Zivilisation und Menschlichkeit bewahren konnten. Und dass sie nicht einfach verrückt wurden. In meinem Fall war es wohl meine Leidenschaft für das religiöse Studium, was mich rettete. Als ich nach dem Krieg in Frankreich in ein Kinderheim kam, habe ich den Direktor sofort um eine Ausgabe des Talmud gebeten.

Was passierte, als die sowjetischen Truppen vor Auschwitz standen?
Mitte Januar 1945 stand die Rote Armee so dicht vor Auschwitz, dass das Lager geräumt werden sollte. Ich befand mich zu diesem Zeitpunkt in der Krankenbaracke. Mein Vater kam dann zu mir, um die Lage zu besprechen, und wir entschieden, dass wir das Lager mit allen anderen zusammen verlassen wollten. Jeder glaubte, dass die Patienten in der Krankenbaracke getötet werden würden, die SS würde keine Zeugen überleben lassen.

Was dann aber doch nicht geschah, aus welchen Gründen auch immer.
Aber wir konnten das nicht vorhersehen. Wir machten den Todesmarsch nach Gleiwitz mit. Von dort sind wir dann auf offenen Güterwaggons abtransportiert worden.

Im Januar 1945?
Ja, wir standen die meiste Zeit. Es schneite, viele Gefangene erfroren.

Ihr Vater überlebte die Fahrt?
Ja, aber einige Tage später starb er in Buchenwald. Magen und Darm waren zu schwach geworden. Man hatte ihn geschlagen, und ich konnte ihm nicht helfen. In seiner letzten Stunde rief er meinen Namen. Am Ende antwortete ich nicht mehr. Ich fürchtete mich.

Fühlten Sie sich womöglich schuldig?
Natürlich fühlte ich mich schuldig. Wenn ich darauf bestanden hätte, dass wir beide in der Krankenbaracke von Auschwitz geblieben wären, hätte er vielleicht überlebt. Ich wollte, dass er mir sagt, was wir tun sollten. Aber er wollte, dass ich ihm sagen würde, was das Richtige sei.

Das heißt, Sie mussten die Entscheidung treffen?
Ach, wissen Sie: In Auschwitz traf man keine Entscheidungen, das erledigten immer andere. Klar war eines: Wir wollten uns nicht trennen.

Buchenwald wurde erst am 11. April von den Amerikanern befreit. Was geschah bis dahin?
Solange mein Vater lebte, habe ich auch gelebt. Aber was danach passierte, kann ich Ihnen nicht

sagen. Bis zur Befreiung dauerte es ja noch etwa zehn Wochen. Ich vegetierte, aber ich nahm nichts mehr um mich herum zur Kenntnis und hatte auch keinen Überlebenswillen mehr.

Es wird immer wieder darüber gestritten, welchen Anteil die Buchenwald-Häftlinge selbst an der Befreiung des Lagers gehabt haben. Was war Ihr Eindruck?
Das Ende kam am 11. April. Geplant war, dass die letzten Häftlinge evakuiert werden sollten, bevor die Amerikaner eintreffen würden. Wir warteten in unseren Baracken. Plötzlich tauchten im „kleinen Lager" Häftlinge mit Waffen auf, erst zu diesem Zeitpunkt registrierte ich, dass es eine Widerstandsgruppe im Lager gab. Das geschah am Morgen, die ersten Amerikaner kamen am Nachmittag an.

Was waren Ihre Gefühle nach der Befreiung?
Ich war traurig und schwach, zu schwach, um mich zu freuen. Ich erinnere mich, dass wir jüdischen Häftlinge einen Gebetskreis bildeten und für die Toten den Kaddisch beteten. Am zweiten Tag sah ich einen schwarzen US-Soldaten, der erstmals dieses ganze Elend im Lager wahrnahm. Er weinte und weinte hemmungslos – und verfluchte die Nazis zugleich.

Was passierte mit Ihnen?
Die Amerikaner brachten mich in das frühere SS-Krankenhaus. Ich hatte eine Blutvergiftung.

Die SS-Häuser stehen zum großen Teil noch – im Unterschied zu den Holzbaracken, von denen nichts mehr zu sehen ist.
In Auschwitz-Birkenau gibt es ja noch einige …

Weil sie wohl auch repariert werden.
Ja, und ich bin nicht sicher, ob das richtig ist.

Hunderttausende besuchen jedes Jahr die Gedenkstätte Auschwitz. Was machen diese Menschen, wenn am Ende keine Baracke und kein Stacheldraht mehr zu sehen sind?
Ich verstehe schon, warum man die Baracken mit modernen Mitteln konserviert. Einige Besucher müssen das Holz sozusagen berühren können. Aber ich habe irgendwie das Gefühl, dass die Menschen es auch spüren können, wenn nichts mehr da ist. Im Grunde bin ich sogar sicher, dass die Erinnerung auch dann noch intakt bleiben würde, wenn hier nur noch Ruinen ständen.

Wer aus Ihrer Familie hat den Krieg und die Lager überlebt?
Meine beiden älteren Schwestern Bea und Hilda. Hilda, die älteste, fand mich durch einen Zufall. Ich lebte in einem Kinderheim in Frankreich, in der Nähe der Normandie. Man hatte mich dort mit 400 anderen Jugendlichen aus Buchenwald hingebracht. Eines Tages sah sie in Paris ein Foto von mir in der Zeitung; wahrscheinlich hatte man eine Fotoreportage von jüdischen Waisen gemacht.

Und wie sind Sie später zum Journalisten geworden?
Das Schreiben hatte für mich schon immer eine besondere Bedeutung gehabt. Wenn der Krieg nicht gekommen wäre, hätte ich wohl nach meiner Bar Mizwa irgendwann Kommentare über die Bibel und den Talmud geschrieben. Nun aber wollte ich etwas für die jüdische Untergrundbewegung in Palästina tun. Ich entdeckte eine jüdi-

sche Wochenzeitung namens „Zion im Kampf",
sie gehörte zur Irgun. Ende der vierziger Jahre
ging ich nach Israel als Kriegskorrespondent.

Warum sind Sie damals nicht in Israel geblieben?
Diese Frage habe ich schon oft gehört. Um ehrlich zu sein: Ich weiß es nicht, ich war wohl nicht
bereit für Israel. Vielleicht spürte ich, dass ich
immer noch eher zur Diaspora zählte.

Sie müssen sich nicht entschuldigen!
Ich weiß. Aber wenn mich heute ein Student oder
eine Studentin fragt, ob er oder sie sich in Israel
niederlassen soll, dann antworte ich: Das ist allein
deine Entscheidung, aber wenn du dich dagegen
entscheidest, solltest du dich dabei nicht gerade
wohlfühlen.

*Wann wurde aus dem Journalisten Elie Wiesel der
Publizist und Aktivist, der heute weltweit bekannt ist?*
Vom Journalisten zum Schriftsteller wurde ich
1955 oder '56, als ich mein erstes Buch schrieb,
und zwar auf Jiddisch: „Un di welt hot geschwiegen"; es wurde dann unter dem Titel „Die Nacht"
in Frankreich veröffentlicht. Die englische Übersetzung erschien erst zwei Jahre später. Langsam
bekam ich mehr und mehr Einladungen, um über
den Holocaust zu sprechen, später auch über die
Juden in der Sowjetunion. Dann wurde ich Hoch-
schullehrer und von Jimmy Carter zum Vorsitzenden der Holocaust-Kommission des amerikanischen Präsidenten berufen. Ein Engagement
folgte dem anderen. Bis heute habe ich bereits 47
Bücher über diverse Themen veröffentlicht. Und
doch habe ich das Gefühl, dass ich gerade erst
angefangen habe und dass ich noch immer nicht
die richtigen Worte gefunden habe …

Für das, was damals passierte?
Wahrscheinlich ist es so, ja. Wenn Sie sich unter
den Opfern und Überlebenden dessen, was wir so
unzureichend Holocaust nennen, umschauen, ob
das nun Ärzte, Anwälte, Kaufleute oder Wissenschaftler waren: In keinem Berufsstand gab es so
viele Selbstmorde wie unter den Schriftstellern …

Die darunter litten, dass Ihnen die Worte fehlten?
Weil es für die Erfahrungen des Holocaust keinen angemessenen Ausdruck gibt. Nichtsdesto-
trotz wollen mehr und mehr junge Leute von alldem erfahren. Daraus ergibt sich ein Dilemma:
Darüber zu sprechen, ist unmöglich, darüber zu
schweigen, verboten.

*Was halten Sie von den Versuchen von Schriftstel-
lern oder Regisseuren, sich mit fiktiven Geschichten
diesem Thema anzunähern?*
Ich bevorzuge Dokumentationen, ob nun als Buch
oder Film. Bei den Doku-Dramen bin ich skeptisch. Wenn wir mit einem so sensiblen und
schwierigen Thema wie dem Leiden von Millionen umgehen, gibt es nur eines: entweder Fiktion
oder Wahrheit, nicht beides zugleich.

*Aber was wird in der Zukunft geschehen, wenn die
Generation der Überlebenden nicht mehr zur Verfügung steht, wenn niemand mehr authentisch berichten kann?*
Ich glaube, meine Aufgabe war die eines Zeugen.
Jeder, der heute einem Zeugen zuhört, wird selbst
ein Zeuge werden.

*Sie glauben also, dass die nächste Generation Ihre
Arbeit übernehmen kann?*
Absolut. Sie wird es versuchen.

Albert O. Hirschman

„Nur der Zweifel macht die Menschen stark"

Der Ökonom Albert O. Hirschman über
seine Jugendjahre in Berlin, seine Zeit als
Soldat im Spanischen Bürgerkrieg und als
Fluchthelfer in Frankreich

Albert O. Hirschman kam 1915 im kaiserlichen Berlin zur Welt. Sein Vater, ein Neurochirurg an der Charité, ließ ihn protestantisch taufen. Während des Krieges half er deutschen Emigranten bei der Flucht aus Frankreich nach Spanien. Nach einer Karriere als Wirtschaftswissenschaftler in den USA lebt er heute als Emeritus in Princeton.

Herr Professor Hirschman, Sie sind vor geraumer Zeit 90 Jahre alt geworden, Sie gehen immer noch fast täglich in Ihr Büro im Institute for Advanced Study in Princeton. Woran arbeiten Sie derzeit?
Ich arbeite gar nicht mehr, ich male. Hier, sehen Sie, hier sind meine Bilder. Wenn ich morgens mein Büro betrete, dann widme ich mich der Malerei, ich mache Kopien der klassischen Meister, mit Ölfarben. Wie gefallen Ihnen die Bilder?

Oh, sehr gut, Sie müssen noch sehr gute Augen haben.
Na ja, es geht. Und es macht mir Freude. Hier ein Goya, da ein Hieronymus Bosch. Wissen Sie, ich lese nicht mehr viel, ich spreche auch nur noch wenig, es fällt mir zunehmend schwer.

Sie haben vor einigen Jahren mal gesagt, man schreibe erst dann seine Memoiren, wenn einem alle anderen Ideen ausgegangen seien. Statt Memoiren zu schreiben, malen Sie nun Bilder?
So könnte man es sagen.

Sie wurden 1915, während des Ersten Weltkriegs, in Berlin geboren. Können Sie sich noch an Ihre ersten politischen Eindrücke erinnern?
Ja, das waren die Auftritte der Nazis, Ende der zwanziger Jahre. Sie haben uns angegriffen. Ich war damals Mitglied der SAJ, der Sozialistischen Arbeiter-Jugend, und habe dort eine Gruppe geleitet.

Und was haben Sie konkret gemacht?
Die Nazis bekämpft, mit Flugblättern, mit Veranstaltungen, mit Reden. Was man damals eben so machte. Aber, wie Sie wissen, hat es nichts genützt.

Teilten denn Ihre Eltern Ihre sozialistischen Überzeugungen?
Nein, mein Vater war ein erfolgreicher und vielbeschäftigter Arzt in Berlin, er war nicht sehr politisch. Er war aber auch nicht religiös oder anders gebunden, wenn Sie das fragen wollen. Die jüdische Relgion oder die jüdische Gemeinde spielten in unserem Familienleben keine Rolle. Meine Eltern haben allerdings mein politisches Engagement toleriert.

Sind Sie selbst mit antisemitischen Beleidigungen oder Angriffen konfrontiert worden?
Nein, ich habe 1932 mein Abitur am Französischen Gymnasium in Berlin absolviert. Dort gab es so etwas nicht. Aber natürlich habe ich mitbekommen, dass es außerhalb der Schule einen wachsenden Antisemitismus gab.

Wie hat sich Ihre persönliche Lage mit der Machtübernahme der Nazis 1933 geändert.
Ganz einfach: Es begann gefährlich zu werden. Als Mitglied der SAJ musste ich jederzeit mit einer Verhaftung rechnen, man hatte mich gewarnt. Im April '33 bin ich sicherheitshalber nach Paris zum Studium gegangen.

Warum nach Paris?
Ich kannte ein paar Leute an der Ecole des hautes études commerciales. Nach zwei Jahren ging es dann aber schon weiter, nach London, zur London School of Economics.

Immer gleich an die erste Adresse, oder?
Schon, ja. Ich hatte ein Stipendium für ein Jahr bekommen. Dort lehrte damals Friedrich August von Hayek, das war sehr attraktiv.

Sie haben auch im Spanischen Bürgerkrieg gekämpft. Warum wollten Sie in den Krieg?
Eine ehrliche Antwort?

Ja, bitte.
Weil ich so schöne Fotos aus Spanien gesehen hatte. Ich weiß, es klingt nicht so sehr vernünftig. Aber ich hatte viele Bilder von mutigen Spanienkämpfern gesehen, die mich begeisterten. Da wollte ich einfach dabeisein.

Wie muss man sich das vorstellen? Hatten Sie eine militärische Ausbildung?
Nein *(lacht)*.

War das nicht extrem leichtsinnig?
Mag sein. Ich habe mich einer Gruppe von jungen Männern angeschlossen und bin einfach dahin gefahren. Wir sind dann zu einer Einheit aus Spaniern, Deutschen und Italienern gestoßen. Nach einiger Zeit stellte sich allerdings heraus,

dass diese Spanier doch noch deutlich kommunistischer waren als ich. Es kam zum Bruch, und ich bin nach Italien zu meinem Schwager Eugenio Colorni gefahren, der dort Philosophie lehrte. Colorni ist später von den italienischen Faschisten umgebracht worden, er hat mir damals etwas vermittelt, was zu meinem wissenschaftlichen Leitmotiv wurde, den „Glauben an den Zweifel".

Und dieser Glaube war bei den Kommunisten nicht gerade verbreitet...
...wie bei allen Menschen, die sich mit dem Glauben an scheinbar ewige Gewissheiten bewaffnen.

Könnte es nicht auch sein, dass ein Übermaß an Zweifel den Fortschritt einer Gesellschaft lähmt?
Nein, da bin ich anderer Meinung. Es kann gar nicht genug Zweifel in der Welt geben. Nur der macht die Menschen stark.

Aber mit welchen Überzeugungen haben Sie selbst diese Kriegszeit durchlitten? Der „Glaube an den Zweifel" hätte den Nazismus nie besiegt.
Das stimmt. Die wissenschaftliche Methode und der politische Kampf sind zweierlei. 1939 bin ich auch deswegen in die französische Armee eingetreten und nach der Niederlage in den Süden des Landes geflüchtet.

Was haben Sie dort gemacht?
Ich habe mich dem Emergency Rescue Committee von Varian Fry angeschlossen...

...dem amerikanischen Journalisten.
Genau. Fry hatte in Marseille eine Organisation aufgebaut, die Emigranten aus dem besetzten Frankreich herausschmuggelte, darunter Heinrich Mann, Hannah Arendt und Lion Feuchtwanger.

Was war Fry für ein Typ?
Ein Gentleman, sehr elegant, mit Nadelstreifenanzug und Pokerface. Und natürlich mutig, denn die Vichy-Polizei und später die Gestapo, das waren gefährliche Gegner. Fry und ich, wir haben uns sehr schnell sehr gut verstanden und zusammengearbeitet.

Was haben Sie selbst in Frys Organisation gemacht?
Zunächst brauchte ich eine neue Identität. Ich habe mir einen französischen Personalausweis mit dem Namen Albert Hermant beschafft.

Das heißt: Sie haben ihn gefälscht?
Ja, ich konnte das damals wohl sehr gut. Als Geburtsort habe ich Philadelphia eingetragen, damit keiner auf die Idee kommt, im Geburtsregister einer französischen Stadt nach meinem Namen zu fahnden. Außerdem habe ich noch eine ganze Menge anderer Ausweise gehabt, einen Entlassungsschein aus der französischen Armee, ein Soldbuch. Am Ende hatte ich so viele Papiere, dass schon das wieder gefährlich war.

Vor allem haben Sie aber Pässe für andere gefälscht?
So ist es. Dazu musste ich mir diese Papiere allerdings erst mal beschaffen, sie irgendwem abkaufen und dann manipulieren, damit sie den Emigranten nützlich sein konnten.

Eine riskante Sache, auch für Sie.
Ja, aber als junger Mann – ich war damals 25 oder 26 Jahre alt – hat man das nicht immer so emp-

funden. Fry nannte mich „Beamish", also der „Strahlemann", das war mein Spitzname.

Wem haben Sie persönlich helfen können?
Ach, das waren allerlei Leute. Hans Sahl, zum Beispiel, Siegfried Kracauer und manch anderem. Das ist alles so lange her.

Haben Sie auch Walter Benjamin getroffen?
Nein, leider nicht. Ich hatte natürlich von ihm gehört. Aber warum er sich schließlich umgebracht hat, weiß ich nicht.

Irgendwann muss es aber auch für Sie zu gefährlich in Frankreich geworden sein.
Je länger der Krieg dauerte, desto riskanter wur-

den diese Rettungsaktionen. Ich bin übrigens denselben Weg wie Benjamin gegangen, also heimlich über die Pyrenäen nach Spanien. Dann allerdings weiter, also über Lissabon in die USA.

Sind Sie gleich wieder an die Universität gegangen?
Ja, gleich nach der Ankunft in New York bin ich weiter nach Berkeley gefahren. Ich hatte dort einen Freund, der an der Universität lehrte.

Also schon wieder eine erste Adresse der Wissenschaft?
Ja, aber ich musste bald schon zum Militär. Als Soldat ging es dann 1943 zurück nach Europa. Sie sehen, das waren bewegte Zeiten.

Waren Sie bei der kämpfenden Truppe?
Nein, beim Geheimdienst. Ich war in Algerien stationiert, später in Italien. Wir haben Flugblätter geschrieben, die über den deutschen Truppen abgeworfen wurden. Unsere Gruppe versuchte die deutschen Soldaten zur Rebellion gegen ihre Regierung zu bringen.

Und was war in der Zwischenzeit mit Ihren Eltern geschehen?
Mein Vater war schon vor Kriegsbeginn gestorben, meine Mutter konnte noch nach England auswandern. Ich habe sie dann nach dem Krieg dort wiedergetroffen.

Warum blieben Sie nach dem Krieg in den USA?
Diese Frage hat man mir schon einmal gestellt. Und ich habe sie damals damit beantwortet, dass ich nun endlich mal bei den Siegern der Geschichte sein wollte und nicht wieder bei den Verlierern. Aber im Ernst: Was hätte ich denn in Deutschland machen sollen? Amerika versprach mir so viele Möglichkeiten.

Zum Beispiel?
Viele Beispiele. In der Westeuropa-Abteilung der amerikanischen Zentralbank habe ich etwa an der Ausarbeitung des Marshallplans gearbeitet. Wir haben sicher vielen Menschen in Europa damit geholfen.

Aber am Ende sind Sie doch in die Wissenschaft zurückgekehrt.
Ja, zuerst nach Yale, dann zur Columbia Universität in New York, dann nach Harvard und schließlich hier nach Princeton, in das Institute for Advanced Study.

Wo schon Albert Einstein forschte…
…und viele andere große Wissenschaftler.

Haben Sie noch Kontakt zu den Kollegen?
Selten. Ich gehe jeden Mittag in die Kantine – das Essen hier ist übrigens sehr gut –, und manchmal sprechen mich die jungen Wissenschaftler auch an. Die wollen wissen, wie es mir geht, sie fragen mich auch schon mal, was ich jetzt schreibe. Leider schreibe ich nicht mehr, aber meine Bücher sind immer noch da.

Lucille Eichengreen

„Ich kann nicht vergessen und nicht vergeben"

Die Amerikanerin Lucille Eichengreen
über ihre Jugendjahre in Hamburg und
die Ermordung ihres Vaters, ihrer Mutter
und ihrer Schwester durch die Nationalsozialisten

Lucille Eichengreen kam 1925 unter dem Namen Cecilie Landau in Hamburg zur Welt und überlebte als einziges Mitglied ihrer aus Polen stammenden Familie die Judenvernichtung. Nach der Heirat mit dcm deutschen Emigranten Dan Eichengreen zog sie 1949 nach Kalifornien. Heute berichtet sie regelmäßig vor Schülern und Studenten über den Holocaust.

Frau Eichengreen, mit welchen Gefühlen kehren Sie in Ihre Heimatstadt Hamburg zurück?
Wenn ich durch Hamburg gehe, ist es einerseits eine sehr bekannte Stadt – ich habe hier 16 Jahre gelebt. Andererseits habe ich das Gefühl, als ob ich Schuhe trage, die eine Nummer zu klein sind. Es tut weh.

Empfinden Sie so etwas wie Bitterkeit den Deutschen gegenüber?
Nein, weder Hass noch Bitterkeit. Aber ich kann nicht vergessen und nicht vergeben. Denn meine ganze Familie ist umgekommen.

Können Sie sich an Momente einer unbeschwerten Kindheit in Hamburg erinnern?
Mein Vater war Weingroßhändler, und er hatte ein Lager in der Lindenallee, die in einer Arbeitergegend lag. Ich kann mich an die großen Fässer in den Kellern erinnern, an den Kutscher und den Wagen, der von sechs Pferden gezogen wurde. Ich kann mich an Bilder meiner Familie erinnern, meine Mutter, meine Schwester, viele Verwandte.

Wann haben Sie zum ersten Mal politische Verfolgung zu spüren bekommen?
Es fing eigentlich 1933 an. Wir waren im Sommer in Bad Schwartau…

Sie waren acht Jahre alt.
Genau. Wir hatten dort einen Gastwirt, der sagte, wie viel besser alles in Deutschland geworden sei, und letztlich werde Hitler auch mit den Juden fertig werden. Und das war das erste Mal, dass ich im Zug nach Hause das Wort Antisemitismus hörte.

Von Ihren Eltern?

Von meinen Eltern. Und ich konnte es nicht verstehen. Mein Vater erklärte mir, Antisemitismus bedeute, dass Leute Menschen ohne jeden Grund hassten. Und das konnte ich auch nicht verstehen. Aber dann auf dem Weg zur Schule und zurück, in der Karolinenstraße, wurden wir immer wieder angeschrien, mit Steinen beschmissen, ausgeschimpft, das war nicht ganz ungefährlich.

Das heißt, Sie haben den Antisemitismus gespürt, aber nicht begriffen?

Ja, mit neun oder zehn Jahren. Es wurde uns gesagt: „Sei leise in der Straßenbahn, setze dich nicht hin, steh hinten. Ihr sollt nicht auffallen.“ Uns kam es vor, als ob wir unsichtbar sein sollten.

Haben Ihnen die Eltern keine Begründung für diese Ratschläge gegeben?

Nein. Die Eltern haben nur gesagt: „Macht euch keine Sorgen, es wird besser werden.“ Ob sich die Eltern selbst Sorgen gemacht haben, kann ich nicht beurteilen, denn sie haben kein Deutsch gesprochen, wenn wir sie nicht verstehen sollten. Entweder Polnisch oder Französisch.

Ihre Eltern stammten aus Polen.

Wir hatten alle die polnische Staatsangehörigkeit, auch meine Schwester und ich. Das war auch der Grund, warum mein Vater im Oktober 1938 im Zuge der sogenannten Polenaktion abgeschoben wurde. Mein Vater war einige Wochen in Posen und ist dann zur Familie meiner Mutter aufs Land gefahren.

Hat Ihre Mutter nicht daran gedacht, ihm zu folgen?

Nein, wir wollten doch auswandern. Im Mai 1939 durfte mein Vater zu uns zurückkommen, aber dann brach der Krieg aus. Und wir warteten immer noch auf die versprochenen Papiere aus Amerika und Palästina.

Nun war es aber zu spät.

Ja, mein Vater wurde sofort am 1. September verhaftet, erst ins Gefängnis nach Fuhlsbüttel gebracht und dann nach Dachau. Dort ist er am 31. Januar 1941 ermordet worden, und man brachte uns die Asche in einer Zigarrenkiste. Ob es seine Asche war oder nicht, weiß man nicht. Die Sterbeurkunde sagt: Lungenentzündung, Todesort München.

Sie waren damals 16 Jahre alt. Was haben Sie empfunden, als Sie die Asche Ihres Vaters in den Händen hielten? Wie verarbeitet man so eine Geschichte?

Ich konnte schon diese Asche gar nicht verstehen, denn vor dem Krieg verbrannte man Juden nicht, bei uns wird traditionell immer der Körper begraben, und so bald wie möglich, am nächsten Tag. Also war Asche für mich etwas ganz Neues.

Haben Sie damals versucht, sich diese Verfolgung zu erklären?

Vielleicht die Erwachsenen, aber die Kinder konnten es nicht verstehen. Wir sagten: „Wir haben nichts verbrochen. Was haben wir getan?“

Was geschah nach der Ermordung Ihres Vaters?

Im Herbst 1941 wurden meine Mutter, meine kleine Schwester und ich nach Lodz ins Ghetto gebracht, mit dem ersten Transport, der Hamburg verließ, 1034 Menschen.

Unter welchen Bedingungen ging das vor sich?
Es kam ein eingeschriebener Brief von der Gestapo, wir hätten uns innerhalb von 24 Stunden in der Loge in Hamburg zu melden. Und dann wurden wir zu den Zügen am Hannoverschen Bahnhof abgeführt. Die Wagen waren von außen verschlossen und bewacht. Es dauerte zwei bis drei Tage, bis wir in Polen ankamen. Man sagte uns, die Stadt heiße Lodz oder Litzmannstadt, und wir wurden von der Ghetto-Polizei in Empfang genommen.

Was waren die ersten Eindrücke?
Der Zug hielt einfach an einem Weg an, es gab keinen Bahnhof, wir sind zwei Stunden zu Fuß gegangen. Wir haben die ungepflasterten Straßen gesehen, die schmutzigen Wege. Im Ghetto lag der Abfall entlang der Straßen, es gab keine Kanalisation. Die Menschen sahen dünn und ärmlich aus. Sie trugen einen gelben Stern, genau wie wir. Sie haben uns nicht gesehen, nicht begrüßt, gar nichts. Wir wurden in einer Schule untergebracht, mehr als 1000 Menschen. Wir haben auf dem Boden geschlafen, bis man Zimmer zugeteilt bekam. Ein einfaches Zimmer beherbergte sieben bis acht Personen. Und das Leben mit fremden Menschen war schwer erträglich. Es gab einen kleinen Ofen, aber keine Kohle, kein fließendes Wasser, im Haus gab es weder Badezimmer noch Toiletten, nur Latrinen im Garten. Unser Blick vom Fenster ging auf das deutsche Wachhaus, das rot-weiße Haus, und den deutschen Posten unten auf der Straße und den Stacheldraht. Die Lebensmittelzuteilungen waren gering. Eigentlich musste man im Ghetto nicht arbeiten. Aber die Arbeit hatte den Vorzug, dass man mittags eine Suppe bekam, eine dünne Suppe aus Rüben. Ich habe an einigen verschiedenen Stellen im Ghetto gearbeitet. Ich fand gute Freunde im Ghetto, weil ich Polnisch gelernt habe, auch Jiddisch, das war nicht schwer, denn ich konnte Hebräisch. Und ich war eben sehr jung.

Aber Sie waren offenbar alt genug, um den Überlebenskampf im Ghetto zu bestehen.
Nun, meine Mutter ist gestorben, und meine Schwester wurde auch umgebracht.

Woran starb Ihre Mutter?
Sie ist verhungert, sie starb am 13. Juli 1942. Meine Schwester Karin und ich haben mit unseren eigenen Händen ein Grab ausgehoben und sie begraben.

Und Ihre Schwester?
Sie wurde im Zuge der sogenannten Aussiedlung nach Chelmo gebracht und dort umgebracht. Das habe ich aber erst nach dem Krieg erfahren. Nach den Gesetzen der Ghetto-Verwaltung waren zwölfjährige Kinder eigentlich nicht alt genug für die Aussiedlung. Aber dann ging den Deutschen die ganze Prozedur zu langsam, sie kamen ins Ghetto und haben sich einfach die Menschen genommen, die sie wollten. Das war drei Monate nach dem Tod meiner Mutter.

Haben Sie gesehen, wie sie abtransportiert wurde?
Ja, sie stand auf dem Lastwagen und schaute mich mit ihren großen Augen an, bis der Lastwagen verschwand. Ich war doch der letzte Mensch, den sie hatte.

Wissen Sie, warum Sie nicht aus dem Ghetto fortgebracht wurden?
Es gab immer wieder kleinere Deportationen. Und auf einer Liste – ich glaube, im Januar 1944 – stand auch mein Name. Durch Beziehungen konnte ich erreichen, dass man meinen Namen gestrichen hat. Das hat mich dann lange Jahre gequält. Denn da war ja die Frage: Musste jemand anderes statt meiner fahren?

Im Sommer 1944 wurde das Ghetto in Lodz aufgelöst. Was geschah mit Ihnen?
Es war im August 1944. Wir wurden nach Auschwitz gebracht, nach Birkenau.

Ahnten Sie, was Sie dort erwartete?
Nein, am Anfang wussten wir nichts. Die Wörter Gaskammer und Krematorium existierten nicht. Bald aber wurden sie durch die Reihen geflüstert. Und wir verstanden es immer noch nicht: Was ist ein Krematorium? Was ist eine Gaskammer? Nach einigen Tagen in Birkenau haben wir dann erfahren, dass man Menschen umbringt, sie vergast und verbrennt. Wir konnten es schließlich auch riechen, wir konnten den Rauch sehen.

Wie lange waren Sie in Auschwitz?
Einige Wochen.

Genauer wissen Sie es nicht?
Ich hatte keine Uhr, kein Tagebuch, keinen Kalender, nichts.

Und Sie haben nur gewartet?
Ja. Wir wurden dreimal täglich zum Appell gerufen und bekamen frühmorgens ein kleines Stück Brot, am Abend eine dünne Suppe, wenn wir Glück hatten. Wir waren 500 Frauen in einer kleinen Baracke.

Man hat Ihnen gar nichts abverlangt?
Nein, gar nichts. Wir wurden einmal am Tag zur Latrine geführt. Viele Frauen waren krank, gebrechlich, sind beim Appell in Ohnmacht gefallen, aber wir wussten nicht, wozu wir hier existierten. Es gab keine Arbeit. Wir haben an Selbstmord gedacht. Es sind einige von uns an den elektrischen Stacheldraht gegangen. Warum ich es nicht gemacht habe, weiß ich nicht. Wir waren eben nach drei oder vier Jahren im Ghetto schon vollkommen erschöpft.

Sie sagen, Sie seien nur einige Wochen in Auschwitz gewesen. Wie ging ihre Odyssee weiter?
Eines Tages wurden wir nach Hamburg in das Arbeitslager Dessauer Ufer gebracht, ein Außenlager des KZs Neuengamme. Und da haben wir in einem leeren Speicher auf dem Boden gelegen und sind jeden Morgen zur Arbeit marschiert, mit SS-Wache: Deutsche Werft, Blohm & Voss…

Um Trümmer zu räumen?

Ja. Die Arbeit war schwierig, denn es war Winter, es hat geschneit und geregnet. Wir hatten nur zerlumpte Kleider und so etwas Ähnliches wie einen Mantel. Der hatte einen gelben Streifen, von oben bis unten. Wir hatten kahl geschorene Köpfe, es war furchtbar kalt. Und jede von uns bekam Lungenentzündung, Tuberkulose, und wir haben einfach gearbeitet, mit blutigen Händen. Es gab keine Wahl.

Sie schildern das sehr eindringlich und anschaulich. Haben Sie sich unmittelbar nach dem Krieg schon Notizen gemacht?

Mein Gedächtnis ist ziemlich akkurat, ich konnte mir damals zum Beispiel die Namen und Adressen jener 40 SS-Leute merken, die uns im Außenlager Sasel bewachten, ohne Papier, ohne Bleistift.

Das heißt, Sie sind vom Dessauer Ufer nach Sasel gekommen, in ein weiteres Außenlager von Neuengamme.

Das war ein neugebautes Barackenlager. Wir sind mit der S-Bahn in die Hamburger Innenstadt gefahren oder nach Barmbek oder wo immer wir Bombenschutt wegräumen mussten. Wir waren aber nicht lange dort, schließlich hat man uns alle in ein großes Sammellager gebracht, wahrscheinlich weil der Krieg zu Ende ging, nach Bergen-Belsen.

Wann sind Sie nach Bergen-Belsen gekommen?

Irgendwann im März.

Also vier oder fünf Wochen vor der Befreiung, zu einem Zeitpunkt, als das Lager praktisch schon sich selbst überlassen worden war.

Ja, es hat kaum noch Essen gegeben. Die Toten lagen auf den Wegen, es gab Tote in jeder Baracke.

Wie geht man damit um? Damals waren Sie gerade 20 Jahre alt.

Man merkt es, man sieht es, man kann es riechen, und man schaut weg. Man kann einfach nicht mehr.

Sie waren apathisch?

Man sah diese vielen Leichen und dachte sich: So wird es mir auch ergehen. Denn man wusste, dass man nicht lange in Bergen-Belsen leben konnte. Viele von uns sind noch gestorben, und die Briten mussten sie dann in Massengräbern begraben lassen.

Wann haben Sie zum ersten Mal gewusst, dass der Krieg bald zu Ende geht?

Das erste Signal – wir haben es aber erst später begriffen – waren die weißen Armbänder, die die SS-Leute in Bergen-Belsen plötzlich trugen. Wir hatten schon schwarze Armbänder gesehen, wenn sie um irgendwen trauerten, aber weiße Armbänder? Erst als die Panzer in die Hauptallee des Lagers einführen und die Briten herauskamen, da wussten wir, dass es vorbei ist. Richtig gefreut haben wir uns vielleicht eine Minute lang. Aber dann kam schon das Bewusstsein: Wo ist die Familie? Wo sind alle anderen Familien? Meine Freundin hat ihren Vater und ihre Mutter verloren, ich meine Eltern, meine Schwester, Tante, Onkel, alles. Dann hat man nur noch gefragt: „Wann bekommen wir Wasser und etwas zu essen?"

Spürten Sie so etwas wie ein Bedürfnis nach Rache?

Ja. Ich glaube, wenn es möglich gewesen wäre,

hätten vielleicht einige von uns diese SS-Leute umgebracht. Wenigstens die Männer, vielleicht nicht die Frauen. Aber die Gelegenheit hat sich nicht geboten.

Weil die Briten für Ordnung sorgten. Was haben die Briten mit Ihnen und Ihren Leidensgenossinnen gemacht?
Zunächst durften wir das Lager wegen Seuchengefahr nicht verlassen. Wir sind natürlich trotzdem rausgegangen. Und dann haben sie nach Dolmetschern gesucht: „Wer spricht Englisch?", fragten sie. Und da mein Englisch schon damals ziemlich gut war, haben sie mich genommen.

Das heißt, Sie sind freiwillig noch länger in Bergen-Belsen geblieben?
Wohin sollte ich gehen? Ich hatte keine Bekannten in Hamburg. Ich hatte dort keine Freunde mehr, keine Verwandten. Und legal konnte man nicht weggehen. Ich hatte nur einen Pass vom Lager Bergen-Belsen.

Was haben Sie für die Briten im Lager gemacht?
Erst einmal nur übersetzt. Und dann hat mich mein Chef eines Tages gefragt: „Was hast du während des Krieges gemacht?" Und ich habe ihm so ungefähr alles erzählt, was ich hier erzähle. Ich habe ihm auch gesagt, dass ich mir die Namen der SS-Leute in Sasel gemerkt habe, und die Adressen. Und er hat gelacht, er gab mir einen Bleistift und ein Stück Papier, damit ich alles aufschreibe. Dann sind wir mit einigen Lastern, mit einem Jeep und weiteren Fahrzeugen nach Hamburg gefahren. Sie hatten einen alten Stadtplan von Hamburg, einige Straßen waren ausgebombt, aber ich kannte mich ungefähr aus. Wir haben sie abgeholt, einen nach dem anderen. Und alle haben dasselbe gesagt: „Wir haben nie etwas Schlechtes getan. Wir haben euch nie geschlagen. Wir haben euch kein Unrecht angetan. Wir sind unschuldig. Wir haben nur Befehle befolgt."

Aber Sie wussten es besser.
Ich wollte mit den Deutschen nicht diskutieren. Ich habe nicht geantwortet.

Wie haben denn die SS-Leute auf Sie persönlich reagiert?
Sie haben mich um Hilfe gebeten. Plötzlich war ich „Fräulein Landau": „Bitte helfen Sie uns doch. Sie wissen doch, wie gut und anständig ich war", und so weiter. Und ich habe nicht reagiert, gar nicht. Ich habe ihnen nicht ins Gesicht geschaut, nichts.

Und die Briten haben die Leute dann mitgenommen?
Sie kamen ins Gefängnis. Ich bin dann später als Zeugin zu einem Verhör bestellt worden. Die Deutschen saßen vor mir in den ersten Reihen. Ich hatte schon einen braunen Rock und eine weiße Bluse an und sah halbwegs menschlich aus. Danach kamen dann diese Zettel unter der Tür in mein Zimmer.

Was stand auf diesen Zetteln?
Meistens mit Bleistift geschrieben: „Wir werden dich finden. Wir werden Rache nehmen. Wir werden dich töten." Ich glaube, ich bekam drei oder vier solcher Zettel. Ich habe die schließlich meinem Chef auf den Schreibtisch geworfen und ihn gefragt: „Was tust du jetzt?" Drei Tage später brachten sie mich aus Deutschland heraus nach Paris.

Saul Friedländer

„Der Judenhass steckt tiefer, als man denkt"

Der Historiker Saul Friedländer über seine Prager Kindheit, den Verlust der Eltern und sein Überleben im Schutz eines katholischen Internats in Frankreich

Saul Friedländer wurde 1932 im deutsch-jüdischen Milieu Prags geboren. Seine Eltern flohen mit ihm 1939 nach Frankreich und wurden dort von den Nazis ergriffen und in Auschwitz getötet; er selbst war in einem Kinderheim versteckt worden. Heute lehrt er Geschichte an der University of California in Los Angeles.

Herr Professor Friedländer, Sie wurden 1932 in Prag geboren, flüchteten mit Ihren Eltern vor den Nazis nach Frankreich, dann ging es weiter nach Israel und in die Schweiz, und heute leben Sie in Los Angeles. Gibt es so etwas wie eine Identität oder eine Heimat, die mit alldem in Einklang steht?
Ich fühle mich nirgendwo wirklich zu Hause. Selbstverständlich nicht in Los Angeles, obwohl ich – mit Unterbrechungen – schon 19 Jahre hier bin. In Tel Aviv hat man mich in den Ruhestand verabschiedet, hier in Los Angeles lehre ich noch an der Universität. Das ist der Grund, warum ich eigentlich hier bin. Aber es könnte wohl sein, dass ich nach Europa zurückgehe, wenn ich auch hier pensioniert werde. Ich fühle mich nicht in Amerika zu Hause, auch nicht in Frankreich, nicht in der Schweiz, und, wissen Sie, auch nicht in Israel. Obwohl ich heutzutage sowohl Amerikaner als auch Israeli bin. Wenn Sie das Land oder die Kultur als Zentrum nehmen, dann bin ich nirgendwo oder überall ein bisschen zu Hause. Wenn es um meine Identität geht, dann findet sie sich – und das ist wirklich keine Floskel – in der Auseinandersetzung mit der NS-Zeit und dem Holocaust.

Ich verstehe, dass Sie in der Erforschung des Nationalsozialismus und der Judenverfolgung Ihre Lebensaufgabe sehen. Aber vielleicht ist ja das Judentum Ihre wirkliche Heimat?
Nein. Ich bin areligiös, total. Es war auch bei meinen Eltern in Prag so. Während des Krieges hat man mich zum Katholiken gemacht, danach war ich die ersten Jahre Israeli, aber auch mit gemischten Gefühlen, und ging dann zurück nach Frankreich, um zu studieren. Später habe ich, wieder in Israel, mit Schimon Peres im Verteidigungsministerium gearbeitet. Schließlich ging es

zurück nach Genf, an die Universität. Vom Jüdischen – im strikten Sinne – finden Sie bei mir keine Spur. Aber wenn man mich fragt: „Was bist du eigentlich?", dann bin ich Jude.

Welche Rolle spielt Ihre Muttersprache Deutsch?
Mein Vater hat ja noch in der österreichisch-ungarischen Armee gedient. Die Verwurzelung meiner Familie in der deutschen Kultur war schon deutlich. Dazu kann ich Ihnen eine kleine Anekdote erzählen: Als ich als Kind nach Frankreich ins Heim kam, hatte ich das Deutsche bald ganz vergessen, auch Tschechisch. Aber ich habe sehr viel im Schlaf gesprochen, schon wegen Stress und Kummer. Und die Kinder sagten immer – in unserem Schlafsaal wohnten ja 40 Knaben: „Du sprichst im Schlaf eine andere Sprache." Aber ich wusste nicht, welche. Und als ich nach Israel kam, wohnte ich eine kurze Zeit bei meinem Onkel in einem Dorf, das ganz deutsch geprägt war. Und binnen weniger Wochen ist mir das Deutsch ganz zurückgekommen, ebenso wie das Tschechische, das ich hier und da dort hörte. Es gibt also noch diese kulturelle Identifizierung, eine wenn auch tiefliegende Schicht.

Identität besteht aus mehreren Schichten?
Aus mehreren Schichten, horizontal und vertikal.

Sie haben es eben angedeutet: Das Judentum als Kultur spielte in Ihrer Familie keine Rolle. Sie haben auch die jüdischen Feiertage nicht befolgt?
Nein, nichts. Nicht einmal Jom Kippur. Es gibt ja sehr assimilierte Juden, die doch noch wegen Rosch Haschana oder Jom Kippur in die Synagoge gehen. Bei uns war das nicht der Fall. Ich hatte ein christliches Kindermädchen.

Haben Sie denn mit Ihren Eltern Weihnachten gefeiert?
Es gab einen Weihnachtsbaum, allerdings nicht im christlichen Sinne, sondern man kriegte nur Geschenke. Erst während des Kriegs in Frankreich hat mein Vater wohl kapiert, worum es wirklich geht. Chanukka 1941 waren wir bei Freunden, den Fränkels. Und mein Vater nahm mich auf seinen Schoß und erzählte mir von Chanukka, von dem Aufstand der Makkabäer, die ihrem jüdischen Glauben nicht abschwören wollten und sich deswegen gegen ihre Unterdrücker erhoben. Dieses Zusammenkommen von der Schoah und der Erzählung von diesem Wunder von Chanukka hat etwas, was mich bis heute sehr tief anrührt.

Noch einmal zurück nach Prag: Wann ist die friedliche Welt Ihrer Kindheit dort aus den Fugen geraten?
Ich bin zwar in Prag geboren worden, aber meine Familie lebte die meiste Zeit in den Sudeten, in Oberrochlitz. Als wir von dort wegmussten, nach Prag, da spürte ich, dass irgendwas in der Luft lag. Ich ging also in Prag in die englische Schule, um Englisch zu lernen. Ich wusste nicht, dass meine Eltern das wegen der bevorstehenden Emigration so entschieden hatten, aber wir mussten beispielsweise schon mit einer Gasmaske zur Schule gehen. Jeder Schüler ging damals mit einer Gasmaske. Das war noch vor dem Münchner Abkommen, im Sommer 1938, weil man dachte, es käme vielleicht ein deutscher Angriff. Wir versuchten zuerst nach Ungarn zu emigrieren, aber das gelang nicht. Im April 1939 sind wir dann nach Frankreich gefahren. Und das war für mich absolut das Ende der alten Welt, weil ich

mehrere Monate lang nicht mit meinen Eltern zusammenleben durfte. Sie konnten mich nicht in der kleinen Wohnung in Paris unterbringen. Beide mussten arbeiten oder sich Arbeit suchen.

Das heißt, Sie kamen in ein Kinderheim.
In viele Heime. Das erste war in Montmorency, sechs Monate blieb ich dort. Und das war fast das Schlimmste, weil ich dort als nichtjüdischer Jude von jüdischen Kindern verprügelt wurde. Die sprachen alle Jiddisch, kamen aus Polen und waren meistens religiös, ich dagegen wusste von nichts.

Als „nichtjüdischer Jude"?
Ja, es war schlimm. Ich bin regrediert, wurde zum Bettnässer. Schließlich mussten mich meine Eltern abholen. Ich kam ins nächste Heim, das aber netter war. Und dann mussten wir flüchten, weil der Krieg angefangen hatte, und die Deutschen standen schon bei Paris.

Wo sind Sie gelandet?
In Néris. Da wohnte ich endlich wieder zusammen mit den Eltern in einer kleinen Wohnung, ging in die Schule. Ich sprach schon Französisch wie ein Franzose. Das ist ja bei Kindern kein Problem. Da waren übrigens nur Emigranten ringsherum, in der Pension, überall. Eigentlich war es ein Kurort. Die Hotels hatten leer gestanden und wurden nun von ausländischen Juden bewohnt, die wie wir geflüchtet waren. Im Sommer 1942 begannen dann die ersten Razzien im Vichy-Frankreich. Ausländische Juden wurden den Nazis ausgeliefert und deportiert. Meine Eltern haben mich nun in ein jüdisches Kinderheim im Departement Creuse gebracht. Das war

ziemlich dramatisch, aber ich blieb nur zwei Tage.

Warum?
Weil schon in der ersten Nacht die französische Polizei kam und alle Kinder abholte, die über zehn waren. Ich war gerade noch neun. Das war im August, ich bin im Oktober geboren.

Zwei Monate, die Ihnen das Leben gerettet haben?
Wahrscheinlich. Ich weiß nicht genau, was mit diesen Kindern später geschah, aber wahrscheinlich sind sie umgebracht worden. Jedenfalls herrschte große Aufregung. In der zweiten Nacht wurden alle übrigen Kinder geweckt und von den Erziehern in den Wald geführt. Ob Sie damit rechneten, dass die Gendarmen erneut kommen würden – ich weiß es nicht. Am nächsten Morgen musste ich jedenfalls zurück zu meinen Eltern. Aber nicht lange. Nun schickten Sie mich in ein katholisches Internat nach Montluçon. Wir sprechen jetzt von September 1942. Dort bin ich vier Jahre geblieben, das war kein Kinderheim, sondern ein Seminar für Jungen, die in der Regel Priester werden wollten. Also sehr streng, streng katholisch.

Und das war Ihren Eltern bewusst?
Ja. Mein Vater hatte unterschrieben, dass er damit einverstanden sei, dass ich als Katholik erzogen werden würde und dies auch nach dem Krieg bleiben solle.

Hatten Sie Verständnis dafür?
Damals? Ich hatte keine Ahnung. Die ganze Sache war mir schrecklich. Aber nicht, weil ich etwas vom Katholizismus wusste, sondern weil

meine Eltern weg waren. Noch lebten sie in derselben Stadt, mein Vater war zu der Zeit im Krankenhaus. Nach kurzer Zeit bin ich ausgerissen und dorthin geflohen, aber man hat mich ins Internat zurückgebracht. Da bin ich sehr krank geworden. Danach habe ich mich gefügt, wie man es tut, wenn man zehn Jahre alt ist.

Krank aus Heimweh?
Ja, schreckliches Heimweh. Auch ein Kind versteht, dass jetzt etwas kommt, dass da eine Gefahr ist oder eine Katastrophe sich anbahnt, ohne zu wissen, ohne zu verstehen. Deswegen ist man noch mehr an die Eltern gebunden.

Welche Atmosphäre herrschte im Internat?
Es war ziemlich schlimm. Man hatte auch nicht sehr viel zu essen. Aber gut, das war alles nicht so schlimm…

…wie die Trennung von Mutter und Vater?
Ja, das war das Einzige, was wirklich zählte, was für mich absolut prägend war, lebenslang.

Was wurde aus Ihren Eltern?
Das ist mir nur langsam deutlich geworden. Ich bekam noch einen Brief von ihnen zum zehnten Geburtstag, der aber schon vorher geschrieben worden war. Sie hatten den Brief einer Frau übergeben, die ihn mir schicken sollte, wenn ich im Oktober 1942 Geburtstag haben würde. Ich dachte also, sie kommen zurück, aber wissen Sie, das muss ich auch gestehen: Es war mir immer weniger präsent. Mich beschäftigte eher die Frage, wie ich es ihnen zeigen könnte, dass ich mich darüber freue, wenn sie zurückkommen. Alle Emotionen waren irgendwie ausgelöscht,

denn sonst hätte ich das Heimweh nicht ausgehalten. So etwas findet man bei vielen Überlebenden, sie sind emotional irgendwie paralysiert. Jeder versucht, so oder so darüber hinwegzukommen, aber es ist nie „normal". Natürlich hoffte ich, dass sie zurückkommen, das war die Standarderwartung. Aber meine Sorge war eben: Wie würde ich meine Freude zum Ausdruck bringen? Ich wusste, dass ich leer war, dass mir jede Sehnsucht abhanden gekommen war.

Und deswegen hatten Sie auch ein schlechtes Gewissen?
Ja, das kommt dazu, selbstverständlich. Aber man sagte mir: „Die kommen nicht zurück."

Hat man Ihnen auch gesagt, warum?
Zunächst nicht. Ich habe viel später alle Dokumente gesammelt. Meine Eltern wollten in die Schweiz flüchten. Sie fuhren zuerst nach Lyon und von Lyon nach Saint Gingolph, das ist am Genfer See. Da gibt es eine Straße am See entlang. In der Mitte liegt die Grenze. Wenn Sie von Frankreich in die Schweiz kommen, dann gehen Sie da durch und sind in der Schweiz. Meine Eltern gingen in einer Gruppe von zehn oder zwölf Flüchtlingen, um drei Uhr früh. Jüngere bummelnde Jungen, die aus einer Bar kamen, haben sie gesehen, die ganze Gruppe, und es gleich der Polizei gesagt. Sie sind verhaftet worden. Nur die, die mit Kindern unterwegs waren, hat man durchgelassen.

Mit welcher Begründung?
Die Schweizer Öffentlichkeit hatte sich damals aufgeregt, dass man die Grenze ganz abgesperrt hatte. Deswegen haben die Grenzpolizisten für eine ganz kurze Zeit Familien, also Vater, Mutter

und Kleinkinder, durchgelassen. In den mir vorliegenden Dokumenten ist es klar beschrieben, dass nur die Friedländers und noch ein Paar zur französischen Polizei zurückgeschickt wurden, weil sie ohne Kinder eingereist waren. Es ist das Unglaublichste: Meine Eltern hatten alles gemacht, um mich in Sicherheit zu bringen, eine Flucht mit mir zusammen schien ihnen zu ris-

kant, also versuchten sie allein zu fliehen. Und genau das war ihr Fehler. Das ist wirklich die List Gottes oder des Schicksals.

Eine böse List.
Ja. Ihre Namen finden sich auf einer Transportliste nach Auschwitz, Mitte November. Laut Totenbuch ist mein Vater dort am 1. Dezember 1942 gestorben. Meine Mutter war ziemlich stark, jünger, und deswegen nehme ich an, dass sie arbeiten musste und dann später umgekommen ist. Übrigens hat mich die französische Polizei noch eine Weile gesucht. In der Präfektur hat man sich nämlich gefragt, wo denn der Knabe sei. Die waren ziemlich gut organisiert. Gewusst haben es damals nur die Fränkels. Selbst nach dem Krieg wollte die Leitung des Seminars meine Herkunft zuerst nicht bestätigen. Zwei Anfragen wurden abgeblockt. Immer hieß es: „Hier lebt kein Kind mit dem Namen Friedländer." Es gab eben diese berühmte Anweisung oder Erlaubnis des Papstes, dass getaufte jüdische Kinder als Katholiken zu betrachten und zu behandeln sind, wenn die Eltern nicht zurückkommen.

Erst beim dritten Mal lenkte man ein?
Ja. Ein Anwalt hat schließlich damit gedroht, dass die Polizei im Heim nach mir suchen würde.

Wie muss man sich den Alltag dort vorstellen?
Der Alltag? Sie können sich das gar nicht katholisch oder streng genug vorstellen. Man musste mit den Händen auf der Decke gefaltet schlafen, in diesen großen Dormitoires. Das Schlimmste waren immer schlechte Gedanken, also dass etwas Sexuelles vorging, das waren ja alles pubertierende Knaben.

Und wahrscheinlich hatte man selbst Angst vor diesen schlechten Gedanken.
Und wie. Ich musste mehrmals pro Woche zur Beichte. Danach fand die Messe statt. Und wenn man von der Messe zum Refektorium, also zum Essen ging, musste man etwas singen. Während des Tages hat man studiert, aber auch immer wieder zwischendurch gebetet. Die Kinder kamen alle aus streng katholischen Familien, sehr pétainistisch. Wenn sich die deutschen Truppen mit der Résistance eine Schlacht lieferten, dann wünschten die katholischen Schwestern dort eigentlich, dass die Deutschen siegen. Es gab da einen Knaben, dessen Vater Gaullist war. Der Junge sagte eines Tages: „Aber die Résistance, das sind doch Franzosen." Den hat man rausgeschmissen.

Weil die Mitglieder der Résistance in den Augen der streng katholischen Schwestern sozusagen Gottlose waren?
Nicht gläubig und mit den Kommunisten im Bunde. Sie können sich nicht vorstellen, wie extrem katholisch und auch antisemitisch dieses Frankreich war.

Aber nicht rassistisch?
Nicht rassistisch, nein. Aber tiefreligiös.

Wann wurden Sie sich nach dem Krieg Ihrer jüdischen Herkunft bewusst?
Eigentlich erst 1946. Als mir ein Priester, ein italienischer Jesuit, erstmals offenbarte, dass meine Eltern umgebracht worden waren und was in den Konzentrationslagern geschehen war. Erst damals ist mir wirklich ein Bruchteil meiner Identität wieder klar geworden. Ich wollte nun

unbedingt meinen Namen zurückbekommen, ursprünglich hieß ich ja Paul oder Pavel, im Internat wurde ich zu Paul Henri Marie, aber bei Saul ist es schließlich geblieben.

Ist es nicht im Nachhinein schrecklich oder zumindest befremdlich, jemand zu sein, der zu seiner jüdischen Herkunft zurückfindet, weil er über Auschwitz aufgeklärt wird?
Richtig. Wäre ich in meiner Kindheit von meinen Eltern religiös erzogen worden, dann wäre es wahrscheinlich anders gekommen.

Positiver?
Ja, da bin ich wirklich negativ geprägt. Deswegen dreht sich auch mein ganzes Leben um diesen Aspekt des Judentums.

Im ersten Band Ihrer Studie „Das Dritte Reich und die Juden" beschreiben Sie die Jahre der Verfolgung von 1933 bis 1939. Mir ist bei der Lektüre nicht klar geworden, ob es vor 1933, also vor der Machtergreifung der Nationalsozialisten, wirklich eine besondere Disposition für diesen mörderischen Antisemitismus in Deutschland gab.
Ja und nein. Ich sage, es fängt wohl um die Jahrhundertwende in Bayreuth an mit diesem Antisemitismus der Wagnerianer. Es war ein kleiner Kreis, aber mit Ausstrahlungen auf viele andere. Hier finden Sie diese Idee, dass die Erlösung vom Judentum die Erlösung an sich ist. Das gab es auch in Frankreich, verlor sich dann dort aber wieder. Die Frage stellt sich also, warum sich diese Vorstellung in Deutschland dann doch tiefer oder weiter ausgewirkt hat. Und Sie sehen das im Ersten Weltkrieg, etwa beim Thema der Judenzählung…

...als behauptet wurde, die Juden hätten sich vor der Front gedrückt – auch wenn dies nachweislich falsch war...

Was aber nicht publiziert wurde, ja. In Deutschland haben Sie den Eindruck, der Krieg bringt in der Gesellschaft etwas hoch, das schon 10, 20, 30 Jahre irgendwie herumgeisterte. Aber es gibt immer eine politische Konjunktur, die es dann einen Schritt weitertreibt. Hitler musste ja nicht an die Macht kommen, aber als es geschah, hatte er selbstverständlich ein Echo. Die Leute folgten ihm zunächst gar nicht wegen seiner antijüdischen Politik, störten sich aber auch nicht daran. Sie haben es einfach akzeptiert.

Der Erste Weltkrieg ist also die Scheidelinie?

Ja, und dann kam die Revolution. Die war schon an sich schlimm genug.

Weil viele Juden dabei waren?

Na klar. In Bayern, Ungarn. Und vor allem in Russland. Damals entstand das Schreckgespenst vom jüdischen Bolschewismus. Die „Protokolle der Weisen von Zion" wurden verbreitet.

Noch einmal: Das alles ist sicherlich ein aggressiver Antisemitismus, aber keiner, der gleich auf Auslöschung und Vernichtung zielt.

Nein, überhaupt nicht. Auch wenn in „Mein Kampf" schon davon die Rede ist, dass ein paar Zehntausend von den Hebräern ins Gas gehen. Es gibt da einen Hintergrund, der die Sache leichter macht, aber auch nicht mehr. Bis 1935/1936 wollen die Nazis die Juden aus der Gesellschaft nur irgendwie verdrängen. „Raus mit denen" heißt die Devise, aber nun von Jahr zu Jahr immer lauter, 1938 kommt der Anschluss Österreichs, die „Kristallnacht". Die polnischen Juden werden aus dem Reich vertrieben...

...und Hitler beginnt den Krieg.

Aber schon kurz zuvor sagt er in dieser berühmtberüchtigten Reichstagsrede vom 30. Januar 1939: Wenn die Juden die arischen Völker wieder in einen Weltkrieg treiben, dann würden nicht die arischen Völker zugrunde gehen, sondern die Juden vernichtet. Und eigentlich spricht er schon 1935 davon. Da sagt er dem Chef des Rassenpolitischen Amtes der NSDAP, Walter Groß: „Im Falle eines Krieges bin ich zu allen Konsequenzen bereit." Was soll das bedeuten? Irgendwo im Hintergrund gibt es diese Möglichkeit. Es ist nicht ausgeschlossen, etwas ganz Drastisches.

Wann genau wird das konkret?

Erst während des Krieges. Mit dem Überfall auf Polen leben plötzlich weitere 2,3 Millionen Juden unter deutscher Herrschaft. Aber selbst jetzt bestand meines Erachtens noch kein Plan zur Vernichtung. Nur, was macht man mit diesen Juden? Also: Die müssen weg von dem Kontinent, aber Madagaskar geht nicht, vielleicht Nordrussland, nicht wahr. Aber dann gerät die Aktion Barbarossa, der Überfall auf Russland, ins Stocken, die Amerikaner steigen in den Krieg ein. Und in dieser Zeit kommen bei Hitler mehr und mehr diese Phantasien, dass die jüdische Weltmacht wieder eine Lage wie 1917/18 herbeiführt. Im Himmler-Dienstkalender heißt es: „Führer, 18. Dezember 1941, Judenfrage – als Partisanen auszurotten." Partisanen sind ja die Leute, die hinter der Front sind. Das ist diese Idee von 1917, die Dolchstoßlegende. Hitler ist besessen vom Ersten Weltkrieg und sieht die Juden als eine Weltkonspiration, als aktiver Feind. Also meine These lautet: Die Zigeuner, die slawischen Massen und selbstverständlich die Geisteskranken sowie alle anderen aus Nazi-Sicht minderwertigen Gruppen sind nur passive Feinde. Also keine Feinde, die eine Konspiration gegen das Reich bilden. Aber die Juden, nicht nur in der Phantasie Hitlers, sondern des Nationalsozialismus und weiterer Kreise, sind doch eine aktive Kraft, die zur Weltmacht drängt und das neue Europa, das neue Deutschland zerschlagen will. Solange der Krieg siegreich ist, war es ein territorial zu lösendes Problem. Aber in dem Moment, wo es kippt, kann man nicht mehr warten, man beginnt also mit der systematischen Vernichtung dieses Feindes.

Aber dazu muss man Hunderttausende, wenn nicht Millionen von Helfern haben.
Dazu braucht man die Propaganda, also Goebbels vor allem. Die Nazis verbreiteten die wildesten Geschichten, etwa dass die Juden die Deutschen sterilisieren wollten und so weiter. Wenn man heute die Briefe der Soldaten liest, sieht man, wie sie dadurch geprägt waren. Die Soldaten sprechen wie „Der Stürmer". In den Briefen heißt es: „Wir sind alle der Meinung, dass die Juden umkommen sollten" und „Ja, merkwürdigerweise denken alle meine Kameraden so."

Wie verbreitet waren solche Auffassungen im Reich selbst, also hinter der Front?
Man kann das nicht verallgemeinern. Aber es finden sich viele ähnliche Zeugnisse. In Erfurt, zum Beispiel, sind viele Beschwerden dokumentiert wie: Warum dürfen die Juden in gemischten Ehen bleiben? Warum geht der Jude ohne Stern? Die Bevölkerung dachte noch an Sieg, merkwürdigerweise bis kurz vor Kriegsende, man hoffte auf die Wunderwaffen. Und als der Krieg verloren war, forderte man sogar: Bitte keinen jüdischen Bürgermeister. Das wäre für uns doch eine Beleidigung. Dieser Judenhass steckte also viel tiefer, als man vielleicht denkt. Nach Stalingrad hatte Hitler dem Goebbels vier-, fünfmal gesagt: „Jetzt also die Judenfrage als Hauptziel unserer Propaganda." Warum? Weil es diese schreckliche und schreckenerregende Gestalt gibt, die uns erschlagen oder vernichten wird, wenn wir verlieren. Und das setzt selbstverständlich die letzte Energie frei. Es gibt einen Brief – und damit höre ich auf – von einem Soldaten, der schreibt seiner Mutter: „Also bitte, alle meine Abzeichen schnell weg", er war in der Partei und schreibt von der Ostfront. „Du weißt ja, wenn der Jude kommt, wenn er das findet, dann bin ich tot."

Oldřich Stránský

„Im KZ ist alles schwarz oder weiß"

Der Ingenieur Oldřich Stránský über seine Leidensjahre in Theresienstadt, Auschwitz und Sachsenhausen und sein Engagement für die Aussöhnung zwischen Deutschen und Tschechen

Oldřich Stránský kam 1921 in Brüx in Nordböhmen zur Welt. Er wuchs in einer tschechisch-jüdischen Familie auf und besuchte die Gewerbeschule für Maschinenbau in Prag. Die Nazis verschleppten ihn in mehrere Konzentrationslager und ermordeten seine Familie. Trotz vieler Widerstände bemüht er sich um die deutsch-tschechische Verständigung.

Herr Stránský, Sie haben zusammen mit anderen Opfern des Nazi-Regimes viele Jahre dafür gekämpft, dass deutsche Unternehmen ihre ehemaligen Zwangsarbeiter entschädigen. Nun sind diese Zahlungen fast überall erfolgt. Hat sich die Mühe gelohnt?

Es ist nicht eine Frage des Geldes. Niemand auf der Welt war bisher imstande, die Leiden eines anderen zu entschädigen. Das, was damals passierte, kann man nicht wiedergutmachen, weder mit Worten, noch mit Geld. Aber die Menschheit kennt leider nichts anderes als finanzielle Entschädigung. Das heißt, wenn ich jemanden entschädige, dann bringe ich damit nur meine Teilnahme an dem zum Ausdruck, was ich ihm angetan habe. Das ist geschehen, immerhin.

Das heißt, die Deutschen können ihre historische Schuld gar nicht abtragen?

Diese Frage lässt sich nicht so einfach beantworten. Sicher ist, dass Deutschland eine schwere Schuld trägt. Daran können wir nichts ändern. Aber daraus ergibt sich, dass Deutschland eine besondere Verpflichtung gegenüber jenen Menschen hat, die in den Konzentrationslagern gelitten haben oder die als Zwangsarbeiter ausgebeutet wurden. Und diese Erkenntnis gibt es bei unseren deutschen Nachbarn schon seit Jahrzehnten. Ich denke, dank der Entnazifizierung haben sich die Deutschen viel früher mit ihrer historischen Schuld auseinandergesetzt als etwa die Tschechen.

Aber Sie können doch die Schuld der Deutschen nicht mit der der Tschechen vergleichen.

Selbstverständlich. Und doch muss bei uns mehr geschehen. Die Entschädigungszahlungen der

Bundesrepublik an die tschechischen Nazi-Opfer sind zunächst einmal lobenswert. Ich stelle allerdings fest, dass auf der tschechischen Seite eine ähnliche Bemühung im Hinblick auf die Sudetendeutschen nicht zu sehen ist. Die Mehrheit der Tschechen lehnt jede Entschuldigung oder gar Entschädigung für die abgeschobenen Deutschen ab. Und auch unsere Politiker machen sich solche Forderungen nicht zu eigen – aus Angst vor den Wählern.

Die Vertreibung der Sudetendeutschen war allerdings erst die Folge dessen, was die Nationalsozialisten den Tschechen angetan haben.
Aber die Deutschen stellen sich dieser Vergangenheit auch schon seit 1945. In den 40 Jahren der kommunistischen Herrschaft wurde dagegen kein Wort des Bedauerns über die Abschiebung der Sudetendeutschen verloren, im Gegenteil. Den Menschen hier wurde wieder und wieder eingepaukt, dass das alles rechtens war. Hier muss erst ein ganz neues Bewusstsein geschaffen werden.

Sie sprechen von einer „besonderen Verpflichtung" der Deutschen gegenüber ihren ehemaligen Opfern – zu denen ja auch Sie selbst gehören. Was war Ihre erste Erfahrung mit den Deutschen?
Dass man mich aus der Schule entlassen hat. 1939, als die Deutschen unser Land zum Protektorat gemacht haben, besuchte ich eine Gewerbeschule für Maschinenbau in Prag. Weil ich Jude war, musste ich ein Jahr vor dem Examen abgehen.

Haben Sie damals schon mit weiteren Sanktionen gerechnet?
Ja und nein. Wir haben die ganze Zeit geahnt, dass uns Hitler irgendwann bedrohen würde. Anderseits hat mein Vater – und nicht nur er – immer geglaubt, dass es bei uns nicht so schlimm werden würde wie in Deutschland, dass also die Nürnberger Gesetze im Protektorat nicht gelten würden.

War Ihnen Ihre jüdische Herkunft eigentlich bewusst?
Also, ich bin in einer jüdischen Familie in Brüx aufgewachsen, später dann in Český Brod. Das war schon klar. Aber mein Vater hat weder meinen Bruder noch mich überhaupt in der jüdischen Gemeinde angemeldet.

War er selbst denn noch Mitglied?
Nein, mein Vater war schon ausgetreten, er war konfessionslos. Mein Vater hat immer gesagt: Eine Religion kannst du suchen, bis du klug bist. Ich bin bis heute nicht klug genug.

Die Nazi-Herrschaft hat Ihnen also eine jüdische Identität überhaupt erst aufgezwungen?
Wenn Sie so wollen, ja. Im Sommer 1941 hatte der Prager Judenrat von den Nazis den Befehl bekommen, junge arbeitsfähige jüdische Männer zur Verfügung zu stellen. Der Vorsitzende der jüdischen Gemeinde in Český Brod trat daher an meinen Vater heran und sagte: Du hast doch jemanden für uns. Und so kam ich nach Lípa in ein sogenanntes Umschulungslager, aber es war eigentlich ein Bauerngut, in dem Lebensmittel für die SS produziert wurden. Drei Monate sollte ich bleiben. Doch an dem Tag, an dem ich mich von meinen Eltern und meinem Bruder verabschiedet habe, habe ich meine Familie zum letzten Mal gesehen.

Wissen Sie, wann und wo Ihre Eltern und Ihr Bruder von den Nazis umgebracht wurden?

Im Juli 1942 hat man sie über Theresienstadt nach Majdanek gebracht. Meine Mutter ging gleich ins Gas, mein Vater und mein Bruder sind im Straßenbau zu Tode geschunden worden.

Sie selbst blieben also länger als drei Monate in Lípa.
Ja, man muss fast sagen: zum Glück. Denn dort ging es mir noch gut, es gab genug zu essen. Erst nach zwei Jahren, im September 1943, kam ich nach Theresienstadt…

…wo die Bedingungen schon viel schlechter waren.
Richtig. Leider wird das in der Ausstellung, die dort heute zu sehen ist, nicht deutlich genug. Es wird viel zu sehr an das Kulturangebot erinnert, Theater, Musik. Aber das, was in Theresienstadt mit den alten Leuten geschah, aber auch mit Kindern und Behinderten: Das sieht man dort kaum. Tausende starben vor unseren Augen. Das Essen war schlecht, die Hygiene war schlecht, also das alles war schrecklich.

Wussten Sie, dass es noch schlimmer werden würde, als man Ihnen sagte, dass Sie nach Auschwitz gebracht werden?
Nein, nein, wissen Sie, ich war 22. Wenn jemand jung ist, dann sagt er sich: Egal, wo sie mich hinbringen, ich muss keine Angst haben, ich kann arbeiten, ich bin ja gesund.

Wann haben Sie erkannt, dass das nicht für Auschwitz gilt?
Als ich dort am Bahnhof ankam, sofort. Die SS-Leute haben uns auf die Lastwagen geprügelt und nach Birkenau gebracht; damals, im Dezember 1943, gab es die Rampe in Birkenau noch nicht.

Ich habe die Szene auch gemalt *(Stránský zeigt auf sein Bild).*

Wann haben Sie das Bild gemalt?
Erst 1989. Ich habe schon immer gezeichnet, seit meiner Rückkehr aus dem KZ, einfach so für mich selbst, mit dem Bleistift. Aber dann habe ich einen Malkurs mitgemacht. Ich wollte die entscheidenden Szenen in Auschwitz festhalten, hier das Tor „Arbeit macht frei", da die Häftlinge bei der Arbeit, da die SS.

Und wann wurde Ihnen klar, dass die SS in Auschwitz Menschen mit Gas tötete?
Schauen Sie, als wir mit dem Lkw durch das Lager fuhren, sahen wir Drahtzäune auf beiden Seiten, dazu die Türme mit den SS-Wachen und Scheinwerfer, die das Lager grell ausleuchteten – das war schon alles nicht normal. Und als wir in die Baracken gingen und dort die Menschen wiedertrafen, die wir aus Theresienstadt kannten, sahen wir den Unterschied: Wie elend sie aussahen, wie heruntergekommen. Schließlich habe ich meinen alten Freund Franta Piritz getroffen, er war schon drei Monate länger in Auschwitz und hat natürlich von den Gaskammern gewusst.

Was haben Sie selbst in Auschwitz gemacht?
Ich habe beim Straßenbau gearbeitet, schrecklich, dort war lauter Schlamm. Wir haben die Steine mit einer Lore befördert – die Lore sieht man da oben auf dem Bild, in der linken Ecke. Wir arbeiteten täglich zehn, zwölf Stunden, bei jedem Wetter. Und wir waren sehr schlecht angezogen. Aber dabei hatte ich auch Glück. Wir mussten am Tag nach der Ankunft sämtliche

Kleider abgeben und bekamen andere. Und als ich in die Seitentasche meiner neuen Jacke fasste, fand ich zwei Geldscheine: 120 Dollar!

Die hatte der Vorbesitzer vergessen?
Wahrscheinlich hatte man ihn ins Gas geschickt. In der Jacke war noch ein Etikett aus Amsterdam, sie gehörte wohl einem holländischen Juden. Jedenfalls bekam man für dieses Geld sehr, sehr viele Zigaretten. Die waren die heimliche Währung im Lager. Für fünf Zigaretten konnte man eine Suppe oder ein Stück Brot eintauschen.

Wann hat man Ihnen die Häftlingsnummer eintätowiert?
Als wir alles ausziehen mussten. Da waren polnische Häftlinge, die uns rasierten, am Kopf, am Körper, überall. Dann kam die Nummer. Viele haben versucht, sie irgendwie abzuwaschen. Aber ich habe mir gedacht: Wenn ich überlebe, dann muss ich mich nicht schämen, und wenn ich nicht überlebe, dann ist es auch egal. Es gab allerdings später Zeiten, in den fünfziger Jahren, als die Kommunisten hier antisemitische Schauprozesse inszeniert haben, da trug ich vorsichtshalber nur lange Ärmel.

Was ist aus Ihrem Freund Franta Piritz geworden?
Am 7. März 1944 wurde er mit dem gesamten Transport, der ein halbes Jahr zuvor nach Auschwitz gebracht worden war, in die Gaskammern geschickt. Das war der Geburtstag unseres ersten Präsidenten Masaryk – eine symbolische Aktion. Die Deutschen hatten behauptet, die tschechischen Juden würden nur in ein anderes Lager gefahren, wo die Arbeit leichter sei. Einige von uns glaubten das, andere nicht. Ich konnte Franta

vorher noch treffen, er warf mir seine Armbanduhr über den Zaun, er wusste, dass er sie nicht mehr brauchen würde. Dann mussten sie nachts auf die Lkw steigen und wurden angeblich zum Bahnhof gefahren, tatsächlich ging es in den Tod. Das war der größte Mord an tschechischen Menschen während des ganzen Krieges, 3680 Menschen auf einmal.

Warum gab es so wenig Widerstand im Lager?
Sie würden diese Frage nicht stellen, wenn Sie

sich vorstellen könnten, was für eine Atmosphäre dort herrschte. Ein Menschenleben hatte keinen Wert. Und in diesem Fall gab es sogar Widerstand, angeführt von einem charismatischen jungen Mann. Er hieß Freddy Hirsch, ein Sportler, so ein Anführer-Typ, der sich um Kinder und Jugendliche kümmerte. Und dieser Freddy Hirsch hatte eine Gruppe von Menschen um sich versammelt, die im Quarantänelager die Baracken anzünden wollten. Diese Menschen wussten, sie würden ohnehin sterben, aber sie wollten ihren Protest zeigen. Als dann die Nacht kam, geschah nichts. Irgendwie hatten die SS-Leute von dem

Plan erfahren, und Freddy Hirsch wurde wahrscheinlich vergiftet. Jedenfalls ging Freddy am nächsten Tag nicht mehr ins Gas, weil es ihn nicht mehr gab.

Fragt man sich nicht immer wieder, warum dieses Schicksal nur die anderen getroffen hat, warum man selbst überlebte?
Ja, in Auschwitz gab es viele Menschen, die viel klüger als ich waren und physisch viel besser dran, und trotzdem haben sie nicht überlebt. Es war reines Glück, nichts anderes. Als ich das Lager verlassen durfte, war mir das sofort klar.

Wohin hat man Sie gebracht?
Nach Schwarzheide, das war ein Nebenlager von Sachsenhausen. Dort stand eine Fabrik für Kunstbenzin, die mehrmals bombardiert worden war. Wir mussten die Ruinen räumen und auch Bunker gegen neue Angriffe bauen. Die Befreiung durch die Russen habe ich am Ende in der Krankenbaracke in Sachsenhausen erlebt.

Als Sie nach Hause zurückkamen, haben Sie sicherlich nach Ihren Eltern gefragt – oder wussten Sie, was mit ihnen geschehen war?
Ich habe noch lange gehofft, dass sie zurückkommen. Aber wenn ich ehrlich war, dann wusste ich bald, dass das nicht geschehen würde. Das war das Schlimmste überhaupt: Ich kam zurück und hatte nichts und niemanden.

Sie mussten also ein neues Leben beginnen …
Genau, und alle sagten mir zuerst: Du hast solche Lebenserfahrungen, du wirst alles bewältigen. Aber genau das Gegenteil war der Fall. Das Leben im KZ hat mit dem normalen Leben nichts zu tun. Im KZ ist immer alles schwarz oder weiß. Nichts anderes. Die Rückkehr war für mich sehr schwer. Und ich hatte ja auch niemanden, mit dem ich reden konnte. Dann habe ich früh geheiratet, aber die Ehe scheiterte auch.

Haben Sie nach Kriegsende an die Idee des Kommunismus geglaubt?
Selbstverständlich. Jeder, der aus einem KZ kam, hat gedacht, dass der Kommunismus zumindest theoretisch etwas Gutes ist. Ich wollte mich politisch engagieren und bin Sozialdemokrat geworden. Aber beim kommunistischen Putsch im Februar 1948 wurde die sozialdemokratische Partei mit den Kommunisten zwangsvereinigt. Und ich habe es abgelehnt, mich den Kommunisten anzuschließen.

Damit war Ihre politische Tätigkeit beendet?
Ja. Und da ich mein ganzes Berufsleben als einfacher Maschinenbautechniker verbracht habe, niemals auf einem leitenden Posten, habe ich auch keine weiteren Repressalien erlebt. Ich blieb immer am Zeichenbrett. Und das wollte mir nie jemand wegnehmen.

Noch einmal zur Nachkriegszeit: Haben Sie die Vertreibung der Sudetendeutschen begrüßt – nach all dem, was die Deutschen Ihnen angetan hatten?
Niemand kann erwarten, dass ein Mensch, der vier Jahre in Konzentrationslagern saß, irgendwelches Mitleid haben würde mit jenen, die ihm das angetan haben. Aber da ich aus Brüx stamme, wo es eine deutsche Minderheit gegeben hatte, war das für mich schon bald keine deutsche oder tschechische Frage, sondern eine Frage der Menschlichkeit. Als Soldat war ich an einer Abschiebung im Adlergebirge beteiligt; dort gab es ein Bauerngut, wo nur noch Frauen und Kinder lebten, die Männer waren gefallen oder in Gefangenschaft. Und diese Menschen haben mich gefragt, warum sie wegmüssten. „Weil die Sudetendeutschen sich mit dem Hitler eingelassen haben", war meine Antwort, und ich habe sie gefragt: „Wissen Sie, was in Auschwitz passiert ist?" Sie hatten keine Ahnung. Ich zeigte ihnen meinen Arm mit der Nummer. „Was ist das?", haben sie gefragt. Sie haben wirklich nichts gewusst. Für mich war schnell klar: Diese Leute haben jedenfalls keine Schuld daran, dass Hitler die Tschechoslowakei überfallen hat. Und dasselbe

gilt doch für die kleinen Leute in der Tschechoslowakei nach dem Krieg: Die hatten auch keinen
Einfluss darauf, dass die Kommunisten die Macht
übernahmen. Dafür waren andere verantwortlich.
Darum meine ich, dass die Abschiebung aller
Deutschen, was immer sie gemacht oder nicht
gemacht hatten, ein großer Unsinn war. Aber es
geschah.

*Sie sind mit dieser Position bei Ihren Mitstreitern
in der „Vereinigung der befreiten politischen Häftlinge" auf Widerstand gestoßen, man hat Sie 2003
sogar als Vorsitzenden abgesetzt. Standen Sie ganz
alleine mit Ihrer Position?*
Nein, inzwischen bin ich wieder Vorsitzender;
mehr als 500 Leute, ehemalige Opfer, haben mir
recht gegeben.

*Aber Ihre Gegner haben offenbar immer noch
großen Einfluss.*
Ja, das sind Leute, die schon in kommunistischen
Zeiten dort in der Führung engagiert waren.

*Wann wird sich denn das Verhältnis zwischen NS-
Opfern und den Vertriebenen verbessern?*
Eine Verbesserung wird es nicht geben. Die Leute sind schon zu alt, sie werden sich nicht verän-
dern. Dass diese beiden Nationen hier friedlich
nebeneinander leben können, begreift nur die
junge Generation. Wir müssen erkennen, dass
die Deutschen von böhmischen Herrschern bereits im 12. und 13. Jahrhundert ins Land geholt
worden sind. Und über Jahrhunderte lebten sie
hier in Frieden mit ihren tschechischen Nachbarn. Warum sollte das auf einmal nicht mehr
möglich sein?

Lotte Paepcke

„Ein Sturz in den Himmel"

Die Schriftstellerin Lotte Paepcke über
ihre literarische Erinnerungsarbeit und das
Leben einer Jüdin in einer „privilegierten
Mischehe"

Lotte Paepcke wurde 1910 als Tochter eines Lederhändlers in Freiburg geboren. Nach dem ersten juristischen Staatsexamen musste sie 1933 ihre Ausbildung abbrechen. Ihre Ehe mit einem Nichtjuden schützte sie zunächst vor der Deportation; kurz vor Kriegsende versteckte sie sich in einem Kloster. Später arbeitete sie als Schriftstellerin in Karlsruhe, sie starb im Jahre 2000.

Mit dem Namen Lotte Paepcke verbindet man vor allem zwei Bücher. „Unter einem fremden Stern" heißt das erste, 1952 veröffentlicht, und 20 Jahre später dann „Ein kleiner Händler, der mein Vater war". Beide Bücher sind autobiografischer Natur. Frau Paepcke, Sie sind eine der wenigen in Deutschland überlebenden jüdischen Schriftstellerinnen. Ist Ihnen das Erinnern zum Beruf, zur Berufung geworden?

Die beiden Prosabücher, die ich geschrieben habe, handeln natürlich vom Erinnern. Aber ich könnte nicht sagen, dass das Erinnern mein Beruf ist, denn das wäre sehr schwierig, mit bloßem Erinnern zu leben. Ich kann sagen, ich bin in die Vergangenheit nach wie vor verstrickt und sicherlich in einer dauernden Auseinandersetzung mit dem Geschehen begriffen. Das stimmt schon. Aber dass ich es als meinen Beruf oder meine Berufung ansehe, könnte ich nicht sagen. Es ist eine existentielle Tatsache.

Haben Sie ein bestimmtes Ziel vor Augen und damit ein besonderes Motiv für Ihre Erinnerungstexte?

Nein, ich habe bestimmt kein Ziel, sondern es ist die Notwendigkeit einer Klärung. Es ist die Notwendigkeit einer Auseinandersetzung, um eine gewisse Kontinuität in meinen Lebenslauf und überhaupt in meinem Leben den Sinn zu finden. Und diese Sinnfindung ist ja nur möglich durch Hineinnahme dessen, was geschehen ist – sofern es eine Rolle spielt für meine Gegenwart.

In Ihrem Buch „Ein kleiner Händler, der mein Vater war" beschreiben Sie Ihr Freiburger Elternhaus, in dem Sie 1910 geboren wurden. In welchen Verhältnissen wurden Sie geprägt und erwachsen?

Ich bin in Freiburg, in dieser sehr schönen und damals noch mehr als heute gemütlichen, ausgeglichenen Stadt aufgewachsen. Mein Vater war, wie ich auch in meinem Buch geschrieben habe, ein Lederhändler. Ich hatte ein sehr schönes, harmonisches und auch sehr anregendes Elternhaus, anregend zum Beispiel politisch, weil mein Vater sozialdemokratischer Abgeordneter im kommunalen Parlament war. Beide Eltern waren zudem sehr musikalisch. Es wurde viel Musik gemacht. Es war ein sehr schönes Heranwachsen, auch mit Freunden, mit Freundinnen. Es war sicher eine harmonische, glückliche Kindheit…

…die sich aber eben in einem jüdischen Elternhaus abspielte. Was unterschied Ihre Kindheit von der eines nichtjüdischen Kindes im Freiburg des frühen 20. Jahrhunderts?
In meine Kindheit hinein gehörte ein selbstverständlicher Antisemitismus in der Umgebung. Wir wurden so erzogen, dass wir möglichst wenig auffallen sollten. Wir sollten uns immer gut benehmen, damit es keinen Antisemitismus hervorruft. Obwohl ich hinzufügen muss: Es waren keine akuten und direkten Gefahrenmomente zu spüren in der damaligen Zeit. Aber die Tatsache, dass wir eine jüdische Familie waren, verschwand nie aus unserem Blickfeld. Wir sollten auch möglichst in der Schule gut sein. Wir sollten möglichst viel leisten. Denn wenn man Jude ist, muss man besser sein als die anderen. Und ich hatte das Gefühl, dass meine Eltern zwar nicht gerade in einer bedrohten Situation waren, aber doch nicht so selbstsicher und so selbstverständlich auf der Erde waren wie die Eltern anderer Freunde oder Freundinnen.

Sie haben die Höhere Töchterschule besucht und sind dann auch in der Jugendbewegung aktiv gewesen.
Ja, ich war in der Jugendbewegung aktiv. Das war eine jüdische Jugendbewegung, in die ich schon als Kind in die damalige Gruppe der Kleinen hineingekommen bin. Später ist diese Jugendbewegungsgruppe dann politisch geworden, als sich alles in der Außenwelt politisch zuspitzte. Damals bin ich in den linken Flügel dieser Gruppe hineingegangen – für mich in meiner Entwicklung eine sehr, sehr wichtige Zeit.

Zunächst war es doch wohl eine ganz naive Naturbegeisterung, die dort zum Tragen kam. Was sonst machte man in der jüdischen Jugendbewegung in den zwanziger Jahren?
Man machte Wanderungen, man hat also versucht – so, wie es auch heute wieder aktuell ist –, ein alternatives Leben zu führen. Es ist nur nicht so Mode geworden damals. Wir haben uns möglichst anders gekleidet, wir wollten keine Bürger sein im engeren Sinn, wir wollten naturnah sein: zurück zur Natur. Das war für mich, wie gesagt, eine wichtige Zeit, die aber dann irgendwann ein Ende finden musste. Denn nur mit Wandern und mit Singen – das hat man dann eingesehen, als man älter wurde und die ganze äußere Situation sich in Deutschland veränderte –, damit allein kamen wir nicht weiter.

Haben Sie sich deswegen nach dem Abitur für das Jurastudium entschieden?
Ich weiß, dass meine Lehrer ganz entsetzt waren. Als ich das Abitur machte, fragten sie alle, was wir studieren wollten, und ich sagte: „Jura.“ Ich kann sagen, ich habe auch sehr gute Aufsätze geschrieben, die in der Schule einen ziemlichen

Eindruck gemacht haben. Und dann haben alle gedacht, ich müsste unbedingt Germanistik oder so etwas studieren. Aber es gibt halt zwei Neigungen in mir. Die eine ist eine sehr rationale Richtung, die mich dazu gebracht hat, Jura zu studieren. Und die andere ist eine – ja, ich kann sagen – Begabung für Irrationales und Künstlerisches. Ich habe das halt beides, und ich wollte sogar ursprünglich Philosophie studieren, das wäre mir das Liebste gewesen. Aber mein Vater hat mich davon überzeugt, dass es keinen Sinn hat, weil ich sowohl als Frau wie dann auch als Jüdin gar keine Aussichten hätte, zu einem Beruf zu gelangen. Und dann habe ich mir überlegt: Wo sonst kann man denken? Und da fiel mir halt Jura ein. Ich habe Jura nicht der Gerechtigkeit wegen studiert, das möchte ich betonen. Ich war überzeugt, dass es keine Gerechtigkeit gibt. Eigentlich sollte mein Studium mehr in Rechtsphilosophie und Rechtsgeschichte einmünden, wenn es mir gelungen wäre, die Ausbildung zu beenden. Aber das war ja nachher alles gar nicht mehr möglich.

An der Universität waren sie aber weiterhin im linken Flügel der Jugendbewegung aktiv?
Ja, das habe ich weitergemacht. Ich war in der Roten Studentengruppe – sowohl an der Freiburger Universität wie auch in Berlin, wo ich zwei Semester studiert habe. Damals, Ende der zwanziger Jahre, war schon der Kampf zwischen den linken und den nationalsozialistischen Studentengruppen entfacht. Und die nationalsozialistische Gruppe wurde immer stärker, es gab also ziemlich harte Kämpfe, die manchmal auch rein physisch ausgetragen wurden. Wir haben in Berlin unseren Standort direkt nebeneinander gehabt, die Roten und die Nationalsozialisten. Und bei einem

dieser Gerangel flog ich sogar aus dem Fenster heraus, Gott sei Dank passierte das im Parterre – dennoch machte das einen ziemlichen Eindruck.

War es die Erfahrung des immer stärker auftretenden Antisemitismus, die Sie dazu bewogen hat, politisch so engagiert Stellung zu nehmen?
Das auch. Aber ich hätte an sich, glaube ich, auch ohne diese Erfahrung ein starkes politisches Interesse gehabt. Sicher hat mich mein Vater beeinflusst, weil er politisch tätig war und dieses Thema in meinem Elternhaus laufend eine Rolle gespielt hat.

Wenn Sie noch mal auf Ihr Elternhaus, auf Ihr Studium in den zwanziger und frühen dreißiger Jahren zurückschauen, würden Sie dann Gershom Scholem zustimmen, der von einem unter den Juden damals verbreiteten Trugbild gesprochen hat, einem Trugbild der deutsch-jüdischen Harmonie, in dem sich Glücksverlangen und Selbstbetrug vermischt hätten? Trifft das auch für Ihr Elternhaus und für Sie als Studentin zu?
Ja, in gewisser Weise stimmt das schon. Die Tatsache, dass wir Juden waren, war damals für mich persönlich und auch für meine Eltern trotz der latenten Bedrohung eigentlich eine Selbstverständlichkeit. Selbstbetrug? Ja, man kann im Nachhinein natürlich sagen, dass es Selbstbetrug war, das stimmt schon. Aber wir haben das eben nicht so empfunden. Es schien doch so selbstverständlich, dass wir da wohnten in diesem alten Haus ganz nahe beim Freiburger Münster mit einem Kreis von Freunden und Verwandten.

1933 machten Sie Ihr Erstes Staatsexamen. Ihr Studium war damit beendet, zugleich aber auch der

Zustand relativer Normalität eines jüdischen Lebens in Deutschland. Wie erfuhren Sie selbst konkret diese Veränderungen?

Dadurch, dass, während ich meine Klausurarbeiten schrieb, auf dem Karlsruher Justizministerium die Hakenkreuzfahne gehisst wurde und mein Vater aus Freiburg anreiste, um zu schauen, ob ich überhaupt noch da sei. Meine Eltern warteten sehr ängstlich auf meine Rückkehr nach Freiburg, weil nicht wusste, was passiert. Mein Studium war, wie Sie sagen, damit beendet. Das heißt, ich habe die Prüfung bestanden, durfte aber in den Vorbereitungsdienst – obwohl ich schon eine Stellung als Referendarin hatte – nicht hinein. Das war für mich, abgesehen von allem Übrigen, schon eine schwere Sache. Aber im Vergleich zu dem, was nachher kam, ist das natürlich kaum anzumerken.

Sie wurden wenig später in Freiburg sogar ins Gefängnis gesteckt – was genau war der Anlass?

Da war weiter nichts vorgefallen, als dass die Nationalsozialisten an die Macht gekommen waren. Und das hatte zur Folge, dass zu allererst mein Vater ins Gefängnis kam, zusammen mit den anderen Stadtverordneten der SPD und der Kommunisten. Es hatte zwischen meinem Vater und mir im Lauf der Jahre viele Diskussionen gegeben, politische vor allem, wir waren ja beide sehr engagiert. Und ich habe dann mal meinem Vater an den Kopf geworfen – er war mir zu reformistisch und zu unentschieden –, er sei ein Griesbreipolitiker. Er wiederum hat mir gesagt, so wie ich mich da verhalte, würde ich ganz bald verhaftet werden. Und nun wurde er zuerst verhaftet. Darüber haben wir uns nachher, als er glücklich wieder zu Hause war, amüsiert. Aber es war

nicht so amüsant. Wir wussten ja zunächst nicht, ob er überhaupt wiederkommt. Diese erste Verhaftung meines Vaters verlief aber noch glimpflich. Er war nur im Gefängnis von Freiburg, er und die übrigen linken Stadtverordneten wurden fast alle wieder entlassen, außer den ganz Aktiven, die zum Teil nachher in den KZ umkamen.

Und dann wurden auch Sie inhaftiert.

Ich selbst wurde tatsächlich wenig später wegen meiner Mitgliedschaft in der Roten Studentengruppe geholt. Die Gestapo hatte bei mir zu Hause eine Hausdurchsuchung gemacht, während ich allerdings gar nicht daheim war. Und als ich dann heimkam, waren meine Eltern natürlich sehr erschrocken, haben es mir berichtet und mir gesagt, ich müsste aufs Polizeirevier kommen. Dort hat man mir Stenografiehefte vorgelegt, die die Gestapo mitgenommen hatte. Ich habe, weil ja mein Berufsweg zu Ende war, mich in Schreibmaschine und Stenografie geübt – in der Hoffnung, damit irgendwann einmal Geld verdienen zu können. Zu Übungszwecken habe ich teilweise aus einer illegalen linken Zeitschrift abgeschrieben und bin furchtbar erschrocken, als die Gestapo-Leute mir die Stenografiehefte vorlegten. Aber ich musste etwas ganz Harmloses vorlesen, und sie waren dann damit zufrieden. Ich wurde jedoch nicht entlassen, sondern kam direkt ins Gefängnis, für vier Wochen.

Wie haben Sie die Haft durchgestanden?

Nun, ich wusste überhaupt nicht, was sie von mir wollen. Ich wusste nicht, warum sie mich geholt haben. Ich wusste nicht, ob ich dableibe oder ganz woanders hinkomme. Also, es war schon sehr, sehr ungemütlich. Meine Eltern haben aber einen Anwalt einschalten können, der eine sehr gute Beziehung zu den Nazi-Gruppen hatte und sich dafür verbürgt hat, dass ich nicht gegen die neue Staatsordnung revoltieren würde. Und so wurde ich eines Tages geholt und, wie man so sagt, in die grüne Minna, den Gefangenenwagen, verfrachtet, beim Polizeipräsidium ausgeladen und musste dann dort schwören, dass ich gegen die neue Staatsordnung nichts unternehmen würde. Dann wurde ich nach Hause entlassen.

Haben Sie damals gehofft, dass die Verfolgung nun ein Ende haben würde?
Im Gegenteil, es haben mir alle Freunde geraten, ich solle verschwinden, sonst würde ich bei der nächsten Gelegenheit doch und vielleicht dann auch endgültig geholt. Und so bin ich nach Rom gegangen, habe dort mit Hilfe eines Verwandten in einem Anwaltsbüro Arbeit gefunden. Nach etwa einem halben Jahr hat mein zukünftiger Mann darauf gedrängt, dass wir heiraten – was wir sowieso vorhatten –, weil man wusste, dass die Mischehen bald verboten würden. Und da ich in der kurzen Zeit für ihn in Italien absolut kein Unterkommen, keinen Beruf finden konnte, bin ich halt nach Deutschland zurückgekommen, und wir haben dann kurz vor dem Mischehenverbot geheiratet.

Ihr Mann war Literaturwissenschaftler, hat aber nicht in diesem Beruf, sondern in der Industrie gearbeitet. Und er war kein Jude. Was haben Sie selbst in den dreißiger Jahren in Deutschland gemacht?
Also mein Mann hat seine Arbeit gehabt, und ich bekam mein erstes Kind. Der älteste meiner drei Söhne, Peter, ist im Jahr 1935 geboren. Und ich

selbst war zu Hause, ich habe hier und da mal ein bisschen was Juristisches machen können für einen Verwandten, der schon im Ausland war, das hat mich immer sehr beglückt. 1938 sind wir dann durch mehrere Wechsel im Beruf meines Mannes von Bielefeld über Köln nach Leipzig gekommen, wo wir es dann mit schweren Fliegerangriffen zu tun bekamen. Was aber natürlich noch schlimmer war als die Gefahr von oben, das war die Angst: Wie komme ich als Jüdin durch? An sich waren die sogenannten privilegierten Mischehen, wo der männliche Partner kein Jude war, die günstigste Variante, zumal, wenn ein Kind da war. Ich bekam nur schlechtere Lebensmittelkarten, ich durfte auch nicht in den Luftschutzkeller.

Woher haben die Nachbarn denn gewusst, dass Sie Jüdin waren? Sie sind doch mehrfach umgezogen.
Ich habe es natürlich keinem gesagt, aber es kam dann irgendwie doch heraus, weil zum Beispiel der Blockwart anderen Leuten die Lebensmittelkarten brachte und sich dann aber weigerte, sie auch uns zu bringen, weil man eben von ihm nicht verlangen könne, dass ihm die Tür von einer Jüdin aufgemacht wird und er dieser jüdischen Frau die Lebensmittelkarten aushändigen sollte. Ich musste also in eine Sonderstelle gehen, und das alles sprach sich natürlich herum.

In Leipzig wurden Sie von den Nazis zur Zwangsarbeit verpflichtet. Mögen Sie darüber sprechen?
Aber ja, also die jüdischen Partner aus Mischehen mussten ganz einfach zur Arbeit gehen. In meinem Fall war das eine Pelzfabrik. Die Juden wurden dort in eine Extraabteilung gesetzt, sie durften mit den anderen Arbeitern keinesfalls zu-

sammenkommen, wir hatten sogar eigene Toiletten, weil man den nichtjüdischen Leuten nicht zumuten konnte, mit Juden irgendwo zusammenzutreffen oder gar eine gemeinsame Toilette zu haben. Nach einer Weile wurde dieser ganze Betrieb ausgebombt. Und dann mussten wir halt auf dem Schuttplatz arbeiten, im Freien, im Winter. Es war völlig sinnlose Arbeit, aber der für uns zuständige jüdische Vorarbeiter hat uns immer wieder getröstet und aufgerichtet und gesagt: „Seid froh, dass ihr hier eine Stelle habt, wo ihr nachweisen könnt, dass ihr arbeitet. Sonst werdet ihr geholt." Ich bin aber krank geworden. Ich war körperlich nicht in sehr guter Konstitution, und die ganzen Aufregungen, die furchtbaren Fliegerangriffe und die dauernde Bedrohung haben sehr an mir gezehrt. Kurzum, kein nichtjüdischer Arzt war verpflichtet, mir zu helfen. Zu einem jüdischen Arzt wollte ich aber nicht gehen, weil ich Angst hatte, dass ich dann in bestimmte Listen komme. Ich habe mich auch nicht in den damals noch vorhandenen Resten der jüdischen Gemeinde gemeldet – alles in der Angst, dass ich sonst mit abtransportiert würde. Wobei die Stadt Leipzig natürlich wusste, dass ich Jüdin war, ich hatte mich vorschriftsgemäß als Lotte Sara Paepcke angemeldet.

Und zu welchem Arzt sind Sie schließlich gegangen?
Wie sich dann herausstellte, litt ich an einer Herzmuskelentzündung, ich musste also unbedingt behandelt werden und bin dann einfach zu einer in der Nachbarschaft wohnenden nichtjüdischen Ärztin gegangen und habe gesagt: „Ich weiß, Sie können meine Behandlung ablehnen. Ich frage Sie, ob es Ihnen vielleicht doch möglich

wäre?" Und die war nun außerordentlich nett, war gar keine Nationalsozialistin, sie hat mir geholfen und mir ein Attest ausgestellt, dass ich nach Freiburg fahren durfte, um dort in einer ruhigeren Umgebung ärztlich behandelt zu werden. Leipzig habe ich dann aber verlassen, ohne mich bei der Gestapo abzumelden.

Das heisst: Von nun an lebten Sie in der Illegalität?
Ja, in Freiburg haben katholische Freunde zwar dafür gesorgt, dass ich ein Bett im Krankenhaus bekam, das war aber illegal – und ohne Lebensmittelkarten. In diesem Krankenhaus wurde ich nun wiederum ausgebombt, ich habe den großen Angriff auf Freiburg erlebt und stand noch einmal auf der Straße. Dank der Hilfe dieser Freunde kam ich schließlich zusammen mit meinem ältesten Sohn in ein Kloster in der Nähe von Freiburg, wo ich mich bis zum Kriegsende verstecken konnte.

In Ihrem Buch „Unter einem fremden Stern" haben Sie eindringlich die allgegenwärtige Angst geschildert, doch noch den Nazis ausgeliefert zu werden. Dann aber waren Sie endlich frei, sie konnten nach Jahren erstmals wieder ohne Furcht unter die Menschen treten – jene Menschen, von denen Sie noch bis vor kurzem verfolgt worden waren. Was war das für ein Gefühl für Sie?
Ich bin gleich aus dem Kloster in die Stadt gegangen, am ersten Tag, an dem ich mich frei bewegen konnte – und mein Hauptgefühl war weiterhin Angst. Das war eine so unwirkliche Situation für mich, dass ich einfach hier jetzt in die Stadt und zu jedem hingehen konnte und dass keiner mir was tun konnte. Dass keine Gefahr mehr war, das konnte ich sehr lange Zeit über-

haupt nicht begreifen. Mein Mann kam dann nach Karlsruhe, wo wir heute wohnen, wir haben damals in einem ganz eng möblierten Zimmer angefangen, aber wir waren frei. Wir hatten sogar allerlei Vorteile. Wir bekamen Extra-Carepakete über die jüdische Gemeinde, und es war äußerlich, ich möchte fast sagen, ein Sturz in den Himmel. Aber der hat mich schwindlig gemacht. Und ich konnte mich ganz lange nicht daran gewöhnen, dass das alles jetzt wieder normal sein sollte. Es hat sich auch langsam herausgestellt, dass ich psychisch sehr angegriffen war. Im Jahr 1947 kam ich für längere Zeit in ein Sanatorium zu einem damals sehr bekannten Psychotherapeuten, der mit mir diese ganze Schreckenszeit durchgearbeitet hat, in einer sehr langwierigen und sehr schmerzhaften Behandlung. Eigentlich war meine Lebenskraft zu Ende, scheinbar wenigstens. Aber ich erinnere mich, eines Tages, es war Winterende, da lag noch Schnee, und ich hatte plötzlich den Eindruck, dass oben auf dem Berg die Sonne scheinen müsste. Das hat mich irgendwie gepackt. Ich bin ohne Wege durch den Schnee in die Höhe gestiegen und habe oben tatsächlich Sonnenschein gehabt und einen wunderbaren Blick auf die Schweizer Berge. Und die Tatsache, dass diese Berge nicht deutsche Berge waren, sondern Schweizer Berge, das war wie ein Donnerschlag für mich. Das war wie der Aufriss zu einer neuen Lebensmöglichkeit.

Was machten Sie, was machte Ihr Mann in der Nachkriegszeit?
Die Firma, bei der mein Mann in Leipzig gearbeitet hatte, war nach dem Krieg nach Karlsruhe evakuiert worden, und da hat mein Mann fast bis zum Ende seines Lebens gearbeitet. Als ich wieder soweit gesund war, bekam ich noch zwei weitere Söhne. Und diese noch Kleinen haben natürlich mein Leben sehr weitgehend ausgefüllt.

Sie haben nach dem Kriege auch mit dem Schreiben angefangen. Was war der Anlass?
Nun, ich habe eigentlich immer geschrieben. Ich habe beispielsweise sehr viel über meine Kinder geschrieben, Beobachtungen über ihre Entwicklung und Ähnliches mehr. Mit dem Schreiben habe ich schon in meiner Jugend angefangen, aber dann haben wir alles verbrannt nach der Haussuchung, nachdem die Gott sei Dank nichts gefunden hatten. Das hat mir sehr lange Zeit natürlich den Stift aus der Hand genommen. Und als dann alles vorbei war, gab es ja keinen Hinderungsgrund mehr, da habe ich also in Tagebuchform sehr viel aufgeschrieben, aber auch Gedichte, neben der Arbeit für den Rundfunk, für den ich ja sowieso Texte gemacht habe. Also wenn Sie mich jetzt so fragen: Ich weiß nicht, wieso ich zum Schreiben kam. Das ist eine Möglichkeit und eine Notwendigkeit, die eben in mir liegt und immer lag.

Das gilt vor allem für Ihre Gedichte?
Ja, eigentlich konzentrieren sich meine Vorstellungen von sprachlicher Formung mehr und mehr auf die Lyrik. Sie ist eigentlich für mich die höchstmögliche Konzentration in der Form, es ist vielleicht sogar eine Endform für mich, denn ich bin ja schließlich meinem Alter entsprechend auch in einer Endphase meines Lebens.

Wann haben Sie zum ersten Mal Israel besucht?
Das war im Jahr 1964. Und dieser Flug nach Israel war etwas sehr Entscheidendes für mich, eine

entscheidende Erfahrung, die mir einiges über mich selbst gesagt hat, was ich eigentlich bis dahin gar nicht so wusste. Ich bin ins Flugzeug gestiegen und stellte fest: Da waren nur Juden drin! Damals gab es noch nicht einen solchen Tourismus wie heute, wo Deutsche und Angehörige aller Staaten nach Israel fliegen. Als wir über Tel Aviv, also über Lot, über den Flughafen flogen und noch einmal kreisen mussten, da war eine ungeheuerliche Aufregung, und alles hat geklatscht. In dem Moment, in dem ich in Israel gelandet bin, noch bevor ich einen von meinen Verwandten gesehen habe, habe ich gespürt, was für ein Riesengewicht von mir abfiel. Ein Gewicht, das ich überhaupt nicht bewusst in Deutschland gespürt habe. Und als ich wieder zurückflog nach Deutschland, ist mir klargeworden, und es ist mir bis heute klargeblieben, dass Deutschland meine Heimat nicht mehr sein kann, dass ich mich zeitlebens in einer Spannung zwischen dem Leben in Deutschland und dem Leben nur unter Juden in Israel befinden werde.

Wir haben darüber bisher nicht geredet, weil Sie selbst auch darum nicht viele Worte machen. Aber dennoch die Frage: Welche Bedeutung hat für Sie der jüdische Glaube?
Ich bin kein frommer Jude. Meine Großeltern, die auch schon in diesem Haus in Freiburg gewohnt hatten, das waren noch fromme, orthodoxe Juden. Wir aber, meine Eltern, nicht mehr. Ich bin also liberal aufgewachsen und das auch geblieben. Ich kann gar nicht sagen, was das für eine Bedeutung hat. Ich bin Jude. Dass es eine so tragische Bedeutung bekommen hat, das ist eine andere Sache. Aber ich habe mich in keinem Stadium meines Lebens als irgendetwas anderes

gefühlt. Ich habe natürlich, wie jeder heranwachsende Mensch, atheistische Phasen gehabt. Ich habe aber auch das Gegenteil durchgemacht. Ich habe Phasen gehabt, in denen ich darauf aus war, die Vorschriften viel enger zu halten, als es in meinem Elternhaus der Fall war. Das waren Schwankungen in meinem Aufwachsen. Aber im Grunde genommen ist das Judesein eine Sache, die ich einfach bin. Und darüber kann ich gar nicht viel sagen.

Vielleicht können Sie aber etwas dazu sagen, was Schalom Ben-Chorin mal über Sie geschrieben hat. „Sie hat keine Beziehung mehr zu jüdischem Leben, aber das jüdische Sterben hat sie ganz begriffen." Trifft Sie das?
Da hat er in gewissem Sinn schon recht. Natürlich ist das alles virulent geworden durch das jüdische Sterben. Und das jüdische Sterben hat mich ganz gewiss viel stärker in das Judentum hineingerissen, tiefer hineingerissen, als es sonst wahrscheinlich der Fall gewesen wäre.

Gespräche und Fotos
Zeiten und Orte

Aharon Appelfeld
Gespräch: 4. Februar 2005 in Berlin
Fotos S. 17, 25: 4. Februar 2005 in Berlin
Foto S. 20: 4. Dezember 2005 in
Dortmund, Aharon Appelfeld
erhält den Nelly-Sachs-Preis
2005; links im Bild Oberbürgermeister Gerhard Langemeyer,
rechts der inzwischen verstor-
bene Präsident des Zentralrats
der Juden in Deutschland
Paul Spiegel

Agnes Sassoon
Gespräch: 20. September 2005 in London
Fotos S. 29, 33, 34: 23. August 2005 in London

Ernest W. Michel
Gespräch: 11. November 2005 in
New York
Foto S. 39: 21. November 2005 in Berlin
Fotos S. 42, 47: 11. November 2005 in seinem
New Yorker Büro

Edgar Hilsenrath
Gespräch: 24. Januar 2005 in Berlin.
Erstveröffentlichung im
SPIEGEL 15/2005
Co-Autor: Volker Hage
Für die Neuveröffentlichung
erweitert
Fotos S. 51, 55: 15. Februar 2005 in Berlin

Peter Gay
Gespräch: 9. November 2005 in
New York
Fotos S. 61: 9. November 2005 in
New York
Foto S. 65: 9. November 2005 in
New York auf dem Broadway

Eva Haas
Gespräch: 28. Februar 2006 in Karlsruhe
Foto S. 69: 28. Februar 2006 in Karlsruhe
Foto S. 73: 28. Februar 2006 in Karlsruhe
mit ihrem Mann Frithjof Haas

Adam Daniel Rotfeld
Gespräch: 1. März 2005 in Warschau.
Erstveröffentlichung in
SPIEGEL SPECIAL 4/2005
Co-Autoren: Hans-Ulrich
Stoldt, Jan Puhl
Foto S. 79: 1. März 2005 in Warschau
Foto S. 82: 2. März 2005 im Außen-
ministerium in Warschau

Heinz Berggruen
Gespräch: 19. April 2005 in Berlin
Fotos S. 89, 92: 19. April 2005 im Museum
Berggruen in Berlin

Ruth Klüger
Gespräch: 12. November 2005
in Irvine, USA
Fotos S. 99, 105: 12. November 2005
in Irvine, USA

Ivan Klíma
Gespräch: 8. März 2005 in Prag
Co-Autor: Jan Puhl
Fotos S. 111,
114, 117: 8. März 2005 in Prag

Alfred Grosser
Gespräch: 23. März 2005 in Paris
Co-Autor: Romain Leick
Fotos S. 121, 126: 23. März 2005 in Paris

Inge Deutschkron
Gespräch: 1. März 2006 in Berlin
Fotos S. 131, 136: 1. März 2006 in Berlin

Arno Lustiger, Gila Lustiger
Gespräch: 19. Oktober 2005 in Frankfurt
am Main. Erstveröffentlichung
im SPIEGEL 4/2006
Co-Autor: Volker Hage
Foto S. 143: 19. Oktober 2005 in Frankfurt
Foto S. 149: 19. Oktober 2005 in Frankfurt,
Arno Lustiger und Tochter Gila

Imre Kertész
Gespräch: 17. April 1996 in Berlin
Erstveröffentlichung im
SPIEGEL 18/1996
Co-Autor: Volker Hage
Foto S. 153: 25. April 2005 in Berlin
Foto S. 156: 4. April 2005 in Budapest an
der Margaretenbrücke

Anita Lasker-Wallfisch

Gespräch: 14. Dezember 2004
in London
Erstveröffentlichung im
SPIEGEL 4/2005
Co-Autor: Klaus Wiegrefe
Für die Neuveröffentlichung
erweitert
Fotos S. 161, 166: 24. August 2005 in London

Ralph Giordano

Gespräch: 12. Januar 2005 in Köln
Foto S. 173: 28. April 2005 in Hamburg
Foto S. 179: 28. April 2005 vor dem
Hamburger Stadthaus, ehema-
liges Gestapo-Hauptquartier

Georges-Arthur Goldschmidt

Gespräch: 16. Januar 2002 in Paris
Erstveröffentlichung im
SPIEGEL 8/2002
Für die Neuveröffentlichung
aktualisiert
Co-Autor: Romain Leick
Fotos S. 187, 190: 24. März 2005 in Paris

Lenka Reinerová

Gespräch: 16. August 2002 in Prag
Erstveröffentlichung im
SPIEGEL 40/2002
Co-Autor: Hans-Ulrich Stoldt
Für die Neuveröffentlichung
erweitert
Foto S. 195: 7. März 2005 in Prag
Foto S. 199: 5. April 2005 im
„Cafe Slavia" in Prag

Elie Wiesel

Gespräch: 9. November 2005 in
New York
Foto S. 205: 9. November 2005 in
New York
Foto S. 208: 10. November 2005 mit
Zuhörern einer Veranstaltung
des „92nd Street Y"-Kultur-
zentrums in New York

Albert O. Hirschman

Gespräch: 10. November 2005 in
Princeton, USA
Fotos S. 213, 215 10. November 2005 in
Princeton, USA
Foto S. 217: 10. November 2005 in
Princeton, vor dem Institute
for Advanced Study

Lucille Eichengreen

Gespräch: 20. April 2005 in Hamburg
Fotos S. 221, 225: 13. April 2005 in ihrer ehemali-
gen Schule, heute Gedenk- und
Bildungsstätte Israelitische
Töchterschule, Hamburg
Foto S. 226: 12. April 2005, Lesung in der
Max-Brauer-Gesamtschule,
Hamburg

Saul Friedländer

Gespräch: 12. November 2005 in
Los Angeles
Foto S. 231: 12. November 2005 in
Los Angeles
Foto S. 236: 12. November 2005 mit seiner
Lebensgefährtin Orna Kenan
in Los Angeles

Oldřich Stránský

Gespräch: 16. August 2005 in Prag
Co-Autor: Hans-Ulrich Stoldt
Foto S. 241: 16. August 2005 in Prag
Foto S. 245: 16. August 2005 mit einem von
ihm gemalten Auschwitz-Bild
Foto S. 246: 16. August 2005 auf der Prager
Karlsbrücke

Lotte Paepcke

Gespräch: 10. September 1985
Hörfunkaufzeichnung in
Karlsruhe. Sendetermin:
4. Dezember 1985 im
Programm Südfunk 2
Für den Druck bearbeitete
Fassung
Foto S. 251: privat

Co-Autoren: Volker Hage
                 Romain Leick
                 Jan Puhl
                 Hans-Ulrich Stoldt
                 Klaus Wiegrefe
Dokumentation: Johannes Erasmus
                 Ulrich Klötzer
                 Michael Lindner
                 Margret Nitsche
                 Ursula Wamser
Schlussredaktion: Lutz Diedrichs

Bibliografische Information
Der Deutschen Bibliothek
Die Deutsche Bibliothek verzeichnet diese
Publikation in der Deutschen Nationalbibliografie;
detaillierte bibliografische Daten sind im Internet
über <http://dnb.ddb.de> abrufbar.

Diese Ausgabe wurde auf chlor- und säurefrei
gebleichtem, alterungsbeständigem Papier gedruckt.

1. Auflage
Copyright © 2006
Deutsche Verlags-Anstalt, München,
in der Verlagsgruppe Random House GmbH
und SPIEGEL-Verlag, Hamburg
Alle Rechte vorbehalten
Layout und Satz: Iris Kuhlmann / DER SPIEGEL
Gesetzt aus der Janson und der AG Book
Elektronische Bildbearbeitung:
Christiane Stauder / DER SPIEGEL und
Reproline Genceller, München
Druck: Jütte-Messedruck Leipzig GmbH, Leipzig
Bindung: Kunst- und Verlagsbuchbinderei, Leipzig
Printed in Germany
ISBN 10: 3-421-04207-1
ISBN 13: 978-3-421-04207-1

www.dva.de